ERREURS
ET
MENSONGES HISTORIQUES

PAR

M. CH. BARTHÉLEMY

MEMBRE DE L'ACADÉMIE DE LA RELIGION CATHOLIQUE DE ROME

« Ce n'est pas le mensonge qui passe par l'esprit qui
fait le mal, c'est celui qui y entre et qui s'y fixe. »
(BACON, *Politique*, IIe partie, p. 48, 1742.)

« L'erreur qui précède la vérité n'en est que l'ignorance, l'erreur qui la suit en est la haine. »
(VALERY, *Études morales, politiques*, etc.,
2e édit., p. 80, 1821.)

SIXIÈME SÉRIE

De la Supériorité et de la Prospérité des nations protestantes. — Savanarole fut-il un hérétique et un révolutionnaire ? — Les Cruautés de Clovis. — L'Instruction
primaire avant 1789. — Le Caractère de Richelieu. —
La Vérité sur le Jansénisme. — Le Caractère de
Louis XIII.

PARIS
CH. BLÉRIOT, ÉDITEUR
55, QUAI DES GRANDS-AUGUSTINS

COLLECTION BLÉRIOT

ERREURS

ET

MENSONGES HISTORIQUES

BREF DE SA SAINTETÉ LE PAPE PIE IX

A NOTRE CHER FILS
CHARLES BARTHÉLEMY
A VERSAILLES.

Pie IX, pape.

Cher fils, Salut et Bénédiction Apostolique.

Depuis longtemps la peste du mensonge a envahi non-seulement les journaux mais encore l'histoire elle-même, de telle sorte qu'un des plus illustres écrivains de ces derniers temps a pu proclamer que l'histoire des trois derniers siècles n'est autre chose qu'une perpétuelle conjuration contre la vérité.

Jamais certes la vérité n'a manqué de champions qui s'attachassent à déchirer les voiles tissus par la calomnie, à réfuter les erreurs, à écrire de nouveaux livres conformes à la vérité; et toujours cependant les mêmes calomnies ont repris une nouvelle vie; on a vu se produire au jour et dans le monde les mêmes erreurs qui, le visage couvert de nouveaux masques, se sont appuyées sur de nouveaux sophismes, pour tromper ceux qui ne sont pas sur leurs gardes.

Il est donc de la plus haute importance de battre en brèche cette opiniâtre impudence par de nouvelles réfutations, — surtout par ces réfutations que leur brièveté engage à les lire et dont le modique prix d'achat peut les mettre facilement à la portée de tous.

C'est pourquoi, bien que — chargé de tant d'affaires très-graves, — Nous n'ayons pas encore pu lire l'ouvrage que vous Nous avez offert et que vous avez intitulé : *Erreurs et mensonges historiques*, cependant Nous approuvons pleinement votre but.

Tandis que vous travaillez à un plus grand ouvrage destiné à la gloire de l'Eglise et à l'utilité des fidèles, vous avez consacré quelques heures de plus à ce livre.

En vous en exprimant Notre gratitude, Nous vous exhortons a poursuivre sans relâche le grand travail que vous avez entrepris, et comme gage de Notre très-affable bienveillance envers vous, Nous vous donnons, cher fils, très-affectueusement la Bénédiction Apostolique.

Donné à Rome, près Saint-Pierre, le seizième jour de septembre 1863, dix-huitième année de Notre Pontificat.

PIE IX, PAPE.

ERREURS
ET
MENSONGES HISTORIQUES

PAR

M. CH. BARTHÉLEMY

MEMBRE DE L'ACADÉMIE DE LA RELIGION CATHOLIQUE DE ROME

LA PREMIÈRE SÉRIE DE CETTE PUBLICATION
A ÉTÉ HONORÉE D'UN BREF DE SA SAINTETÉ LE PAPE PIE IX,
EN DATE DU 16 SEPTEMBRE 1863.

> Ce n'est pas le mensonge qui passe par l'esprit qui fait le mal, c'est celui qui y entre et qui s'y fixe.
> (BACON, *Politique*, IIᵉ partie, p. 48, 1742.)
>
> L'erreur qui précède la vérité n'en est que l'ignorance, l'erreur qui la suit en est la haine.
> (VALERY, *Études morales, politiques*, etc. 2ᵉ édition, p. 80, 1824.)

SIXIÈME SÉRIE

PREMIÈRE ÉDITION

De la supériorité et de la prospérité des nations protestantes. — La religion de Buffon. — Savonarole fut-il un hérétique et un révolutionnaire? — Les cruautés de Clovis. — L'instruction primaire en France avant 1789. — Le caractère de Richelieu. — La vérité sur le jansénisme. — Le caractère de Louis XIII.

PARIS
CH. BLÉRIOT, ÉDITEUR
QUAI DES GRANDS-AUGUSTINS, 55

1877

Saint-Denis. — Imp. CH. LAMBERT, 17, rue de Paris.

ERREURS
ET
MENSONGES HISTORIQUES

DE LA SUPÉRIORITÉ

ET DE LA PROSPÉRITÉ DES NATIONS PROTESTANTES.

De plus en plus fidèle à notre pensée première, au programme même de nos études, qui, — si variées quelles soient dans la forme, — tendent toutes, au fond, à une conclusion unique, le triomphe de la vérité sur le mensonge par le redressement des erreurs dont fourmille l'histoire, nous allons une fois encore (comme toujours d'ailleurs), établir, au début de cette sixième série, que la supériorité des peuples protestants, que l'on oppose sans cesse à l'infériorité des nations catholiques, ne repose que sur une erreur dont la persistance, même après la démonstration catégorique du vrai point de vue de la question, constitue un mensonge qui n'est autre chose que la complaisance d'esprits mal faits à vivre dans un préjugé qui leur est plus cher que la vérité. Car, ainsi que l'a dit un penseur moderne, « l'erreur qui précéde la vérité n'en est que *l'ignorance,* l'erreur qui la suit en est la haine (1). »

Sans entreprendre d'étudier la question sous toutes ses faces et dans toute son étendue, ce qui nous mènerait trop loin et nous ferait sortir du cadre même de ces études, car ce n'est pas un livre que nous pouvons consacrer à chaque erreur ou mensonge, — prenant pour type et pour étalon en quelque sorte, du paradoxe de la supériorité des peuples protestants, l'Angleterre, — la grande nation industrielle des temps modernes, nous fournira à elle seule, non-seulement par les récits des voyageurs étrangers, mais encore et surtout par les témoignages de ses propres écrivains, protestants pour la plupart et très-entichés de leur pays, les preuves à charge contre cette prétendue supériorité des peuples hérétiques dont on nous rebat plus que jamais, à satiété et comme à plaisir, les oreilles de jour en jour.

Cette prospérité, — Balmès et M. A. Nicolas l'ont démontré victorieusement, — est plus apparente que réelle; c'est un mirage trompeur que subissent des esprits d'ailleurs excellents et sincèrement catholiques, si bien qu'ils déplorent tout bas notre infériorité, et s'épuisent à en chercher les causes ailleurs que là même où elles sont. D'abord, il y a deux sortes de prospérité : une qui est vraie, l'autre qui est fausse; la première ne saisit pas immédiatement l'esprit, tandis que la seconde entraîne les intelligences, d'autant plus faciles à l'enthousiasme qu'elles sont moins éclairées, par conséquent irréfléchies. Le progrès matériel frappe tout d'abord, parce qu'il saisit les sens : ce sont l'industrialisme, le grand commerce,

(1) Valery, *Études morales, politiques,* etc., 2ᵉ édit., p. 80. (1824.)

les chemins de fer, l'électricité dans ses nombreuses applications, etc., toutes choses curieuses, remarquables même, on ne peut le nier, mais qui ne sont ni du domaine de la religion, ni de celui de la morale, ni de celui du génie humain ; la foi pas plus que l'art, le cœur pas plus que l'âme n'ont rien à voir là dedans ; ce sont les conquêtes purement matérielles de la force humaine sur la matière. Mais la matière n'est pas tout cependant, et de même que l'âme est au-dessus du corps, ainsi la morale est supérieure à l'industrie.

Or, avant tout, le meilleur criterium que l'on puisse prendre pour juger la véritable utilité d'une chose, c'est celui-ci : cela rend-il l'homme *meilleur* et par conséquent *plus heureux*, deux choses inséparables ? Eh bien, non. Ni *meilleur*, ni *plus heureux*, car la matière, si brillantes que soient les conquêtes que l'on remporte sur elle, ne peut jamais remplir l'esprit et encore moins le cœur ; or, c'est surtout par ces deux éléments que se soutient l'humanité, par eux seuls qu'elle obtient sa véritable grandeur et sa véritable prospérité dès ici-bas, comme une préparation à la vie glorieuse de l'éternité, où l'esprit ainsi que l'âme ira sans cesse de lumière en lumière.

C'est donc à ce flambleau qu'il faut examiner la prétendue supériorité comme aussi la prétendue prospérité des peuples protestants, mis en parallèle avec les nations catholiques.

Nous savons parfaitement qu'en parlant ainsi, nous exciterons la profonde pitié de ces écrivains ou publicistes qui déclarent à haute voix, chaque jour, dans leurs brochures ou leurs journaux, que le Catholicisme appauvrit les peuples et que le Protestantisme les rend heureux et prospères : témoin l'Angleterre. Chose remarquable ! c'est surtout en Italie, à Rome même, que des esprits révolutionnaires, tels que Gioberti, ont présenté et soutenu cette thèse, qui ne repose en somme que sur le tableau menteur de la supériorité et de la prospérité matérielle de l'Angleterre, opposées à l'infériorité et à la misère de toutes les nations catholiques. Mais, comme l'a très-bien dit Carlo Maria Curci (1), la vraie civilisation étant *l'accord harmonique du bien-être moral et matériel d'un peuple en possession du plus grand nombre possible d'individus,* il n'est pas difficile de démontrer combien les peuples catholiques l'emportent sur la nation anglaise au point de vue moral, attendu que les peuples catholiques ont des principes stables, spéculatifs et pratiques, une foi et une espérance inébranlables ; tandis que la nation anglaise, « prise en masse et dans la plus grande partie, est la plus malheureuse et la plus misérable des nations qui respirent sur la terre (2). »

Et un illustre théologien, le père Perrone, dans le discours préliminaire de son ouvrage sur *le Protestantisme et la règle de foi,* a démasqué le sophisme contenu dans l'argument qu'on veut tirer contre le catholicisme de la prospérité et de la grandeur de l'Angleterre, et a montré comment cette nation est redevable de ses progrès civils à la seule religion catholique, et ne doit à la prétendue Réforme que son paupérisme et sa décadence religieuse et morale. Il a observé, — avec M. de Maistre, — que si le peuple anglais jouit de la liberté civile, il a le privilége d'être la nation la plus grevée de taxes entre toutes les nations civilisées ; il a remarqué qu'il n'y a pas de pays

(1) Una Divinazione sulle tre ultime opere di Vincenzo Gioberti, i Prolegomeni, il Gesuita moderno e l'Apologia. (Parigi, 1849.)
(2) Una Divinazione, etc., vol. II, p. 361.

où la distribution de la richesse soit plus disproportionnée et plus exclusive; qu'on voit briller chez un très-petit nombre l'apogée de l'opulence et du luxe, tandis que la grande masse des individus s'agite dans un désolant paupérisme et la dernière extrémité de la misère.

Le père Perrone conclut que la grandeur et la prospérité alleguées comme exemple et comme modèle ne sont en réalité que la grandeur et la prospérité de quelques classes privilégiées, basées sur les fatigues, les efforts, les épuisements des multitudes, et accrues par les larmes et l'exténuation des masses (1)....

Et d'abord, elle est ancienne la guerre contre le catholicisme, au nom des bien matériels; oui, la guerre, car l'assertion erronée et mensongère qui place les nations catholiques dans un rang d'infériorité à l'égard des peuples protestants, n'est pas autre chose qu'un prétexte pour conclure à l'abandon des idées chrétiennes et au retour aux idées païennes. Dès les premiers siècles de l'Église, en effet, on a combattu le Christianisme au nom des biens temporels, et on l'a accusé des maux qui accablaient les nations. On attribuait aux Chrétiens les tremblements de terre, les calamités, les disettes, — ainsi que le prouvent la lettre de Marc-Aurèle Antonin, le traité d'Origène contre Celse, l'Apologétique de Tertullien, le livre d'Arnobe contre les gentils, et les épitres de Firmilien, évêque de Césarée, en Cappadoce (2). Mais la grande

(1) Il Protestantismo e la regola di fede, par G. Perrone (Roma, 1853), Discorso prelim.
(2) Voyez le lettre de M.-A. Antonin dans Eusèbe, livre IV de l'*Histoire ecclésiastique*, chap. xii; Nicéphore, livre III, chap. xxviii; Origène, livre II *contra Celsum*; Tertullien, *Apologétique*, chap. xl; Arnobe, livre I *contra Gentes*, et l'épitre de Firmilien à Cyprien, qui est la LXXVe parmi les lettres de ce dernier.

question éclata principalement au commencement du cinquième siècle, quand, par la main d'Alaric, la vengeance divine s'accomplit sur Rome païenne. Alors les païens, qui, durant le sac de Rome, s'étaient réfugiés dans les églises chrétiennes pour échapper à la mort, se mirent à dire que tout ce désastre était tombé sur la ville et sur l'empire, parce qu'on avait abandonné les idoles et adoré le Christ. Dès lors déjà, — suivant la parole de Pie IX (1), — on voulait entraîner le peuple italien dans l'impiété, par la promesse des biens matériels et d'une fausse grandeur (2). Pour répondre à ces plaintes, Paul Orose, — d'après le conseil de saint Augustin, — écrivit un *Abrégé d'histoire universelle*, dans le but de démontrer que les calamités publiques, et surtout les guerres, étaient plus fréquentes et plus meurtrières avant le christianisme qu'après lui. Il dit qu'il ne pouvait comprendre les doléances des Romains, eux qui avaient crié : « Qu'on nous rende les jeux du Cirque, et le mal qu'on nous a fait n'est rien (3) ! »

Saint Augustin, non content d'avoir engagé Orose à écrire cette apologie historique, s'attacha lui-même à venger le christianisme contre ceux qui voulaient le rendre responsable des maux de Rome, et il écrivit son chef-d'œuvre d'histoire et de philosophie, le traité *De Civitate*

---

(1) Encyclique aux archevêques et évêques d'Italie, 8 décembre 1849.
(2) Inter multiplices fraudes quibus Ecclesiæ hostes, ad Italorum animos a fide catholica abalienandos, asserere etiam et quoquoversus clamitare non erubescunt catholicam religionem Italæ gentis gloriæ, magnitudini et prosperitati adversari, ac propterea opus esse ut illius loco Protestantium placita et conventicula inducantur, constituantur et propagentur, *quo Italia pristinum veterum temporum, id est ethnicorum splendorem iterum acquirere possit.* — Encyclique précitée.
(3) Orose, *Hist.*, lib. I, cap. vi.

Dei. Pressant les adversaires du christianisme, il dit : « Si les dieux de Rome ne pouvaient rendre heureux un seul homme, comment leur attribuer la grandeur et la puissance de l'empire ? Et d'autre part, est ce peut-être dans la puissance que consistent la vraie gloire, la vraie prospérité ? Que sont les royaumes sans la justice, sinon de grandes troupes de brigands ?... »

La question qui s'agite au temps présent est précisément la même qui s'agitait entre saint Augustin et les païens. Ces aspirations vers Londres protestante et l'Angleterre, ne sont pas autre chose que des aspirations vers le paganisme ? Gioberti (1), — et il n'est pas suspect, — a observé avec raison que la gentilité avait été l'hérésie de la révélation primitive, comme l'hérésie et l'incrédulité moderne sont un second paganisme. Londres redevenue païenne montre l'apparence de la prospérité, et il se trouve un trop grand nombre d'esprits fourvoyés pour l'envier. Les anciens citaient Rome païenne et sa grandeur, à la gloire du paganisme et à la condamnation de la vraie religion ; les modernes citent Londres, sa puissance, son commerce, sa richesse, comme un honneur pour le Protestantisme et une défaite pour le Catholicisme. C'est toujours la même argumentation....

Un rapide parallèle entre Rome païenne et Londres moderne fournira, — mieux que bien des raisonnements, — l'occasion toute naturelle de tirer, en fin de compte, quelques conséquences importantes ; on ne résiste pas à des faits, ils s'imposent avec toute la force et l'éloquence des chiffres.

---

(1) Gioberti, *Introduction à l'étude de la philosophie*, tome III, chap. VII.

Selon Aristide de Smyrne, Rome ancienne était la ville des villes, où toutes les villes étaient pour ainsi dire réunies (1). D'après un autre écrivain, telle était l'étendue de Rome ancienne, qu'on ne pouvait savoir ni où elle commençait ni où elle finissait (2). C'était l'entrepôt universel et le marché du monde entier (3), que venaient habiter les peuples de toutes les races et de toutes les contrées (4). Sa population était innombrable, parce qu'il y affluait, au dire de Sénèque, des gens de tout l'univers (5). Juste Lipse a calculé que Rome ancienne contenait bien 5 millions d'habitants. Ses murs avaient 37 portes d'où partaient 31 voies militaires, 400 temples, 36 arcs de triomphe, 50 colosses, une infinité de théâtres, d'odéons, de statues (6). Les Romains s'enorgueillissaient de tant de grandeur et de puissance. Virgile chantait *Imperium sine fine* (7); d'innombaables inscriptions saluaient *Roma æterna, Roma dea*. Dans tout l'empire, écrit Tacite, on élevait des temples à Rome (8). Tite-Livre montre Rome *Diis auctoribus in æternum conditam* (9), et Martial chante :

> Terrarum dea gentiumque Roma,
> Cui par est nihil et nihil secundum.

Voilà pour ce qui est de la grandeur apparente de

(1) Apud Casalium, *De Urbis splendore*, p. 34.
(2) Dionysius, apud Casalium, *l. c.*
(3) Aristide, *Hist. sub Adriano*, apud Casalium, p. 34.
(4) Galen., *Elogia sophist.*
(5) Sénèque *ad Helviam*.
(6) Cantù, *Geografia politica per corredo alla Storia universale.* (Torino, 1845.)
(7) *Æneid.*, lib. I, vers. 279.
(8) Tacite, *Hist.*, lib. III, et *Annales*, lib. IV, cap. LVI.
(9) Tite-Live, lib. VII, decad. III.

Rome. Maintenant pénétrons dans cette immense cité, pour en étudier l'aspect moral et la condition des citoyens. Tacite nous l'indique, au commencement de ses *Annales* : des colères atroces, des discordes séditieuses, la cruauté jusque dans la paix, de fréquentes guerres civiles, des guerres étrangères plus fréquentes encore, et d'ordinaire les unes et les autres à la fois ; la ville dévastée, le Capitole brûlé, les cérémonies profanées ; de grands adultères, d'horribles sévices, des honneurs aux délits, des ruines et des malédictions à la vertu ; partout la haine et la terreur, des esclaves traîtres à leurs maîtres, des affranchis à leurs patrons ; les richesses réparties de la manière le plus inégale, quelques-uns nageant dans les délices et la masse gémissant dans les privations ; 320,000 personnes dans la ville reçoivent des secours comme indigents, et d'autres milliers de pauvres vivent du trafic de leur vote, de leur témoignage, de leur couteau. Entassés dans la fangeuse Suburra ou dans des chaumières que le Tibre emporte à chaque inondation, le va-nu-pieds, le coupeur de bourses, la prostituée en haillons, y cultivent leur corruption. Dans les palais des riches, vraies demeures royales, des troupes d'esclaves vaquent à divers offices. Cependant, sous ces palais et près des riches villas, se trouvaient des caves immenses, basses, sans air ni lumière, où le soir on poussait à coups de fouet les esclaves des deux sexes et où on les enfermait derrière des grilles de fer....

Telle était Rome païenne ; Londres moderne lui ressemble beaucoup, tant par sa grandeur, sa puissance, sa population que par les misères, la servitude et les vices dont elle abonde. Londres est un monde comme Rome

1.

païenne (1). Londres est plus peuplée que le plus populeux département de la France, plus peuplée qu'un grand nombre de royaumes.

A Londres, comme dans l'ancienne Rome, il y a, dit Addison, *diverses nations* réunies, dont chacune se fait remarquer par ses mœurs, ses usages et ses intérêts particuliers (2). « Dans le monde de Londres, écrit Mayhew, on trouve jusqu'aux diverses espèces de la famille humaine. Si l'Arabie a ses tribus nomades, la métropole britannique a ses hordes errantes ; et si l'Inde a ses *thugs* féroces, Londres a ses *gorotte men* (3). »

Londres a dédié plusieurs de ses rues et de ses places aux divinités de Rome païenne. Elle montre deux *Neptune street*, quatre *Minerva terraces*, deux *Apollo buildings* (édifices), une *Diane place*, l'*Hermes street* et l'*Hercules passage*; en outre, plusieurs rues sont dédiées à *Britannia*, la patronne mythologique de l'Angleterre ; une demi-douzaine de chemins (*roads*) portent le titre de la déesse imaginaire de l'Écosse, *Caledonia*, sans parler du nom d'*Albion*, devenu si populaire, ni de la rue du Soleil (*Sun street*), etc. (4).

Comme Rome païenne, Londres fait l'apothéose des citoyens qui se signalent dans quelque entreprise. C'est ainsi, pour n'en citer que deux, qu'elle regarde comme des divinités Wellington et Nelson. Au premier, le Parlement a décrété des pensions; la Couronne a décerné des titres, les corporations de la Cité de Londres se sont taxées

---

(1) H. Mayhew, *The great World of London*. Introduction : *London considered as a great World*. (London, 1857.)
(2) Spectator, num, p. 340.
(3) *The great World of London*, p. 5.
(4) H. Mayhew, *l. c*, p. 57.

pour lui offrir le fameux bouclier qui a coûté plus de 14,000 livres sterling (1), bouclier où l'on avait ciselé ses exploits, et au centre duquel on le voyait représenté sous la figure de saint Georges terrassant le Dragon : tout cela, pendant qu'il était encore en vie. Chaque paroisse de la capitale voulut avoir une rue, un passage, une place, un carrefour qui portât l'un des noms de Sa Grâce; de sorte que Wellington pouvait chaque jour parcourir les divers quartiers de Londres pour y lire son nom sur les coins des rues; et, en se plaçant à la fenêtre de son hôtel, pour respirer l'air frais de *Hide park* ou pour observer *Green park*, il avait toujours le plaisir de se retrouver face à face avec lui-même. Un biographe romain a écrit, à propos des 300 statues de Démétrius de Phalère, que la prodigalité dans les récompenses est le premier signe de la décadence d'un peuple et de la corruption des hommes qui le gouvernent. Or, Wellington a d'innombrables statues en Angleterre. Quant à Nelson, on trouve à Greenwich le tableau de son apothéose, avec l'inscription : *The immortality of Nelson* (2).

A Londres, comme dans Rome païenne, il y a une grande inégalité de richesses : on y voit quelques familles immensément riches et un nombre infini de gens immensément pauvres. Sans parler du chiffre des individus secourus par l'État avec la taxe des pauvres et des milliers de *leave men* vivant en plein air, ou d'immondices ou de brigandage, les ouvriers sont à Londres ce qu'étaient les esclaves à Rome : on n'estime nullement en eux la tête qui pense, mais les mains par lesquelles ils peu-

---

(1) La livre sterling vaut 25 francs.
(2) « L'immortalité de Nelson. »

vent être utiles à leurs maîtres. A Londres, dit J. Pecchio (1), « au lieu de dire qu'un fabricant emploie un tel nombre d'ouvriers, on dit communément qu'il emploie un tel nombre de *hands*, c'est-à-dire de bras, comme si les ouvriers n'avaient point de tête. »

A Londres règnent et sont en très-grande estime les usages et les divertissements de Rome païenne; on sait que les anciens *pugilateurs* existent encore aujourd'hui en Angleterre sous le nom de *boxeurs*, qui se battent à coups de poings jusqu'à la mort. Cet usage de la lutte forme un des exercices de la jeunesse studieuse, et les plus célèbres collèges de la Grande-Bretagne décernent des prix aux meilleurs boxeurs, comme aux plus vaillants *humanistes* (2). Tous les ans, pendant les vacances, il y a des luttes entre les élèves d'Éton et d'Harrow et entre ceux d'Éton et de Westminster. Ces luttes ayant été défendues en 1857 par les *head-masters* (préfets d'études), les étudiants déjà émancipés ont fait ce que ne pouvaient faire ceux qui vivaient encore sous la férule. Les journaux ont pris la défense des élèves tyrannisés, en affirmant que, pendant les vacances, ils ne dépendent que de leurs parents, — d'où il suit que les autorités académiques n'ont le droit ni de défendre ni de permettre tel ou tel divertissement (3).

Quant au pouvoir paternel, on voit encore sur ce point se renouveler à Londres les exagérations et les scandales de Rome païenne. Ce pouvoir, nul homme au monde ne le possédait à un aussi haut degré que le citoyen romain (4),

---

(1) Osservazioni semiserie di un esule sull' Inghilterra. 2e édit., p 43.
(2) L'humanité et le pugilat, singulier rapprochement !
(3) The Times. 24 août 1857.
(4) Cajus, *Comm.*, I, 35.

qui exerçait une puissance souveraine sur son fils, sur sa femme et sur ses enfants. Plutarque nous dit que Brutus condamna ses fils, sans formes judiciaires, non comme consul mais comme père (1). A Londres aussi, les pères de famille disposent si librement de leurs enfants qu'ils en font un trafic, qu'ils les vendent et les louent, suivant qu'ils y trouvent plus d'avantage (2). Et non seulement les pères vendent leurs enfants, mais les maris battent terriblement leurs femmes, les mettent en loterie, à l'encan, ou les vendent à très-bas prix ; nous ne tarderons pas à prouver, par des faits précis et authentiques ce que, nous venons d'avancer, et qui peut, à juste titre, sembler énorme ou tout au moins exagéré.

Avant de quitter ce parallèle entre Rome et Londres, qui nous mènerait trop loin pour le moment, notons encore ici que l'on voit se renouveler en Angleterre l'ancienne vanité romaine, et John Bull, plein de soi, s'estimer au-dessus de tout ce qu'il y a de plus grand au monde. Comme les Romains chantaient le *Terrarum dea gentium Roma*, ainsi les Anglais chantent le

> Rule Britannia, Britannia, rule the wawes
> Britons never shall be slaves.

« Gouverne, Britannia ; Britannia, gouverne les ondes; jamais les Bretons ne seront esclaves.»

C'est l'hymne national anglais composé par le poëte Thompson, on le chante très souvent à Londres : les deux vers cités servent de ritournelle. Voici le texte :

---

(1) Plutarque, *Vie de Publicola*. Cf. pour d'autres exemples, Valère Maxime, V, 2, et Salluste, *Bell. Cat.*, 39.
(2) Léon Faucher, *Études sur l'Angleterre*.

« Britannia, les nations moins fortunées que toi doivent tomber tour à tour sous le joug des tyrans, pendant que toi tu fleuris grande et libre, objet de terreur et d'envie de la part d'elles toutes. Après chaque attaque de l'étranger, tu te relèveras plus majestueuse et plus terrible ; la tempête qui déchire les cieux ne fait que raffermir ta vigueur native. Les superbes tyrans ne te dompteront jamais, et tous leurs efforts pour t'humilier n'aboutiront qu'à raviver ta flamme généreuse et qu'à préparer leur ruine et ta renommée. Tu tiendras le sceptre de l'agriculture, le commerce brillera dans tes cités, la mer t'appartiendra avec tous les rivages qui l'entourent. Les muses, toujours amies de la liberté, chercheront un asile sur tes heureux bords, île fortunée, riche d'une incomparable beauté et de mâles cœurs pour te défendre. »

Est-ce là de la vanité ? Londres ne pense guère, pas assez, aux villes fameuses qui ne sont plus et qui avaient tout autant sinon plus de sujet de s'exalter qu'elle....

Comme le dit très-bien un éminent publiciste moderne : « Le souvenir de cette grandeur et de cette puissance de villes et de nations qui ont été et qui ne sont plus, la gloire même et les merveilles de Rome païenne, peuvent être invoquées pour réfuter deux classes de personnes qui, de nos jours, courtisent l'Angleterre, les unes par principe politique, les autres par haine contre le catholicisme. On ne peut attribuer aux institutions libres tout ce qu'il y a de beau, de bon et de grand à Londres, puisque l'histoire signale des grandeurs supérieures encore chez des peuples dégradés par l'esclavage. Par la même raison, on ne peut en faire un mérite au protestantisme, sans tomber dans l'absurdité très-grave de faire découler des croyances païennes les gloires de l'ancienne Rome, ce qui prouverait autant contre les Protestants que contre les Catholiques. Il faut dire, au contraire, que la force physique et la prospérité matérielle des nations sont tout à fait indépendantes de la religion et des institutions politiques, puisque cette force et cette prospérité se rencontrent chez des peuples ayant les croyances et les institutions les plus diverses. Nous voyons des États très-renommés, soit qu'ils soient sévèrement gouvernés par un seul, soit qu'ils croient au vrai Dieu, soit qu'ils soient assis dans les ténèbres de l'erreur et de l'idolâtrie : la Grèce républicaine est matériellement grande au milieu des horreurs du polythéisme; Rome est matériellement grande, bien que gouvernée par un dictateur : l'Espagne et le Portugal obtiennent la suprématie européenne, malgré leur vénération pour le pape et leur profession de catholicisme ; l'Angleterre est aujourd'hui matériellement grande et puissante, malgré les nombreuses variations de l'anglicanisme. C'est donc se tromper à plaisir que d'ériger cette grandeur, qui, au fond n'est pas réelle, qui ne constitue pas encore la civilisation, en criterium de la vérité religieuse (1). »

En résumé, la prospérité et la supériorité matérielle ne sont pas les conséquences d'un système religieux ni les signes de la véritable civilisation ; mais, avant d'entrer encore plus au cœur de la thèse que nous nous sommes proposée, nous devons, pour bien établir notre bonne foi et ne pas imiter le parti pris de nos adversaires, reconnaître ce qu'il y a de bon en Angleterre et le rendre à sa véritable origine.

(1) L'abbé Margotti, *Rome et Londres* (1859), p. 35 et 36.

La part du bien, en Angleterre, est assez large, il faut le reconnaître, et elle a fourni a M. de Montalembert la matière d'un livre qui a fait beaucoup de bruit en Angleterre et en France (1) ; cependant ce livre a été l'objet de nombreuses critiques de la part des Anglais mêmes, dont il est un panégyrique presque sans restriction. Un publiciste anglais a remarqué, avec raison, que M. de Montalembert avait écrit précisément comme si les hommes étaient faits pour les institutions et non les institutions pour les hommes. S'il s'était un peu plus occupé de ces derniers, il aurait vu que la question de l'avenir *politique* de l'Angleterre est en réalité la question de son avenir *social* (2).

Eh bien, nous acceptons, et nous admirons d'autant plus la beauté et la stabilité de la constitution anglaise qu'elle tourne à l'honneur du catholicisme, dont elle est issue. C'est au clergé catholique principalement qu'est due la *magna charta* de Jean sans Terre. Dans cette charte, « le roi promettait de ne violer les droits de qui que ce « fût, de rétablir le gouvernement et la justice d'après

---

(1) *De l'avenir politique de l'Angleterre*, par le comte de Montalembert. (Paris, 1856.)

(2) Parmi les journaux de Londres qui ont trouvé exagérés les éloges décernés à l'Angleterre par M. Montalembert, il faut citer la *Revue de Westminster*, qui a déclaré ce livre plus généreux que sage et ne pas croire à la puissance des institutions que l'auteur vénère trop. « Si l'avenir de l'Angleterre est heureux, — dit cette revue, — il le sera pour des raisons bien différentes de celles indiquées par M. de Montalembert. Il fait un portrait flatteur de l'aristocratie, et ne connaît nullement les conditions du peuple. Dans la discussion du problème, il ne fait pas entrer en compte la foi, les espérances, les tendances et les vœux de cette immense multitude. L'Angleterre a ses avantages, mais le continent en a d'autres. Certains politiques l'oublient tout à fait, et ne voient pas que les Anglais ont aussi leur part de l'humaine fragilité. »

« les coutumes anglo-saxonnes et normandes ; de n'expro-
« prier, arrêter, exiler, ni faire aucun autre tort à personne,
« sans le jugement de ses pairs ; de ne pas refuser, ni
« différer, ni vendre la justice : le tribunal ne suivra pas
« le roi, mais siégera à Westminster, sous les yeux du
« peuple, les juges seront des hommes versés dans la loi.
« Les villes seront continuées dans leurs priviléges et
« leurs libres coutumes et délivrées de beaucoup de
« charges. Chacun pourra aller et venir à son gré, sans
« crainte pour sa personne ni pour ses biens. Le roi
« n'exigera de subsides de ses vassaux que s'il est détenu
« prisonnier, s'il doit armer son fils aîné chevalier ou
« marier sa fille aînée ; du reste, les logements et les
« fourrages qu'on lui devait quand il était en voyage sont
« abolis : il n'imposera pas de contribution ni de service
« militaire sans le consentement des grands et des ba-
« rons. Le clergé aura la liberté d'élection, sa juridiction
« propre, la faculté de sortir du royaume et d'en appeler
« au pape. »

Telle est la constitution anglaise tant admirée, comment elle naquit et comme, en substance, elle règne encore aujourd'hui. Mais pourquoi toutes ces libertés furent-elles accordées par le roi Jean, en 1215 ? Pour le savoir, il suffit de lire le préambule de cet important document, écrit en latin, qui débute ainsi : « Pour l'honneur de Dieu
« et l'exaltation de son Église (1). Par le conseil de nos
« vénérables pères, Étienne, archevêque de Cantorbéry,
« primat de toute l'Angleterre et cardinal de la sainte
« Église romaine ; Henri, archevêque de Dublin, etc. (2). »

(1) Ad honorem Dei et exaltationem sanctæ Ecclesiæ.
(2) Per consilium venerabilium patrum nostrorum, Stephani, Cantuariensis archiepiscopi, etc.

suivent les noms de bien d'autres prélats encore. La première liberté anglaise a donc été catholique : catholique dans son origine, catholique dans son but, catholique dans son auteur, catholique dans ses conseillers, catholique dans ses dispositions, catholique dans sa langue, et cette charte fut dressée, — comme le dit son texte, — pour assurer à Londres et à l'Angleterre leurs antiques libertés (1). Au xiii° siècle, Londres était catholique et jouissait déjà depuis longtemps de la liberté. Les Anglais, il est vrai, disent que la grande Charte a été arrachée au roi Jean (2) ; mais ils doivent avouer que c'est le clergé catholique qui a joué le plus grand rôle dans cette circonstance solennelle, et reconnaître par là que le clergé, loin d'aimer le despotisme, est partisan de la vraie liberté. « Fait vraiment surprenant ! — s'écriait Mgr Rendu, évê-
« que d'Annecy : — l'Angleterre doit au protestantisme
« tout ce qui fait sa honte, et, par contre, au catholicisme
« tout ce qui constitue sa grandeur et sa gloire (3). » L'Angleterre, — fait remarquer M. de Montalembert, — a été catholique pendant mille ans, et à une époque où le catholicisme a imprimé mille traces indélébiles de son empire (4). Le Jury, le Parlement, les Universités datent du temps où l'Angleterre était fille dévouée du Saint-Siége. « Si l'Angleterre, — écrit le docteur Newmann, — n'est
« pas aujourd'hui le pays le plus despotiquement gou-
« verné, elle en est redevable à une très-heureuse
« inconséquence. Elle doit au moyen âge tout ce
« qu'elle a de franchises, et l'absolutisme qui la tour-

---

(1) Antiquas libertates.
(2) Extorted from King John.
(3) *Où en est la révolution ?* (Genève, 1857), p. 43.
(4) De l'avenir politique de l'Angleterre.

« mente lui est venu de la renaissance du paganisme (1). »

Le protestantisme trouva l'Angleterre libre, mais il ne la rendit pas telle, parce que le protestantisme, qui est anarchie, ne peut donner la liberté, qui est inséparable de l'ordre. C'est une remarque de M. Guizot, protestant (2). En Angleterre, le protestantisme, bien loin de briser les chaînes du peuple, chaînes qui n'existaient pas, a tenté de les forger ; c'est un homme d'État anglais, lord John Russel, qui fait ce remarquable aveu que lui arrache la vérité : « A la mort d'Élisabeth, — dit-il, — l'Angleterre
« courut grand danger de perdre sa constitution, parce
« que le paganisme renaissant avait introduit un nouveau
« système de droit politique et que des études sans guide
« avaient préparé les classes supérieures de la société à
« de nouvelles méthodes d'administration (3). » Voici, par exemple, l'idée que les juristes de l'Angleterre donnent du pouvoir royal. Blackstone accorde aux rois l'impeccabilité en disant : *Le roi ne peut mal faire* (4). D'après lui, la loi attribue au roi, dans sa capacité politique, *une perfection absolue* : non seulement il est incapable de mal faire, mais même de mal penser ; il ne peut commettre rien d'indigne, parce qu'il n'y a en lui ni défaut ni faiblesse. En justice, le roi n'est jamais obligé à rien. Les juristes l'appellent le vicaire de Dieu sur la terre (5) ; Bacon le nomme une espèce de petit Dieu (6) ; et Pope, s'adressant à la reine d'Angleterre, lui parle ainsi :

---

(1) Le Catholicisme travesti par ses ennemis.
(2) Cours d'histoire moderne, leçon XII.
(3) Essai sur la constitution anglaise (1831.)
(4) The King can do not wring.
(5) Vicarius Dei in terra.
(6) Deaster quidam.

Vous, ô Déesse, vous que l'île de la Bretagne adore (1).

On comprend tout ce que ces doctrines ont de favorable au despotisme et, dans le fait, le premier roi protestant, Henri VIII, fut le premier et le pire tyran du monde, celui qui inaugura le régime de la terreur et des échafauds comme un moyen tout-puissant de gouvernement (2).

Si la liberté a survécu, en Angleterre, à l'introduction du protestantisme, c'est parce que l'élément catholique n'a jamais été complétement déraciné dans ce pays. Comme on l'a fort bien dit (3), et comme il est facile de s'en convaincre soi-même par un séjour d'une semaine en Angleterre, le peuple anglais est catholique, sans le savoir et sans le vouloir.

On a trop souvent parlé des rapports anciens de Rome avec Londres et l'Angleterre, pour qu'il soit nécessaire d'y insister une fois de plus ici ; c'est en vain que les Anglicans essaieraient de nier un fait évident comme le soleil en plein midi. Ce sont les papes qui ont envoyé des apôtres dans la Grande-Bretagne ; à défaut de monuments écrits et contemporains, des plus authentiques, la façade du nouveau palais du parlement suffirait à l'attester : on y a placé les statues de saint Patrice et de saint David, et, dans la Chambre haute, il y a, outre la statue de saint Georges, des statues de saints évêques portant la chasuble, le pallium, la mitre et la crosse, le baptême du roi Ethelrède peint à fresque, etc.

---

(1) Voyez Blakstone, *Commentaires sur les lois de l'Angleterre*. — Le docteur Newman fait observer à ce sujet qu'on voit aujourd'hui encore la reine d'Angleterre représentée sur les monnaies, le trident en main, comme la déesse des mers.

(2) Voyez Audin, *Histoire d'Henri VIII*.

(3) L'abbé Margotti, *l. c. sup.*, p. 42.

Mais, en se séparant brutalement de Rome et en abjurant le catholicisme, sous la pression du Tibère anglais, la Grande-Bretagne a-t-elle gagné sous le rapport de la civilisation, comme s'obstinent à le répéter certains écrivains, amis de l'erreur et sectateurs du mensonge ? Non, mille fois non, et nous ne voulons pour preuve de ce que nous avançons que ces paroles d'un publiciste français, répondant à deux journaux, — les *Débats* et le *Siècle* (1), qui argumentaient en faveur du Protestantisme contre le Catholicisme de ce que l'Espagne et le Portugal avaient perdu la plupart de leurs colonies, tandis que l'Angleterre conservait les siennes. Voici ce que M. Louis Veuillot a répondu (2) à ces deux journaux et à tous ceux qui usent et abusent quotidiennement du même système d'accusation contre le catholicisme : « Quand l'Angleterre aura
« conservé ses colonies aussi longtemps que l'Espagne et
« le Portugal ont conservé les leurs ; quand il sera prouvé
» que l'Angleterre ne perdra pas les Indes avant que
« l'Espagne perde Cuba ; quand l'Angleterre, chassée de
« quelque endroit, pourra y montrer, comme la France au
« Canada et dans l'île de France, l'affection et le respect
« des populations survivant à sa chute ; quand elle aura
« laissé dans une colonie gouvernée par elle les semences
« de résurrection religieuse qui restent encore dans les
« anciennes possessions de l'Espagne du Nouveau-Monde,
« alors l'argument du *Siècle* et du journal des *Débats*
« pourra paraître plus solide. A entendre ces journaux, il
« semble que le Portugal, l'Espagne, la France, aient
« perdu leurs colonies par suite d'insurrections comme

---

(1) Septembre 1857, articles de MM. Provost Paradol et Jourdan.
(2) L'*Univers*, 17 septembre 1857.

« celles qui ont humilié l'Anglerre. Rien n'est plus faux.
« L'Angleterre seule a eu ce privilége, elle qui a été
« chassée de l'Amérique par les fils de son sang et de son
« erreur, comme elle a couru risque d'être expulsée des
« Indes par les victimes de son aveugle cupidité. »

Allons plus loin, et entrons au vif de la question ou plutôt du débat; en admettant même, — ce qui est très-contestable, pour ne pas dire davantage, — que le peuple anglais soit plus riche que toute autre nation catholique, eh bien, cela ne prouverait encore rien contre le catholicisme : la religion ne saurait être mise en cause dans une telle discussion, et puis resterait à prouver qu'un peuple riche est un peuple heureux.

Admettons d'abord, pour un moment, que les choses soient en Angleterre comme nous les dépeint M. Napoléon Roussel (1), c'est-à-dire que le peuple jouisse de tout genre de prospérité, et qu'au contraire les nations catholiques végètent presque dans la gêne : s'ensuit-il que la religion anglicane soit vraie et que la religion catholique soit fausse ? Non, et cependant telle est la conclusion de M. N. Roussel.

M. N. Roussel est de ceux qui croient à la Bible, ou du moins qui prétendent y croire, et qui en prêchent la lecture en criant : « La Bible, rien que la Bible ! » Qu'il lise le psaume 143e, qui se rapporte tout entier à notre sujet; il y verra la peinture d'un peuple qui avait *la vanité en bouche et la main toute pleine d'iniquités*, et ce peuple jouissait d'une merveilleuse prospérité matérielle. Le peuple dont parle le Psalmiste avait une jeunesse

---

(1) Les nations catholiques et les nations protestantes comparées, etc. (Paris, 1854), tome II, p. 153.

fraîche et vigoureuse. Ses filles se montraient joyeuses et parées, comme les temples aux jours des grandes solennités ; il avait des troupeaux nombreux à faire envie, féconds au possible, prodigieusement gras ; ses champs, bien entourés de fortes murailles, annonçaient une situation agricole des plus prospères. Ses coffres forts, ses fabriques, ses magasins, ses entrepôts, ses bazars, non-seulement étaient pleins, mais regorgeaient de toutes parts. A cela ne se bornaient pas les délices de ce peuple ; car on n'entendait sur ses places ni clameurs, ni cris d'infortune, ni débats bruyants, ni agitations séditieuses ; tous étaient satisfaits, contents, heureux.

Quel idéal magnifique ce semble : cependant le Psalmiste est loin de l'admirer. Déjà alors il y avait des gens qui faisaient consister le bonheur d'un peuple dans sa prospérité matérielle et qui proclamaient heureuse cette nation ; mais le Psalmiste leur imposa silence en déclarant, au contraire, que le seul peuple heureux est celui qui reconnaît Dieu pour son Seigneur : — *Beatus populus cujus Dominus Deus ejus.*

L'Ancien et le Nouveau Testament cherchent à l'envi à nous faire comprendre que l'homme n'est pas fait pour les richesses, mais que les richesses sont faites pour l'homme, et que l'homme est fait pour Dieu. Il y a cent passages de l'Écriture qui tendent à nous ôter de l'esprit ce préjugé, d'après lequel Dieu devrait être là où se trouverait la prospérité matérielle. Citons, à ce sujet, une très-belle réponse faite par un Anglais, récemment converti au catholicisme, à un zélé sectateur de la religion anglicane ; ce dernier argumentait souvent, en lui montrant les nations catholiques moins riches que les protestantes, voulant tirer de là une attaque contre le catholicisme. « A votre tribunal, — monsieur, répondit avec beaucoup de calme le nouveau converti, — le riche gourmand eût été digne d'entrer en paradis, et le pauvre Lazare eût été condamné à l'enfer. Étudiez l'Évangile, et vous verrez que Dieu en juge tout autrement. » L'Anglican ne sut que répliquer, et se tut.

Si, — d'après l'Évangile, c'est-à-dire d'après Dieu même, — la vraie civilisation ne consiste pas dans la prospérité purement matérielle, quels en sont donc les éléments? Ils sont au nombre de trois : vie intellectuelle, morale, matérielle. Mais à quel code, à quel manuel à la portée de tous les esprits, emprunter les notions indispensables qui peuvent procurer cette vie? Un libre penseur célèbre va nous le dire : « Il y a, — écrivait Jouffroy, — un petit
« livre qu'on fait apprendre aux enfants et sur lequel
« on les interroge à l'Église : lisez ce petit livre, et vous
« y trouverez une solution à toutes les questions que j'ai
« posées, à toutes sans exception. Demandez au catholique
« d'où vient l'espèce humaine, et il le sait ; demandez lui
« où elle va, et il le sait encore. Demandez au pauvre
« enfant, qui n'y a jamais réfléchi de sa vie, demandez
« lui pourquoi il est ici bas, et ce qu'il deviendra après
« sa mort, et il vous fera une réponse sublime... Origine
« du monde, origine de l'espèce, questions de race, des-
« tinée de l'homme en cette vie et dans l'autre, rapport
« de l'homme avec Dieu, devoirs de l'homme envers ses
« semblables, droits de l'homme sur la création, il sait
« tout, et quand il sera grand, il n'hésitera pas davantage
« sur le droit naturel, sur le droit politique, sur le droit
« des gens (1). »

(1) Jouffroy, *Mélanges philosophiques*, p. 424.

Eh bien, nous ne craignons pas de le dire, ce véritable manuel des devoirs et des droits de l'homme, du chrétien, les protestants ne le connaissent point; et ici c'est un philosophe, aussi peu suspect que Jouffroy, qui va répondre à l'objection qui se dresse déjà contre nous, — c'est Pierre Leroux : « Les catéchismes des protestants sont « plus simples que ceux des catholiques. Le Décalogue, le « Symbole des Apôtres, l'Oraison dominicale, le Baptême « et l'Eucharistie, voilà la matière avec laquelle Luther « a composé le sien. Mais combien de lacunes on aperçoit « dans cette prétendue simplicité! Luther a supprimé « toute mention de l'Église. Mais y a-t-il ou n'y a-t-il pas « une Église ? Il a conservé la divinité de Jésus et a effacé « l'*Ave Maria*. Et cependant, si le fils de Marie est Dieu, « Marie n'est-elle qu'une créature? Le temps et le déve« loppement du Christianisme ont apporté successivement « une foule de problèmes que le catéchisme catholique « a au moins le mérite de résoudre. Mais les catéchismes « protestants apparaissent comme des ruines. On dirait « un grand édifice bien complet, bien orné, bien riche, « que les voleurs ont à moitié dépouillé et détruit. Les « protestants ont enlevé, au nom de l'Église primitive, ce « qu'ils appellent des superfétations ; mais combien de « problèmes restent sans solution et combien de vides on « découvre (1)! »

La masse de la population anglaise sait-elle au moins ce catéchisme, tout tronqué et imparfait qu'il est? Demandons-le aux rapports officiels. L'un de ces documents nous dit : « Il est un fait qui m'a vivement frappé; c'est que, si

---

(1) Encyclopédie nouvelle, tome III, p. 324 et 325, art. *Catéchism*, par P. Leroux.

« les enfants apprennent à lire et à écrire avec certaine
« facilité, ils n'ont pour ainsi dire aucun principe de mo-
« rale et de religion (1). » Un autre ajoute : « J'appelle
« ignorance l'état d'un individu qui ne sait pas dire un
« mot de prière, qui ignore jusqu'au nom du souverain
« régnant et qui ne connait pas même les mois de l'année.
« Sur 3,000 enfants des deux sexes, j'en ai trouvé 1,588
« dans cette extrême ignorance. 1,290 garçons et hommes,
« 298 petites filles, sont tellement incapables de recevoir
« une bonne éducation morale et religieuse, que les mots
« de vertu et de vice appartiennent pour eux à une lan-
« gue inconnue. Ils ont bien une idée vague de l'immor-
« talité de l'âme, ainsi que des peines et des récom-
« penses d'une autre vie, mais ils n'ont pas la moindre
« notion des actes par lesquels ont mérite les unes ou les
« autres (2). »

Il résulte d'un rapport de sir John Pakington au Parlement qu'en Angleterre des milliers de personnes n'ont
aucune notion de vice ni de vertu (3).

Et ce ne sont pas là des faits isolés, de simples exceptions sur la masse, car on les rencontre si fréquemment
que c'est, — pour ainsi dire, — la règle habituelle.

Veut-on avoir une idée de l'ignorance crasse du peuple
anglais protestant, non-seulement au point de vue religieux, mais même des éléments les plus rudimentaires de
l'instruction primaire, que l'on écoute les témoignages
non suspects d'Anglais, tant laïques que pasteurs.

---

(1) Rapport de M. Tufnell, p. 63.
(2) Clay (chapelain de prison), dans le *Report to the committee of the lords*, (1847.)
(3) Ce Rapport, publié en 1855, a été cité par les *Feuilles historiques* (de Munich) et par *l'Univers* (de Paris), 25 et 26 janvier 1857.

En 1851, H. Mayhew a publié, sur les pauvres et sur les classes infimes de Londres, — la capitale de la grande Bretagne! — une série d'observations douloureusement sérieuses. Voici ce qu'il dit de la nombreuse catégorie des *costermongers*, ou marchands de fruits : « Une « personne digne de foi, qui elle-même a été pendant « assez longtemps *costermonger*, m'a assuré qu'on n'en « trouverait pas trois sur cent qui soient jamais entrés « dans une église et qui sachent simplement le sens du « mot *christianisme*, et cette assertion m'a été confimée par « d'autres. Les marchands ambulants, ajoute Mayhew, « n'ont aucune espèce de religion ni aucune idée de la vie « future; ils ont même en horreur les petits livres reli- « gieux. Ils les détestent, parce que les distributeurs de « ces livres ne leur donnent jamais rien ; et comme il n'y « a pas un *coster* sur quatre qui sache lire, ils n'aiment « pas qu'on vienne les ennuyer avec ces distribu- « tions (1). »

L'ignorance du peuple, même dans la capitale de l'Angleterre, est effrayante (2). L'Angleterre est la nation de l'Europe où l'instruction est le moins répandue, et l'on n'oserait pas affirmer ce fait, si M. Fox ne l'avait démontré, la statistique en main, dans la Chambre des Communes (3), et si cela n'avait été proclamé auparavant dans la même Chambre par lord John Russell (4), par Macaulay (5) et par M. Hume (6).

---

(1) London labour and the London poor. (Londres, 1851), tome I, p. 21.
(2) Annual report of the ragged school Union, 1848.
(3) Séance du 26 février 1850.
(4) Séance du 19 avril 1847.
(5) Séance du 20 avril 1847.
(6) Séance du 17 juillet 1846.

Sans doute le grand mal ne consiste pas précisément en ce que beaucoup d'enfants ne sachent ni lire ni écrire; mais il est une instruction élémentaire à laquelle tous sont appelés, qui est accessible à tous, que chacun a le droit et le devoir d'acquérir, — c'est la science du catéchisme. Or c'est sur ce point particulièrement que l'Angleterre protestante est peut-être la plus inférieure parmi les nations de l'univers. En 1855, le rapport de la société dite *Church pastoral aid Society*, dont le comité directeur se compose d'un archevêque et de dix-neuf évêques protestants, de plusieurs membres distingués de l'aristocratie, etc., constatait, par la voix de l'évêque de Winchester, le fidèle et douloureux exposé que voici : « Vous « saurez que dans un pays chrétien, à proximité des « églises, au milieu de populations qui reconnaissent que « la terre et son immensité appartiennent au Seigneur, il « y a encore une multitude d'hommes vraiment païens, « incrédules, sans la moindre foi en Dieu, qui ignorent « sa grâce, son Évangile, et qui vivent dans l'insouciance « de la mort et du jugement, comme si aucune révélation « n'était descendue du ciel (1). »

Omettant à dessein les témoignages d'évêques anglais catholiques sur ce lamentable état de choses (2), et ne nous attachant qu'aux autorités protestantes, qui nous semblent d'une irrésistible puissance, citons encore ici M. Kay, de l'université de Cambridge, qui, après avoir visité les divers pays de l'Europe continentale, écrivait naguère : « Je le dis avec tristesse et avec honte, mais

---

(1) Rapport de la *Church pastoral aid Society*, pour 1855, p. 18.
(2) Voyez la lettre de Mgr. Cullen, archevêque de Dublin, sur les sociétés bibliques, publiée en 1856, le jour de la fête de la Purification.

« je l'affirme avec assurance, nos paysans sont plus igno-
« rants, plus immoraux, moins capables de s'aider et plus
« préoccupés de la satisfaction de leurs appétits que ceux
« de tout autre pays. » Des rapports des lords Shaftesbury
et Ashley, il résulte que l'on compte par milliers les
jeunes filles à marier qui, interrogées sur les notions les
plus élémentaires du christianisme, montrent qu'elles ne
savent rien sur Dieu, sur l'Incarnation du Verbe, sur
l'existence de l'Esprit-Saint. Des centaines de mineurs
ont répondu aux comités qu'ils n'avaient jamais mis le
pied dans aucun temple, et ont fait l'aveu qu'ils ignoraient
quel livre c'est que le catéchisme.

M. Eugène Rendu, après avoir visité l'Angleterre, disait,
en 1853, au ministre de l'Instruction publique en France :

« Le sentiment de la dignité humaine n'existe pas
même en germe dans les bouges de la capitale du
Royaume-Uni. C'est peut-être là un motif de sécurité pour
la constitution de la société anglaise, mais, pour le chrétien
et pour le moraliste, c'est la révélation d'un état de choses
que la pensée religieuse condamne et que la raison ré-
prouve. Une société n'a pas le droit de substituer, dans
l'intérêt de son existence, les passions de la brute aux
sentiments de l'homme dans l'âme d'un nombre quel-
conque de ses membres (1). »

Le chanoine Woods-Worth, dignitaire protestant,
dans un discours prononcé à l'abbaye de Westminster (2),
affirmait que « cinq millions de personnes en Angleterre,
« c'est-à-dire presque un tiers de la population, ne
« prennent aucune part le dimanche au culte public. Cinq

---

(1) De l'instruction primaire à Londres. (Paris, 1853), chap. 1ᵉʳ, p. 8.
(2) Le 20 août 1854.

« millions de créatures humaines vivent sans Dieu! »

Il n'y a rien, on le sait, de plus aristocratique que l'Église anglicane; elle est toute aux classes aisées, et n'honore pas même d'un regard les gens du peuple. Il lui est aujourd'hui impossible de réparer ses fautes, parce que plus de la moitié des vingt-huit mille églises d'Angleterre appartiennent aux dissidents, et que la multiplication des sectes est un obstacle invincible à l'organisation des écoles nationales. En effet, comme l'a dit sir Pakington, les sectaires laissent souvent leurs enfants dans l'ignorance, par la crainte qu'ils ne lisent le catéchisme d'une autre communion.

Ce n'est donc pas la religion officielle de l'Angleterre qui peut relever le niveau de la moralité chez le peuple, et lui imprimer par conséquent ce caractère de supériorité intellectuelle tant invoqué et proclamé cependant par la tourbe des publicistes, à la honte, disent-ils, des nations catholiques; pour obtenir ce résultat, l'Église anglicane, — de l'aveu même d'un anglican, — ne possède nullement l'idéal d'une Église vraiment chrétienne. Donc M. Ward, c'est le nom de cet anglican très-érudit, en étudiant l'idéal d'une Église chrétienne, a trouvé qu'elle devait remplir dix fonctions principales : inculquer une doctrine orthodoxe, seconder les aspirations et les sentiments de l'homme, protéger les pauvres, dénoncer les vices des riches, instruire les classes supérieures de leurs obligations intellectuelles et politiques. Et l'Église n'accomplit aucune de ces dix fonctions; M. Ward nous la dépeint privée de tout système de discipline morale pour les riches et pour les pauvres, coupable d'une négligence absolue dans l'accomplissement de la tâche qui lui incombe de protéger les mœurs et d'enseigner les doctrines orthodoxes, essentiellement inhabile enfin à atteindre le but que doit se proposer toute Église (1).

« Nos populeuses cités, — disait le docteur Pusey, — « nos ports, nos mines, nos fabriques, sont plongés dans « une immense désolation ; ce sont, sauf la suspension de « la peine, des *types de l'enfer* (2). » Et le *Churchman*, journal anglican, ajoutait : « Non-seulement nos possessions « étrangères, mais la moitié des paroisses d'Angleterre, « vivent dans un semi-paganisme (3). » Et un statisticien anglais observait, en parlant des maîtres d'école de la société nationale, que « presque tous dépeignent la popu- « lation dont ils sont entourés comme horriblement dé- « pravée et irréligieuse, stupide et insensée, sinon « turbulente, et portée à mal faire (4). » Et l'évêque d'Exeter avait déjà déploré « qu'un paganisme absolu, « et, plus que cela, une haine intense contre la foi chré- « tienne allât se propageant en beaucoup d'endroits de « l'Angleterre (5). »

Où donc alors est cette civilisation anglaise si hautement vantée ?...

Mais, dira-t-on peut-être, si l'Angleterre, — comme d'ailleurs toutes les nations protestantes, – n'a pas de catéchisme, elle a cependant les deux puissants leviers de la prière et de la prédication. Autre erreur qui est devenue un double mensonge, car cette parole qui retentit sous la froide voûte des temples qu'est-elle le plus souvent, sinon le mensonge ou la négation des principes

---

(1) The ideal of a Christian Church, etc. (Londres), chap. II et VI.
(2) En tire absolution of the penitent, p. 63.
(3) Churchman, 22 mai 1846.
(4) Derwent Coleridge, seconde lettre sur l'institution de Stanley grove.
(5) Dans sa pastorale de 1843, p. 56.

spiritualistes sur lesquels repose toute religion, et par conséquent toute civilisation, seules dignes de ces noms tant profanés ou méconnus ?

Or, la charge principale d'un ministre anglican consiste dans le sermon ou plutôt le discours (*speech*), et le protestant Clausen demandait, à ce sujet : « Un service « divin qui ne veut édifier que par la parole, qui cherche « sa puissance dans l'exclusion de toute influence esthé- « thique sur l'âme, porte-t-il le vrai cachet du christia- « nisme? La parole avait sans doute une puissance mer- « veilleuse dans la bouche du Rédempteur, et cependant « il fallut à cette parole la force miraculeuse des œuvres « pour éveiller les âmes de la torpeur où elles languis- « saient. Que peut jamais être cette parole morte dans la « bouche d'un ministre ? »

Les anciens prédicateurs protestants, de 1620 à 1700, conduisaient, sauf quelques exceptions, leurs auditeurs dans les déserts arides de la polémique et de la dogmatique, si bien que ces derniers, après y avoir erré pendant plusieurs heures, s'en retournaient aussi affamés de la parole divine qu'avant leur arrivée. Plus tard, les protestants se jetèrent dans l'excès contraire. Séparant la croyance de la morale, ils exclurent la première et prêchèrent la seconde avec une aridité et une sécheresse qui pétrifiaient le cœur. Les sermons n'avaient de chrétien que le texte, qu'ils récitaient en commençant, pour le laisser ensuite dans l'isolement, comme l'épigraphe d'un chapitre ou d'un livre. Enfin la prédication hétérodoxe fit un troisième pas, et remplaça la polémique captieuse et l'aride morale par des préoccupations exclusivement terrestres, prenant les sujets de ses sermons dans la physique, la médecine, l'économie rurale et la politique.

Voici un exemple des prêches que font en Amérique les ministres protestants. M. Henri Ward Beecher, l'un des plus éloquents prédicateurs protestants de New York, parla en ces termes à son auditoire, le dimanche 11 octobre 1857 : « Chacun doit prendre le plus grand soin de son corps, parce qu'un homme sans corps est comme un canon démonté. Si votre corps s'affaiblit, tout dépérit, et il ne faut pas qu'il perde sa vigueur dans ces circonstances critiques. Vous devez être attentifs sur la qualité des aliments et sur le repos. Le sommeil est la nourriture de votre cerveau, comme l'eau l'est de votre corps. Nous avons des citernes destinées à conserver l'eau pendant plusieurs jours; mais Dieu a disposé la citerne de notre cerveau de telle sorte qu'il ne peut en contenir assez pour résister pendant quarante huit heures. Dans le cas où quelqu'un ne puisse pas dormir, il faut qu'il laisse tout travail et qu'il se confie aux soins d'un médecin; car, s'il ne peut pas dormir, il n'est pas en état de se soigner lui-même et moins encore ses affaires. Quant à la nourriture, vous ne devez pas perdre l'appétit parce que vous avez perdu de l'argent (1). Si votre corps ne peut manger, vous devez lui dire : « Je veux, moi, que tu manges. » Prenez une nourriture abondante et choisie, ne ruinez pas votre corps parce que les affaires semblent être embarrassées. Gardez-vous de l'excitation nerveuse : si vous vous échauffez le cerveau, vous ressemblerez à une chandelle placée sur un chandelier ardent, laquelle se consume d'un côté et se liquéfie de l'autre. Parlez peu, car l'usage trop fréquent de la parole fait du mal. Ne faites pas de votre esprit un peigne destiné à ranger et à rajuster chaque jour

(1) Les États-Unis se trouvaient alors dans une terrible crise financière.

vos affaires. Quand vous quittez votre bureau le soir, laissez-y aussi vos pensées, et ne les portez jamais avec vous, et moins encore dans votre famille. Prenez un bain quand vous rentrez chez vous ; il fera très-grand bien à beaucoup d'entre vous. Multipliez vos récréations et cherchez à jouir le plus possible des *comforts* de cette vie. Ainsi soit-il. »

C'est de l'hygiène épicurienne, mais ce n'est pas de la prédication : en somme, ce n'est là ni l'Évangile, ni la morale.

Voilà comment, en Amérique, les ministres protestants parlent à leurs auditeurs; ils ne traitent que rarement de la morale chrétienne, et quand ils le font, ils s'efforcent de la rendre aussi facile que possible. S'il leur arrivait de blesser leurs auditeurs par la sévérité de leurs principes, ou s'ils prêchaient une doctrine incompatible avec le relâchement et l'immoralité de ces derniers, on les congédierait, et l'on choisirait d'autres ministres à leur place.

A la fête de Noël, il y eut des prédicateurs protestants qui, à l'occasion de la naissance du Christ dans une étable, traitèrent de la meilleure manière de nourrir les animaux. Il y en eut d'autres qui, le sixième dimanche après la Trinité, prirent pour texte la culture des prés et des fourrages. D'autres se mirent à parler de l'inoculation de la vaccine ou de sujets semblables, et ceux qui s'élèvent aujourd'hui au-dessus de la matière ne le font que pour se lancer sur le terrain brûlant de la politique ou pour se guinder dans les nuages du rationalisme (1).

(1) Pour les citations et les preuves de ce que nous avançons sur la chaire protestante, voyez le remarquable ouvrage de Hœning haus, intitulé : *La Réforme contre la Réforme, ou retour à l'unité catholique par la voie du Protestantisme*, tome II, chap. x. *Influence funeste du*

Mais voyons les prédicateurs de Londres à l'œuvre dans leurs sermons prononcés le 7 octobre 1857, jour de jeûne, d'humiliation et de prière par ordre de la papesse, la reine Victoria. Les *day sof humiliation* sont des jours de triomphe pour les ministres anglicans ; tout le monde se tait, eux seuls parlent en liberté. A Saint-Philip's church, Regent Street, prêcha le révérend Bellew, le prédicateur du beau monde. Voici comment il commença son discours : *A nation is at prayer to day... Are we in earnest, or is this a solemned mockery?* « Une nation se livre aujourd'hui à la prière... Est-ce une chose sérieuse ou une solennelle plaisanterie ? » Et il désapprouva solennellement les cris de vengeance contre les Cipayes. Le révérend Cowie prêcha dans la cathédrale de Saint-Paul devant le lord-maire et devant les autorités civiles de Londres et rappela ces paroles d'un homme d'État anglais : « Si nous perdons les Indes aussi vite que nous les avons gagnées, nous n'y laisserons aucune trace pour indiquer que ce vaste pays ait jamais été soumis au pouvoir d'une nation chrétienne. » Le révérend David Thomas, prédicateur à New Chapel de Stokell, l'un des faubourgs de Londres, dit : « Si l'Angleterre ne veut pas s'avouer coupable, son humiliation sera une vraie dérision. Il est absurde et impie de prétendre que la Providence ait donné les Indes aux Anglais. Ils y sont allés uniquement pour des motifs mercenaires et égoïstes et non pour améliorer l'état de la nation indienne. Les Cipayes sont hommes et soldats : ils repoussent l'oppression et aspirent à l'indépendance. » A Surrey Chapel, le prédicateur rappela que les gouver-

---

Protestantisme sur le culte. Cf. *The adventures of a Gentleman in search of the church of England* (Londres, 1853), chap. II, p. 11 et suiv.

neurs généraux des Indes avaient récemment permis aux autorités d'employer les tortures dans le recouvrement des impôts. Dans l'église du Caledonian Road, le révérend Davies protesta contre les annexions successives des territoires, et raconta les injustices commises par les héros de l'Angleterre, les Clives, les Warren, Hastings, etc. Un autre orateur fit observer comme un fait providentiel que la révolte avait éclaté dans les districts du Bengale où l'on cultive l'opium.

Mais les orateurs ne s'entendirent pas même sur ce point, quoiqu'il n'y fût question ni de dogmes ni de théologie. Pendant que quelques uns critiquaient le gouvernement et péroraient en faveur des Indiens, dont ils trouvaient les soulèvements parfaitement motivés, d'autres tonnaient contre les Cipayes en faveur du gouvernement, de sorte qu'on entendait le même jour et dans le même lieu la condamnation et l'apologie de la même action, signe évident que l'Église anglicane n'a ni règles de foi ni fermes principes de morale. Le docteur Cumming, représentant du presbytérianisme orthodoxe, ne se fit pas scrupule de dire que les Cipayes armés contre l'autorité anglaise devaient être exterminés tous jusqu'au dernier. Belle prédication pour un jour d'humiliation ! D'autres parlèrent comme le docteur Cumming, et surtout le fameux Spurgeon, prédicateur populaire s'il en fut jamais, malgré son calvinisme rigide. Il prêcha dans le *Crystal palace*, et sa prédication devint un objet de commerce (1) pour la société de cet établissement et pour le chemin de fer. Il eut 23,654 auditeurs. A l'entendre, ce qui se pas-

(1) Depuis plusieurs jours, on lisait dans les rues de Londres d'immenses placards, dont les mots les plus apparents étaient ceux-ci : *Crysta palace, Spurgeon et un schelling.*

sait alors en Angleterre n'était pas une guerre, les Cipayes n'étaient pas des ennemis, et l'on ne pouvait invoquer en leur faveur les lois de la guerre. L'Inde n'a pas été conquise, mais elle s'est donnée d'elle-même aux Anglais; les Cypayes ne sont que des sujets rebelles et méprisables, dont le crime mérite l'extermination (1). Spurgeon fut plus juste, quand, recherchant les causes du rude châtiment qui pesait sur l'Angleterre, il en trouva la raison dans l'accumulation de méfaits dont s'était rendue coupable la nation anglaise ; dans les lords du coton, qui ne donnent qu'un très-faible salaire et laissent mourir leurs ouvriers d'inanition ; dans les marchands, qui trompent l'acheteur et qui feront revivre, si l'on n'y met bon ordre, les mots de *perfidious Albion;* dans les ministres de l'Eglise, qui se perdent en fleurs de rhétorique et sont des guides aveugles et des chiens muets (2).

Les excitations à la haine et à la vengeance ne sont pas des choses sans exemple dans la bouche des prédicateurs anglicans. Quand l'Angleterre se trouvait en guerre avec la France, on prêchait contre les Français, comme on prêcha contre les Cypayes, le 7 octobre 1857. M. Withbread s'est plaint dans le parlement, il y a longtemps, de ce que les pasteurs protestants poussaient à l'assassinat. M. Bathurst, ministre d'Etat, se contenta de répondre que c'était un *zèle indiscret.* Le maréchal Pillet a écrit: « J'ai entendu moi même un de ces sermons à Ashburn dans le Derbyshire, et le prédicateur était à peine descendu de la chaire que deux Français furent assassinés (3). »

---

(1) Men, whose crimen merited the unmiligated punishment of death their utter destruction.
(2) Blind guids and dumb dogs.
(3) L'Angleterre vue à Londres, chap. XLIII, p. 368.

M. Proby, ministre de Litchefield, disait entre autres choses dans son sermon : « Massacrer un Français partout où il se trouve est une œuvre agréable à Dieu ; » et ce fut alors que l'archevêque de Cantorbéry envoya la prière suivante à toutes les paroisses, avec ordre de la lire chaque dimanche : « Seigneur tout-puissant, donnez nous le pouvoir de détruire jusqu'au dernier ce peuple perfide qui a juré de dévorer vivants vos fidèles serviteurs. »

On voit comment on inspire aux Anglais la cruauté et les haines, et l'on s'explique comment ils ont pu manifester, durant l'insurrection indienne, des désirs tellement atroces qu'on aurait peine à les concevoir chez les peuples les plus barbares.

On a beaucoup parlé de l'ardeur des Anglais à répandre partout des traductions de la Bible et des dépenses énormes que le gouvernement de la Grande-Bretagne et l'Église anglicane s'imposent pour cette mission ; mais quels sont les résultats de tant d'efforts ? Le néant. L'Angleterre, bien loin de propager la foi et de convertir les idolâtres qui peuplent ses colonies, l'Inde surtout, fabrique elle même les idoles qu'adorent ces païens et les leur vend fort cher. Ce détail nous est donné par des journaux ou recueils protestants, tels que les *Archives du Christianisme* et le *Morning Post*. C'est à Birmingham que se confectionnent principalement les idoles que l'on envoie dans l'Inde ; voici les termes du prospectus d'une de ces usines : « Yamen, dieu de la mort, en bronze fin, fabriqué avec beaucoup de goût. Nirondi, roi des démons, modèles très-variés. Le géant sur lequel il monte est un des plus hardis dessins, et son sabre de goût moderne. Varonnin, dieu du soleil, plein de vie. Son crocodile est en bronze et son fouet en argent. Courberen, dieu des richesses. Ce dieu est d'un travail admirable, et le fabricant y a mis tout son art et tout son talent. On trouve aussi dans cette fabrique des demi-dieux et des démons inférieurs de toute espèce. On ne fait pas crédit. Escompte sur le paiement au comptant. »

C'est à croire que l'on rêve lorsqu'on lit de pareilles réclames ; décidément, les Anglais sont comme Vespasien : ils trouvent que l'argent, d'où qu'il vienne, ne sent jamais mauvais. Un journal protestant de Paris a fait observer qu'on ne trouvait dans aucune autre partie de l'Europe une fabrique d'idoles comme en Angleterre (1). Aux Indes, on peut le dire hautement, le gouvernement anglais lui-même s'est déclaré et se montre, en fait, le soutien du paganisme, en gouvernant ce vaste pays *comme s'il n'avait pas de conscience* (2).

Les fautes reprochées au gouvernement anglais par le clergé anglican lui-même (3) retombent sur l'Église anglicane, qui ne fait qu'un avec le gouvernement. Comme le dit avec justice un journal protestant, *The Weekly Dispatch* (4) : « L'Église d'Angleterre, quoi qu'en disent les membres de la haute Église, est une institution légale plutôt que spirituelle. C'est une théologie d'État, non une religion nationale. Ses ministres sont de purs employés salariés par le gouvernement pour le service de certaines doctrines...... Un ministre de religion, qui devrait être *une âme libre parlant à l'homme libre*, est changé par notre politique en un avocat payé pour annoncer non la vérité, mais indistinctement tout ce que lui insinue son

---

(1) *Archives du Christianisme*, septembre 1855.
(2) *The Morning Post*, octobre 1857.
(3) *Id.*
(4) Octobre 1857.

client. Comme les *clowns* (paillasses) d'Hamlet, qui ne doivent pas dire un mot de plus de ce qui est écrit dans leur rôle, de même les augures de l'État doivent avoir le plus grand soin de ne pas s'aventurer au-delà de la lettre de leurs instructions. »

Voilà pourquoi ni le gouvernement ni l'Église, en Angleterre, ne s'occupent de supprimer, dans l'Inde, le culte païen d'immoralités et de cruautés de ces idolâtres (1). Touchés de cet état de choses et en comprenant tous les dangers, quelques militaires anglais dans les Indes ont tenté, à défaut d'autres, de se faire missionnaires. A Belfast, en octobre 1857, la *Hibernian Bible Society* tint une réunion solennelle, dans laquelle M. Graham, vicaire de Bonn, déclara que, depuis sept ans déjà, le général Havelock faisait partie, avec sa femme et sa fille, de ladite société de mission, et que, quand il voyageait dans les Indes, il ne manquait jamais tous les dimanches de prêcher la Bible, en invitant les soldats et les gens du pays à assister à ses prêches. Il baptisa très-fréquemment des Indiens. Cet excès de zèle religieux déplut à la Compagnie des Indes, et l'on s'adressa à lord Gough, alors gouverneur, afin que Havelock reçut quelques observations sur sa conduite peu militaire et désordonnée (2).

C'était assez dire tout l'intérêt que l'on avait à ce que les Indiens croupissent dans leur idolâtrie sauvage, afin d'être plus faciles à mener; mais on a vu, en 1857, à quels actes terribles cette méthode a abouti; les massacres des Anglais sont là pour l'attester d'une façon aussi victorieuse qu'épouvantable.

---

(1) *Morning Post*, octobre 1857.
(2) Un military and disorderly.

D'ailleurs, comment l'Angleterre s'occuperait-elle de moraliser les Indes lorsqu'elle néglige tant, elle même, de veiller sur ses propres enfants? La moralité à Londres! voilà l'objet de tout un livre, et nous pouvons à peine lui consacrer quelques pages. Essayons cependant, et nous n'aurons que l'embarras du choix dans les exemples à présenter à l'appui d'une thèse qui n'est certes nullement paradoxale.

Les Anglais eux-mêmes, — par la voix de leurs moralistes, de leurs journaux et leurs romanciers, — se plaignent de plus en plus amèrement de l'augmentation des délits et des crimes sur le sol de leur pays, et notamment à Londres. « En dépit du système raffiné de discipline qui règne dans les prisons et de l'innombrable armée des agents de police, notre population criminelle *se multiplie comme les champignons dans une atmosphère fétide,* » ainsi s'exprimait, il y a déjà près de vingt ans, H. Mayhew (1). Deux autres Anglais faisaient entendre, dès 1852, des plaintes semblables, et c'était avec des chiffres qu'ils prouvaient que les délits progressaient en Angleterre d'une manière vraiment épouvantable (2).

Sans nous attarder ici à accumuler des chiffres, ce qui nous mènerait bien loin, la seule statistique criminelle de Londres, publiée en 1857 par la police de cette ville, constate que dans l'année 1856 le nombre des personnes

---

(1) The great world of London. (Londres, 1857.) David Bogue, 2° partie, p. 96. The London convict prisons and the convict population.
1 Despite refined systems of penal discipline and large army of police, our felon population increases among us as fast as fungi in a rank and foedid atmosphere.
(2) Journal of the statistical Society of London, janvier 1852. Summary of the moral statistics of England and Wales. (Londres, 1852.)

arrêtées pour crime, à Londres, s'élève au total énorme de 73,260 (1), d'où il résulte que sur trente habitants de la métropole de l'Angleterre il en est un au moins qui a dû passer par les mains de la police et subir la prison. Sur ces 73,260 arrêtés, il y avait 45,941 hommes et 22,299 femmes.

« La population de Londres, — écrivait Léon Faucher, en résumant un tableau comparatif entre Londres et Paris, — la population de Londres apparaît à la fois plus violente et plus dépravée que celle de Paris. L'homicide, l'assassinat, le viol, la sodomie, la violence contre la force publique, les rixes suivies de coups, en un mot tous les excès qui supposent des passions sans frein y ont libre carrière. L'intempérance y produit les mêmes résultats que l'ardeur du climat engendre ailleurs ; et l'on voit en même temps dans tout son développement *la corruption qui est particulière aux hommes* libres et *industriels*. Plus de 16,000 cas de vols simples et d'escroqueries dans une seule ville! 961 cas de faux-monnayeurs. *On voit bien que l'argent est le Dieu de cette société*, » conclut Léon Faucher (2).

Rien de plus vrai, mais ce qui ne l'est pas moins, — sinon même davantage, — c'est la constatation de *la corruption qui est particulière aux hommes industriels* ; nous ne savons pas de stigmate plus terrible infligé à l'industrialisme, source de l'immoralité de cette immense population ouvrière, vraie race d'ilotes vouée à la servitude, à l'ignorance et à tous les vices qui découlent de l'une autant que de l'autre.

---

(1) The criminal Return, etc. (1856.)
(2) *Études sur l'Angleterre* (Paris, 1856), tome I, p. 83.

Mais par quels moyens matériels le gouvernement anglais cherche-t-il à réprimer (et il y réussit rarement) les nombreux délits, en tête desquels s'inscrit le vol avec ses multiples variétés? Il s'agit ici de la police, de son organisation et de ses résultats. Pendant très-longtemps, Londres ne fut protégée la nuit que par la vigilance douteuse des *Watchmen* ou veilleurs, qui, comme disent les Anglais, savaient *fermer les yeux* quand ils étaient payés pour ne pas voir. Outre les Watchmen, il y avait d'autres individus chargés d'arrêter les voleurs, poussés à cela par des *récompenses parlementaires*, c'est-à-dire par des primes de quarante livres sterling offertes par le ministre de l'intérieur à ceux qui fournissaient des éclaircissements pour faire condamner les malfaiteurs. Le but de ces gens n'était pas d'empêcher le délit, mais de le provoquer, pour obtenir la récompense promise. Cet état de choses exigeait impérieusement une réforme, et ce fut l'œuvre de M. Peel, qui établit les *policemen* qui veillent aujourd'hui à la sûreté publique, en Angleterre. Cette innovation eut beaucoup d'obstacles à subir, parce que les Anglais croyaient que la nouvelle police violait la liberté individuelle. Singulière façon d'envisager la liberté!.... Peel fut donc en butte aux épigrammes, aux caricatures et aux diatribes les plus violentes. Quant aux *policemen*, ils ne pouvaient se montrer dans les rues sans être poursuivis par une foule qui les sifflait et leur lançait des sobriquets injurieux. En 1833, une lutte sanglante éclata dans Coldbath-Fields entre les *policemen* et la populace, et trois hommes de la police furent tués. Un jury d'enquête rendit un verdict *d'homicide justiciable*, c'est-à-dire qu'il déclara que les policiers avaient été justement frappés. Peu à peu, cependant, le peuple de

Londres se fit à la nouvelle organisation de la po[lice]. Les délits des policiers sont sévèrement punis[,] ces hommes sont eux-mêmes surveillés attentivemen[t] afin qu'ils ne fassent pas cause commune avec les vo[leurs].

Outre les *policemen* avec leur costume uniforme, [il] est encore d'autres agents de la sûreté publique, qu'o[n] appelle *detectives* ou agents secrets, vêtus d'habits bou[r]geois. Malgré cette organisation très-nombreuse, l[es] voleurs pullulent, et avec eux les recéleurs; en vingt an[s] le nombre de ceux qui donnaient asile aux voleurs, [à] Londres, s'est augmenté dans la proportion de trois ce[nts] à trois mille (de 1780 à 1800). Du reste, les voleurs angla[is] sont si adroits, si subtils, si instruits, qu'il est presq[ue] impossible d'échapper intact à leurs griffes. Ava[nt] de se livrer à la pratique du vol, ils étudient cet a[rt] sous des maîtres habiles. « Il y a à Londres le *pe[n]sionnat du vol,* » — écrivait M. Rendu (1), et il ajoute[:] « Je suis entré de ma personne, à trois heures d[u] matin, toujours, bien entendu, sous la protection d[es] policemen, dans un garni exclusivement réservé à d[es] apprentis voleurs : encore un triomphe de la liber[té] individuelle ! »

Il y avait naguère à Londres, dans *Bond street (Boroug[h] road)*, une école tenue par un certain Guillaume Harri[s,] où des jeunes gens des deux sexes se réunissaient tou[s] les jours en nombre très-considérable pour prendre d[es] leçons de vol. Et la police ne l'ignorait pas. Elle sava[it] même que, deux ou trois fois la semaine, Harris alla[it] dans les théâtres et dans les lieux publics avec ses él[èves]

---

(1) *De l'instruction primaire à Londres*, chap. I, p. 14. (Paris, 1853[).]

ves, afin qu'ils pussent y faire une sorte de clinique du vol (1).

Avec une pareille liberté individuelle, qui ressemble beaucoup à de la complicité, à quoi sert à la ville de Londres le luxe de ses dépenses de police? Elle ne jouit pas pour cela de la sécurité désirable. Il suffit pour s'en convaincre d'ouvrir les journaux anglais, et d'abord le *Morning Post* : « Tout citoyen qui a une boutique de bijoux et qui est obligé de sortir la nuit pour ses affaires ou son plaisir sera-t-il forcé de porter à Londres des armes défensives (2)? » Et l'*Examiner* raconte qu'un locataire de Londres, en prenant congé du propriétaire de la maison qu'il avait habitée pendant trois ans, lui écrivit : « J'ai fait en toute conscience l'épreuve de la localité, car je l'ai habitée pendant trois ans, et durant tout ce temps jamais je ne suis rentré tard sans avoir été battu et dépouillé régulièrement chaque nuit (3). » Et l'*Examiner* ajoutait : « C'est le cas où se trouvent diverses parties de nos faubourgs. Notting Heill est en état de siége, Paddington Green est déclaré impraticable à la chute du jour; Park-Lane est devenu dangereux. *En réalité, on court beaucoup moins de danger en traversant le grand désert que tout un quartier de Londres quand il fait nuit* (4). » Et le *Standard* : « Londres peut se vanter d'être, de ce côté-ci des Alpes, la ville qui offre le moins de sécurité à ses habitants. On dit que rien n'est mieux ordonné que notre police; mais bien

---

(1) *The Morning chronicle* du 11 novembre 1857. — Cf. une correspondance de Londres publiée par le *Nord*, de Bruxelles, 14 nov. 1857, n° 318.
(2) *The Morning Post*, n° du 28 nov. 1856.
(3) *The Examiner*, cité par l'*Univers*, de Paris, 10 janvier 1857.
(4) *The Examiner*, l. c.

qu'elle soit très-nombreuse, elle ne suffit cependant pas à protéger les citoyens de Londres forcés par leurs affaires à sortir de chez eux après le coucher du soleil. Les voleurs s'entendent à merveille entre eux. Ils épient la police, s'avertissent de ses mouvements et savent profiter de son absence pour commettre des délits (1). » Et le *Morning Chronicle* écrivait, dans l'été de 1856 : « La quantité toujours croissante de délits et l'impuissance de la police à les réprimer donnent matière à de sérieuses réflexions. Dans l'état présent des choses, notre vie et nos propriétés manquent tout à fait de sécurité. Il est chaque jour question de vols nouveaux commis dans les rues, de maisons assaillies, d'objets de grande valeur volés, et toujours les voleurs restent inconnus ! Nos propres colonnes fournissent la preuve de cette situation, effrayante situation, et cette preuve se trouve aussi dans les correspondances qui nous sont adressées par les victimes, lesquelles ne peuvent obtenir aucune satisfaction. Un écrivain s'est dernièrement donné la peine de faire connaître le mécanisme intérieur de l'organisation de la police, dans les pages de la *Quaterly Review*, et a exalté l'efficacité de ses moyens d'action, sa vigilance et son habileté. Les éclaircissements lui avaient été fournis par la police même, et par conséquent tout le système devait être montré couleur de rose. Mais il n'en est pas moins vrai que les vols les plus audacieux sont commis en plein jour, que les portes des maisons sont brisées, que le produit des vols est recueilli au milieu de rues pleines de passants; il n'en est pas moins vrai qu'il se commet des assassinats avec préméditation et guet-apens et qu'en face de tous ces délits la

---

(1) *The Standard*, janvier 1857.

police demeure impuissante à sévir... Le lecteur doit être frappé de tous ces vols et de ce grand nombre de portes qui sont forcées chaque nuit. Une circonstance redoutable, c'est que cet accroissement de crimes arrive avant que l'été nous ait quittés ; si les malfaiteurs qui volent, qui forcent les portes, qui assassinent, ont des nuits si courtes pour accomplir leurs entreprises, que sera-ce donc au cœur de l'hiver? Il faut dire cependant, pour être juste envers les voleurs, que la clarté du jour ne les dérange pas beaucoup, car un grand nombre de vols se commettent avant l'arrivé de la nuit, ou bien le matin, lorsque son obscurité a déjà disparu. » Et l'impartial *Daily Telegraph* ajoute : « Les habitants de Londres lisent de temps en temps le récit de quelque assassinat commis dans les rues de Rome, des vols et des homicides perpétrés au cœur même d'Athènes, des coups de stylet donnés au centre de Madrid, et ils frémissent de cet état social et de l'effrayante impuissance des législations qui laissent s'accomplir de tels actes d'assassinat en plein dix-neuvième siècle. Ils relisent ces récits et laissent tomber le journal de leurs mains, en remerciant leur étoile de ce qu'ils sont nés et qu'ils vivent en Angleterre, où *une police intelligente et efficacement constituée leur permet de passer à toutes les heures du jour dans les rues, sans crainte d'être molestés, et de se mettre au lit le soir sans danger de voir leurs portes enfoncées pendant la nuit ni d'être assassinés durant leur sommeil.* Telle étant en général l'opinion qu'ont les Anglais de leur sécurité comparée à celle des autres pays, nous voulons, pour leur instruction, énumérer quelques-uns des délits commis dans notre capitale seulement depuis quelques jours (1). » Après ce préambule, le

---

(1) *The Daily Telegraph* du 31 octobre 1856.

journal de Londres imprime une très-longue liste de méfaits. *Le Times* est d'accord avec ses collègues, et demande : « Que signifient pour nous les Russes, les Perses, les Chinois et autres ennemis extérieurs, en comparaison de cette armée (de voleurs) chaque jour plus forte, qui est présentement en possession de nôtre pays (1) ? » Et peu après, il reprend : « La question est aujourd'hui de savoir si nous pouvons élever et maintenir au cœur d'une population comme la nôtre une armée de voleurs et d'assassins ! »

Ces aveux sont-ils assez formels, assez solennels ? — Que veut-on de plus, et qui oserait en suspecter la véracité ?

Si maintenant nous passons à l'examen des vices qui abondent en Angleterre, — sans parler de la débauche, nous signalerons l'ivresse et le suicide, ces deux grandes plaies de nos voisins ; l'ivresse est la source du suicide, elle est le suicide anticipé des facultés intellectuelles de l'homme. Quelques citations d'écrivains anglais qui signalent ce double fait suffiront à démontrer de plus en plus l'erreur et le mensonge de la prospérité et de la supériorité de cette nation dont on vante sans cesse et la civilisation et le bien-être, et qui, pour se soustraire aux peines de la vie ou pour oublier les ennuis d'une dure journée, va s'empoisonner avec les boissons alcooliques ou se faire sauter la cervelle.

On lit dans un discours du révérend Owen de Bilston, prononcé à Londres, ces détails navrants sur l'emploi que font de leur argent les classes populaires. « L'ivresse, — dit le révérend Owen, — est le démon malfaisant de la Grande-Bretagne. Depuis le commencement de ce siècle,

(1) *The Times* du 31 décembre 1856.

le peuple a dépensé en boissons enivrantes deux fois autant d'argent qu'il en faudrait pour payer en entier notre énorme dette nationale (1)... Sur 27,000 cas de paupérisme, il en est 20,000 au moins qu'on doit attribuer à l'ivresse. A Glasgow, la taxe des pauvres monte à 100,000 sterlings (2,500,000 francs) par an, et 10,000 individus s'enivrent tous les samedis soirs et se maintiennent en cet état le dimanche et le lundi, à tel point qu'ils ne peuvent se rendre à leur ouvrage que le mardi et même le mercredi. Dans la même ville de Glasgow, on arrête annuellement 20,000 femmes ivres, au point de ne pouvoir se tenir de bout.

« Et quels sont les résultats moraux de ces épouvantables statistiques ? L'aliénation mentale, la misère, la prostitution et le délit. Quant à l'aliénation mentale causée par l'ivresse, l'évêque de Londres a pu se convaincre que, sur 1,271 maniaques dont on a pu connaître la conduite antérieure, 649, c'est-à-dire plus de la moitié, ont eu la raison altérée par les boissons alcooliques. Quant au paupérisme, tous savent que deux tiers des Anglais dans la pauvreté sont directement ou indirectement victimes du même vice (2). »

En 1853, M. Vanderkiste, missionnaire protestant à Londres, après avoir exercé son ministère pendant six ans au milieu des classes pauvres et ouvrières, dont il appelle les habitations des *cavernes*, a consigné dans un livre tout ce qu'il avait vu de ses yeux et entendu de ses oreilles sur

(1) Le *British Workman*, journal des ouvriers, a pour épigraphe les paroles suivantes : The working classes of Great Britain spend twenty five millions of pounds sterling every year in malt liquors, which ie about four times as nurch as te poors rates for the entire nation ! (N° 31, juillet 1857.)
(2) Ce passage du discours du révérend Owen a été publié par tous les journaux de Londres, au commencement de 1853.

la condition morale de cette misérable population (1). Le récit qu'il fait est si affreux, qu'on n'oserait y ajouter foi, s'il n'avait pour auteur un témoin occulaire, et qui plus est un protestant. Ce travail très-important, — corroboré par quelques autres témoignages empruntés aussi à des écrivains protestants (2), — complète la statistique de l'ivresse à Londres et dans le reste de l'Angleterre. Ces chiffres sont horribles. Pour mettre le comble à cette démoralisation, un seul fait suffira : il s'éleva un jour, entre Glasgow et Édimbourg une contestation aussi honteuse que ridicule pour savoir laquelle de ces deux villes s'était le plus signalée dans le vice de l'ivrognerie, et chacune reprochait à l'autre cette ignominieuse supériorité. Il n'y eut pas de sentence prononcée, soit faute d'un tribunal compétent, soit faute d'exactitude dans les chiffres. Mais il résulte des accusations réciproques que, sans compter les cas privés, dont le nombre dépasse de beaucoup les cas publics, il y a eu en une seule année, à Édimbourg, 9,318 cas d'ivsesse sur 166,000 habitants, c'est-à-dire 1 sur 18 ; et à Glasgow, 26,000 sur une population de 333,607 habitants, c'est-à-dire 1 sur 13.

En Angleterre, le suicide est très-fréquent. « Là, — dit Léon Faucher (3), — un grand nombre de personnes luttent entre le vice, la misère et la mort, et il en est beaucoup qui choisissent ce dernier moyen. » On le voit, il n'y a pas lieu de tant préconiser et surtout d'envier une civilisation qui a placé un si grand nombre de personnes

---

(1) Un coup d'œil sur la moralité et la religion de l'Angleterre, par le révérend Vanderkiste. (Londres, 1853.)
(2) Cs. le journal *The Rambler*, septembre 1853.
(3) *Études sur l'Angleterre*, tome I, p. 66.

dans la nécessité d'éprouver une vie pleine d'infirmités, de misères et de douleurs, dans la tentation continuelle de se mettre en vente ou d'anticiper le terme de leurs jours.

Que dire de la famille en Angleterre ? Combien tristes ont été et sont encore les effets du protestantisme sur cette base sacrée de toute société, de toute nation ! Outre le divorce, qui a force de loi, les cas de bigamie, — par le fait même du divorce, dont ils sont une conséquence naturelle, — sont très-fréquents en Angleterre (1). On écrivait de Sheffield, il n'y a pas bien longtemps, que deux femmes avaient été conduites devant le tribunal de police pour s'être battues si furieusement au milieu de la voie publique, qu'elles avaient le visage tout ensanglanté. Le juge leur demanda pourquoi elles s'étaient si fort maltraitées : et elles répondirent qu'elles avaient pour mari un seul et même homme nommé Proud, soldat du 21e régiment d'infanterie, en garnison à Sheffield, et qu'elles s'étaient défiées en duel, à la condition que celle qui parviendrait à terrasser l'autre aurait la possession du mari, et que la vaincue renoncerait pour toujours à son mariage avec Proud. Celui-ci fut interrogé à son tour, et l'on découvrit qu'au lieu de deux femmes, il en avait épousé quatre. « Où donc les avez vous épousées? lui demanda le juge. — Et Proud répondit en souriant : « Une en Irlande, une en Écosse, et deux en Angleterre. »

Le *Journal des Débats* disait un jour que, s'il fallait s'en rapporter aux discussions du Parlement anglais, il était à (2) supposer que presque tous les maris battent leurs

(1) Léon Faucher, *Études sur l'Angleterre*, tome I, p. 83.
(2) Voyez le *Journal des Débats* de février 1853 et l'*Armonia* du 19 février 1853.

femmes. La Chambre des Communes avait voté un *bill* en vertu duquel les maris qui maltraitaient trop leurs femmes devaient être condamnés à six mois de prison ; mais ce bill ne produisit aucun effet. En 1853, M. Fitzroy disait dans le Parlement : « On ne peut lire les journaux sans être constamment frappé d'horreur, tant sont nombreux les exemples de traitement brutal et cruel infligés au sexe faible par des hommes dont les atrocités devraient faire rougir tous les fronts anglais. » Puis il racontait des cas et citait des noms : un Henry Balmel, qui avait peu auparavant tiré sa femme par les cheveux et lui avait coupé deux doigts ; un Jacques Coghlan, qui avait été sur le point de tuer sa femme le mois précédent avec des pincettes ; et d'autres cruels maris, *dont les compagnes mutilées formeraient un martyrologe matrimonial.*

En 1856, on proposa à la Chambre un nouveau projet de loi qui condamnait au fouet les maris coupables d'avoir frappé leurs femmes ; mais comme ce projet donnait aux magistrats la faculté d'appliquer la peine, il fut combattu par quelques membres de la Chambre, lesquels invoquèrent le droit traditionnel et inaliénable qu'a tout Anglais d'être jugé par le jury. En mai 1857, la même proposition fut encore présentée à la Chambre, et ce fut alors que le *Journal des Débats* fit l'observation citée plus haut (1).

Non seulement les maris anglais battent très-fréquemment leurs femmes, mais encore ils les vendent, et souvent à très-bas prix.

A Nottingham, un certain Hart exposa sa femme en vente pour un schelling (2). Le 5 décembre 1849, un mari

(1) *Journal des Débats*, n° du 25 mai 1857.
(2) *Ibid.*, 15 janvier 1844.

mit sa femme à l'encan pour 5 schellings et 3 pence (7 francs 75 c.) (1). Et pour ne pas parler de tant d'autres semblables, en août 1857, Thomas Middleton vendit sa femme, Mary Middleton, à Philippe Rostini, pour un schelling et une mesure de bière, et il fut demandé acte de cette vente avec la signature des contractants, des témoins et de la femme elle même (2).

S'il en est ainsi des femmes, que l'on juge de ce qu'il en est des enfants.

Quand l'exposition de Londres fut fermée, en 1851, l'office de surveillance publia une note fort exacte des objets égarés dans le Palais de Cristal, pendant tout le temps de la visite, et il y avait 90 enfants. Et il ne faut pas s'étonner de voir les parents perdre leurs enfants, dans une ville où ils les vendent sur le marché public. Dans une rue de Londres, le lundi et le mardi, entre 6 et 7 heures du matin, il y a une foire de garçons et de fillettes, que leurs parents exposent en location. « Quand le commerce languit, on en trouve jusqu'à trois cents qui attendent des acheteurs, mais si le commerce va bien, on n'en voit que de 40 à 60 en une fois (3). « J'ai visité, — écrit un Anglais, — le marché d'enfants, afin d'examiner plus particulièrement les faits dont j'avais entendu parler. J'ai trouvé environ soixante enfants réunis, la plupart accompagnés de leurs parents. A peine arrivé, je fus accablé d'offres. — Voulez vous un garçon, monsieur? Une fillette pour le service de la maison? etc. (4). » « On ne peut s'empêcher, — observe à ce sujet Léon Faucher, —

---

(1) *Lancaster gazette*, citée par le *National*, 26 décembre 1849.
(2) *Worcester Chronicle*, août 1857.
(3) Léon Faucher, *Études sur l'Angleterre*, tome I, p. 13.
(4) Hickson, *Hand-Loom weavers commission report*.

d'éprouver un sentiment douloureux, qui va jusqu'à l'indignation, jusqu'à l'horreur (1). » Il y a pis encore : il y a en Angleterre des pères et des mères qui tuent leurs enfants, ce qui se fait de deux manières. Ce sont d'abord les mères pauvres qui doivent travailler pendant la journée, qui ne peuvent rester près de leurs enfants, et qui leur donnent pour les endormir de l'opium, des drogues ou d'autres narcotiques qu'on appelle *mixture de l'enfant, repos de la mère* (!), *sirop dulcifiant.* « Le système de donner des drogues aux enfants, — dit un pasteur anglais, — est excessivement commun et l'une des principales causes de la mortalité qui les frappe (2). Ensuite il y a des pères et des mères encore plus dénaturés qui placent leurs enfants dans quelque société d'assurance, et qui les laissent mourir lentement pour en retirer un bénéfice. La chose paraîtrait incroyable, si le jury de Liverpool ne l'avait certifiée, en 1853, et si les journaux anglais ne l'avaient amèrement déplorée (3). »

Ainsi, on le voit, à Londres et dans tout le reste de l'Angleterre, la sainteté du mariage est détruite, la bigamie fréquente, la femme, non la compagne mais l'esclave de son mari, le lien conjugal dissous, les enfants empoisonnés ou vendus. Telle est la condition de la famille sous l'influence de l'Anglicanisme. Que l'on vienne donc, après cela, nous vanter les mœurs patriarcales de nos voisins, et signaler comme une marque de supériorité et de prospérité de leur part ces nombreux enfants dont ils

---

(1) *Études sur l'Angleterre*, p. 14.
(2) Le révérend J. Clay, cité par Ledru-Rollin, *De la décadence de l'Angleterre*, tome II, p. 117.
(3) *The Times*, 22 décembre 1853.

font ce que l'on vient de lire ; encore n'avons nous indiqué que quelque traits entre mille.

Que dire de la justice et de son exercice en Angleterre ? Écoutons encore les témoignages, c'est-à-dire les plaintes des hommes les plus éminents et les plus compétents à cet égard. D'abord, le Royaume-Uni n'est pas gouverné par la même législation, car l'Écosse est régie par des lois spéciales, principalement fondées sur la jurisprudence romaine. La vraie législation anglaise s'étend uniquement à l'Angleterre et à l'Irlande ; elle se divise en deux parties : l'une dite Droit commun (*Common law*), et l'autre Équité, *Equity*. A quoi il faut ajouter les actes du Parlement (*Statute law*), pour avoir tout le corps du droit britannique.

Le *Common law* est le *jus non scriptum*, qui comprend les coutumes générales du royaume, lesquelles se trouvent dans quelques anciens traités et dans les décisions des cours de justice. Le système anglais est basé sur le principe que le droit commun se trouve dans le cœur des juges des cours supérieures, et que leurs décisions sont la meilleure preuve du *Common law*. De là découle un solennel cercle vicieux, attendu que les juges décident les causes d'après les règles du droit commun, et que ce droit commun est formé par les décisions des juges.

L'*Equity* ressemble à l'ancien droit prétorien, ou *jus honorarium* des Romains ; elle est introduite pour corriger les défauts du *Common law*. C'est une règle du droit commun que les questions de fait doivent être décidées par les jurés, même en matière civile ; mais comme il y a des causes auxquelles le jugement du jury pourrait difficilement s'appliquer, ces causes passent naturellement à la grande Chancellerie, qui est la grande cour d'Équité. Or, dans l'*Equity* aussi se trouve le cercle vicieux déjà signalé dans le *Common law*, car les juges de la Chancellerie jugent d'après l'*équité*, laquelle *équité* consiste dans les décisions de ces mêmes juges.

On comprendra facilement le résultat de ce système de législation ; voici comment l'apprécie un habile avocat de Londres : « Ce système produit l'arbitraire dans l'administration de la justice, arbitraire tel qu'il n'en existe peut-être pas de semblable dans aucun autre pays. On pourrait presque dire que, dans la majeure partie des causes, il n'y a pas de loi et que tout dépend de la volonté de la Cour. Si la magistrature anglaise était corrompue, la constitution serait bientôt renversée. Mais les magistrats sont largement payés, et dans ces temps il n'y a pas même l'ombre du soupçon qu'ils puissent être corrompus par des dons ou détournés de leur devoir par des menaces. Il faut avouer cependant qu'on voit souvent dans les sentences des juges la force des préjugés politiques et surtout religieux. Les magistrats, même ceux qui sont les plus haut placés, subissent aussi l'influence de l'opinion, du désir de la popularité et de la voix de la presse. Et comme, sauf les appels dans quelques cas, les causes sont jugées par un seul juge, avec le jury ou sans jury, il arrive que ces motifs peuvent influer beaucoup sur l'issue des procès. Les décisions des cours en Angleterre sont souvent injustes et absurdes. L'esprit exclusif et municipal du protestantisme a très-considérablement contribué à empêcher la formation d'un système complet de jurisprudence fondée sur le droit romain et sur le droit canon, lequel aurait mis un frein au pouvoir arbitraire des magistrats. La législation anglaise demeure donc pour ainsi dire dans un état d'enfance. Les mêmes causes empêchent le développement parmi nous (en Angleterre) de l'étude de la jurisprudence considérée comme science. L'étude du droit canon est chassée par le protestantisme des universités anglaises, et le droit civil passe pour suspect, comme étant chose étrangère et appartenant aux nations catholiques.... La jurisprudence anglaise est la plus imparfaite qui existe en Europe. Cependant les Anglais croient bonnement qu'il n'existe dans aucun autre pays des lois comparables à leurs lois, formées sous l'influence du protestantisme. Cette opinion est chose étrange, mais l'erreur religieuse entraîne avec elle une foule d'autres erreurs et cache ou du moins obscurcit les plus importantes vérités de toutes les sciences morales et politiques (1). »

La magistrature anglaise est grassement rétribuée ; il y a des traitements de juges qui vont de 25 à 30,000 livres par an. Tel président (*Court of Queen's bench* (2) reçoit 200,000 livres, et ainsi de suite (3).

Et quelle filière de tribunaux ! C'est à en donner le vertige. Quant aux hommes de loi proprement dits, — avoués, huissiers, etc., rien de plus rapace, de plus avide, de plus odieux au monde, en aucun pays.

Parmi toutes les Cours de justice de Londres, la plus terrible à laquelle on puisse avoir affaire est, sans contredit, celle de la Chancellerie. Les causes déférées à ce tribunal sont interminables. Les ministres mêmes ne cessent de faire un tableau lamentable du nombre des causes arriérées qui languissent dans les rôles de la Cour

---

(1) Voyez la *Civiltà Cattolica*, 3ᵉ série, vol. V. (1857), p. 122 et suiv.
(2) Cour du banc de la Reine.
(3) Cs. Mayhew, *Legal London*, p. 77, dans son *Great world of London*, 2ᵉ partie.

de la Chancellerie. Elles ont augmenté d'année en année, et l'on a su, par un document officiel, qu'en 1856 elles s'élevaient déjà à 8,356. Il est certain que depuis lors leur masse s'est encore accrue. En outre, les dépenses relatives à l'expédition des causes dans cette cour sont tellement élevées, que lord Brougham lui-même, ancien Grand Chancelier, disait qu'une personne de sens ne devait pas intenter un procès dans cette juridiction, si l'importance de l'affaire ne dépassait point 25,000 livres. Du reste, on peut mieux décrire l'horreur que cette Cour inspire aux plaideurs anglais qu'en citant le paragraphe suivant d'un article du *Times* :

« Le seul nom de Chancellerie éveille partout la terreur. C'est un abîme dévorant, c'est un antre dont il est impossible de sortir quand on y est entré. Demandez pourquoi une telle famille est en ruine? Pourquoi les héritiers d'un homme fort riche sont devenus de pauvres vagabonds sur la terre? Pourquoi les maîtres de maison, les agents, les jardiniers, les serviteurs fidèles d'un maître juste et libéral sont réduits à vivre avec les subsides des paroisses, bien qu'un testament leur ait assuré une modeste existence? Pourquoi l'on voit des maisons sans fenêtres tomber peu à peu en ruine et leurs portes mêmes s'en aller en morceaux? Pourquoi tel individu s'est noyé? Pourquoi tel autre a fini par se compromettre et se dès honorer? — On vous répondra, soyez-en certain, qu'il y a là-dessous quelque procès en Chancellerie. L'homme laborieux, rangé, qui à force d'épargnes est arrivé, une année après l'autre, à cumuler un modeste pécule et à s'abandonner à l'illusion naturelle de finir ses jours dans une honnête médiocrité, deviendra pâle et prêt à s'évanouir s'il est menacé d'un procès en Chancellerie.... Plaider en Chancellerie, c'est tomber dans un gouffre sans fond et sans issue; la Cour de Chancellerie est un ogre insatiable ! Les notions du juste et de l'injuste y deviennent des enfantillages. Tout est confusion dans les mystérieux procédés d'un procès en Chancellerie ! En un mot, c'est une Cour qu'on peut appeler Cour d'Iniquité au lieu de Cour d'Équité. C'est une plaie sociale incurable; c'est un mal pestilentiel. »

Une telle justice n'est que le reflet et comme l'écho de la cruauté, — pourquoi ne le dirions nous pas ? — de la férocité anglaise. Il s'est commis, en effet, en Angleterre des cruautés telles qu'on ne saurait rien trouver de semblable dans aucun pays catholique, si porté aux sévices qu'on le suppose. Nous avons déjà vu, pendant l'insurrection des Indes, des preuves douloureuses de la dureté anglicane et des racines qu'elle a poussées dans le caractère même des populations. Le premier des journaux de Londres n'a pas hésité à manifester le désir qu'on *massacrât le roi bouffon de Delhi*, trépignant de joie à la pensée de voir les rues de cette capitale gorgées de cadavres et chaque baïonnette anglaise teinte de sang, et cette ville maudite torturée avec une cruauté au-dessus de tout ce que l'histoire raconte de plus atroce dans les villes prises d'assaut (1). Le journal de lord Palmerston n'a pas rougi d'écrire : « Il faut tirer une sanglante et solennelle vengeance de ces barbares Indiens et Musulmans, qui n'ont pas voulu mourir en soldats. La potence et la guillotine seraient avilies en exécutant ces démons sous forme humaine. Nous sommes certains que le bourreau aura peu de chose à faire à Delhi, car à peine les

---

(1) *The Times*, août 1857.

Anglais, qu'ils appartiennent ou non à l'armée, seront en contact avec les démons de Meerut et de Neemuch, qu'ils feront prompte justice de ces monstres (1). » Un certain Martin F. Tupper a osé écrire au *Daily News* une lettre demandant avec beaucoup d'insistance que quand l'armée anglaise se serait emparée de Delhi, « on mît tout à feu et à sang ; que tous les trésors de la ville fussent livrés au pillage, toutes les maisons détruites, et chaque palais réduit en un monceau de ruines (2). » La soif de sang était alors si générale en Angleterre, qu'un journal écrivit : « Si le pays veut une vengeance et a besoin de victimes, il n'est pas nécessaire pour en trouver d'aller à Calcutta ou à Delhi, car il en a sous les mains (3). »

Aux paroles se joignirent les faits. Dans le fort de Méridan, cent cinquante hommes furent tués, quarante mitraillés : » A un signal donné, dix canons firent feu, et l'on vit aussitôt lancés dans toutes les directions des bras, des têtes, des jambes, des troncs d'hommes tout baignés de sang. «Ainsi s'exprime le *Daily News*, qui reconnut l'*exemple nécessaire*. A Lahore, de vingt-deux soldats, dix furent pendus et dix mis à la bouche des canons (4). *Le Constitutionnel* de Paris, commentant ce châtiment, faisait observer que l'Angleterre ramène la société aux plus tristes temps de la barbarie. Pour réprimer la rebellion de quatre régiments de Dinapour, les Anglais firent immédiatement fusiller huit cents hommes, et un journal de Londres eut le triste courage d'appeler ce massacre une *sage* mesure, déclarant que l'officier qui l'avait or-

---

(1) *The Morning Post*, août 1857.
(2) Lettre datée d'Atbury, 7 octobre 1857.
(3) *The Press*, septembre 1857.
(4) Le *Chronicle* de Lahore.

donnée méritait les remerciments de toute la nation (1). Des faits semblables se sont renouvelés dans beaucoup d'autres lieux. A Cachemire, des insurgés étant tombés entre les mains des Anglais, on en fusilla soixante en un jour, et un nombre égal les jours suivants. A Futteypore on pendit les insurgés par groupes de quatre ou cinq le long des rues royales. Dans le territoire de Gholab-sing, on tua ou l'on fit mourir à coups de fouet un individu sur six cents. A Allahabad, il y eut tant de pendus et de fusillés, que la population anglaise elle-même en eut horreur et protesta hautement. A Pathna, Hissar, Cawnpore et dans beaucoup d'autres endroits, les Anglais pendirent et fusillèrent en masse. A Arrah on pendit les morts et les blessés aux arbres des routes sur une distance de trois kilomètres au moins (2).

Non contente d'exercer de telles cruautés, l'Angleterre fabrique des instruments de torture pour elle et pour les autres nations. Un journal de Birmingham parlait en ces termes d'un engin formidable employé par le roi de Delhi: « C'est, — dit cette feuille, — une des plus terribles inventions qu'on ait jamais vues. Elle consiste à renverser et à broyer entièrement la victime sous un poids énorme. » Mais cet instrument avait été inventé et construit à Birmingham (3), où l'on voit en même temps des fabriques d'idoles et des fabriques d'instruments de torture. A Londres, c'est à coups de bâton qu'on administre jusqu'à la *charité légale*. La maison de refuge (*workhouse*) de la paroisse de Marylebone donna lieu en 1856 à une enquête

---

(1) *The Standard*, septembre 1857.
(2) Voyez une correspondance de Calcutta, 9 octobre 1857, imprimée dans la *Patrie*, de Paris, n° 289, 16 octobre.
(3) *Birmingham Daily Post*, décembre 1857.

officielle qui aboutit à révéler les actes les plus barbare[s]. Un chef et deux gardiens de cette institution furent co[n]vaincus de férocités inouïes commises contre des filles [au-]dessous de vingt ans dans une de ces maisons (1), et ce[la] dans un pays où une loi spéciale protége les cheva[ux] contre la brutalité des cochers et des charretiers !....

Dans une réunion de directeurs et gardiens du Maryl[e-]bone, on dit les choses les plus étranges du monde ; l'u[n] d'eux, M. Ridding, soutint qu'on ne pouvait lui contest[er] le droit de corriger les pauvres à l'aide du fouet, et inv[o]qua à l'appui de son opinion un acte du Parlement (2) qui permet de fouetter les pauvres (3).

Quant aux prisons et à la marine, l'application du fou[et] y est chose commune en Angleterre. D'après M. Je[an] Frost, à Van Diemen : « La flagellation est infligée a[ux] déportés pour la seule faute de tenir les mains dans l[es] poches (4) ! » Le même M. Frost a dit (5) qu'à Port-A[r]thur on bâtonne les coupables pour une simple négligen[ce] et un oubli apparent et qu'ils reçoivent de 76 à 100 coup[s]. Il avait vu les pauvres victimes souffrir les plus atroc[es] tortures (6) et souvent mourir pendant l'opération (7[)]. punition, — disait M. Frost, — qui n'est surpassée, [si] toutefois elle l'est, que par le knout de Russie.

---

(1) Voyez le *Morning Post* et le *Times*.
(2) 35ᵉ de Georges III, sect. 179.
(3) Voyez la *Gazette de France*, octobre 1856, et la *Gazetta di Milan[o]* nº 263, 3 novembre 1856.
(4) Discours prononcé en septembre 1856, dans un meeting, à *Tempe[-]rance-Hall*.
(5) Meeting tenu à Greenwich.
(6) The most excruciating torture.
(7) And often die under the administration of this dreaful punishement.

On trouve dans la statistique de la discipline et des prisons militaires pour 1856, présentée au Parlement en 1857, que tandis qu'en 1855 les délits parmi les militaires avaient diminué de 1,24 p. 100 et les emprisonnements de 0,88 p. 100, les punitions du fouet s'étaient accrues du double. Aussi le docteur Tuffnell n'hésita-t-il pas à faire le panégyrique du fouet dans les termes suivants : « Ayant assisté pendant huit ans à beaucoup de parades pour punitions, je puis attester que je ne n'ai jamais vu en résulter le moindre mauvais effet. Au contraire, j'ai observé la plus sensible différence dans la conduite des hommes après la peine. J'ai vu les caractères les plus furieux, insolents, insubordonnés, désordonnés, devenir polis et de bonne conduite (après avoir été flagellés), pour le reste de la peine à laquelle ils avaient été condamnés. Quant au dommage produit sur le dos du coupable, il est d'ordinaire de si peu d'importance, que le prisonnier retourne à ses occupations après le troisième jour (1). »

Que dire maintenant de l'horrible misère (car c'est plus que la pauvreté), en Angleterre et surtout à Londres ?.... H. Mayhew (2) a consacré tout un chapitre à décrire les contrastes que présente la capitale de la grande Bretagne, et l'un des principaux, c'est à son avis, et avec raison, la richesse et la pauvreté de Londres (3). Sans nous arrêter à énumérer ces richesses, examinons la misère de la capitale, non d'après un tableau plus ou moins saisissant de tel ou tel chroniqueur de journal anglais, mais d'après

(1) Rapport de l'inspecteur-docteur Tuffnell, p. 58.
(2) The great world of London.
(3) 1ʳᵉ partie, p. 28, *The contrasts of London, of the riches and poverty of London.*

les termes mêmes d'une enquête (1). Laissons la parole à H. Mayhew : « Pendant la nuit, quand cesse le tumulte de la vie et que les boutiques s'obscurcissent, on voit ceux qui manquent de toit et les mendiants comme amoncelés l'un sur l'autre sur les bancs des *parks*, dans les niches des ponts et sur les planches des marchés. Les seules créatures vivantes qui fréquentent les rues sont les misérables Madelaines, qui tremblent de froid dans leurs oripeaux, en attendant que l'ivrogne atteint du hoquet retourne chez lui, pour le saisir au passage. Là, sur les degrés d'une porte, se tient pelotonné quelque individu aux pieds nus, qui n'a pu mendier assez pendant le jour pour se procurer l'abri d'une nuit. Aux endroits où brillent de grosses flammes de gaz, pour avertir qu'il y a des encombres ou des dangers par suite de restaurations qui se font le long de la rue, une foule de gens en haillons entourent ce feu, les uns endormis, les autres la pipe à la bouche. Puis, quand revient la lumière du jour, les pauvres apparaissent dans leur crasse, plusieurs portant de grosses besaces sur les épaules, et se répandent çà et là pour fouiller chaque monceau de poussière et gagner de quoi vivre en cherchant des os jetés sur la rue, ou des haillons, ou des morceaux de vieux fer (2). »

Transportons-nous maintenant pendant l'hiver au refuge des misérables, à *Playhouse-Yard*, et nous y trouverons une grande foule de pauvres sans abri, réunis autour de l'asile, à la tombée de la nuit, en attendant qu'on ouvre les portes. « Quand nous visitâmes ce refuge, — dit H. Mayhew, — il y avait là plus de quatre cents créatures

(1) Voyez Ledru-Rollin, *De la décadence de l'Angleterre*, tome I, livre III, chapitre I, *Londres pendant la nuit*.
(2) The great world of London, 1re partie, p. 29.

réduites à l'extrême misère, qui se pressaient à la porte : des mères avec leurs petits au sein, des pères avec leurs enfants aux côtés, des gens sans amis, sans argent, sans chemise, sans chaussures, sans pain, sans abri, en un mot, les plus pauvres habitants de la plus riche ville du monde... Si nous nous glorifions de nos prodigieuses richesses, *nous devons aussi nous humilier de notre prodigieuse pauvreté* (1). »

Puis, après une nouvelle énumération, — à donner le vertige, — des richesses accumulées dans Londres, H. Mayhew ajoute : « Mais si toutes ces richesses atteignent au sublime par leur incompréhensibilité, la pauvreté qui existe à côté d'elles est aussi incompréhensible et également sublime (2). » Beaucoup, — poursuit le même auteur, — viennent pour voir les richesses, peu pour voir la pauvreté qui règne dans la masse de ceux qui habitent le célèbre port de Londres (3). »

Ceux donc qui veulent assister à l'une des scènes les plus extraordinaires et les moins connues de la métropole de la Grande-Bretagne doivent se rendre aux portes des docks de Londres vers sept heures et demie du matin. Là se déroulent devant eux des masses de personnes de toute classe, de tout aspect et de toute condition : des bouchers et des boulangers ruinés ; de vieux soldats, des marins, des gentilshommes, de petits légistes en disponibilité, des employés du gouvernement démissionnés,

---

(1) If, then, we are proud of our prodigious riches, surely we cannot but feel humbled at our prodigious poverty also. *Id., ibid.*, p. 31.
(2) But if the incomprehensibility, of this wealth rises to sublimity, assuredly the want that co-exists with it is equally incomprehensible and equally sublime. *L. c.*, p. 35.
(3) Many come to see the riches, but few the poverty abounding in absolute masses round the far famed part of London. *L. c.*

des mendiants, des domestiques, en un mot tous ceux qui manquent d'une croûte de pain, et vont la chercher où chacun peut trouver de l'emploi sans avoir besoin de recommandation et de bonne réputation. Quand il est près de huit heures, la foule qui se presse vers les portes vous apprend que les chefs chargés de distribuer le travail se sont montrés. Alors on voit ces gens se pousser, s'apostropher, étendre des mains innombrables pour attirer l'attention de ceux qui, par un signe, peuvent donner du travail. Tous crient à haute voix, et c'est un spectacle navrant de voir ces milliers d'individus se disputant le travail d'un seul jour et de penser que des centaines de ces malheureux devront passer toute la journée dans la misère d'une oisiveté forcée. « Avant d'avoir vu cette scène de mes yeux, — dit H. Mayhew, — je ne pouvais croire qu'il pût exister une si profonde avidité de travail, ni un si extrême besoin de travailler au sein d'une telle masse de monde. Rien d'étonnant que ceux qui étaient chargés d'appeler les ouvriers fussent souvent renversés sous les flots pressés de cette multitude cherchant l'emploi de ses mains. Ceux qui ne parviennent pas à s'engager au commencement du jour se retirent dans la cour d'attente derrière *London Dock*. Ils restent là une heure après l'autre dans l'espoir que le vent leur enverra un autre navire et qu'il faudra de nouveaux ouvriers. Il est triste de voir ainsi tant de misérables qui attendent pour gagner quatre deniers à l'heure. Ils se tiennent couchés sur des bancs prolongés, les uns racontant leurs misères, les autres leurs délits. Il y a plus de vingt mille personnes à Londres qui ne vivent que du travail de la darse, travail qui augmente ou qui diminue suivant que le vent pousse les navires dans le port ou les retient en mer. Il se trouve aussi une multitude de gens dont le pain de chaque jour dépend du vent, et la nourriture d'un si grand nombre de gens est aussi peu stable que le vent: c'est une somme de misère telle que nul n'aurait imaginé qu'elle pût exister au sein de tant de richesses » (1).

En février 1857, d'immenses troupes d'ouvriers se promenaient à Londres le long d'*Oxford Street* en s'écriant à chaque instant d'un ton lamentable : *Allout of work!* (Tous sans travail), *all starving* (tous mourants de faim); et ils allaient par la ville en poussant le cri sinistre *Woe! woe!* (Malheur, malheur) (2). Sur quoi un journal écrivit alors : « Il est temps qu'un homme sage et jouissant de l'estime générale se mette en avant pour encourager et patronner quelques sages mesures afin de retirer du pavé de nos rues tant de milliers de malheureux qui meurent de faim... Qu'il en surgisse donc un de philanthrope, et que la charité en Angleterre se révèle autrement que par de vaines paroles, de ridicules parades! On a témoigné au *tichet-of-leave men* les sympathies les plus excessives; pour être bien vu et assisté aujourd'hui, il faut avoir en poche son billet des galères. Montrez-le, et les philanthropes vous embrasseront comme frères, vous voleurs. Mais dites-leur que vous avez neuf enfants, et que vous êtes marié légitimement, que la faim a creusé les joues de votre compagne, qu'une fièvre typhoïde, par exemple, l'a clouée sur son grabat; dites-leur que vous n'avez jamais volé la valeur d'un penny, que vous cherchez de l'ouvrage, et que vous ne pouvez en trouver; que les paroisses vous refusent tout secours et que l'avare charité

---

(1) The contrasts of London, p. 36.
(2) Voyez, sur ce sujet, une importante correspondance adressée de Londres à la *Gazette de Milan*, 11 février 1857, n° 36.

des *workouses* vous ferme brutalement la porte au nez, les philanthropes boutonneront leur paletot jusqu'à leur triple menton et vous diront : « Brave homme, prenez Adam Smith, et lisez-le attentivement, car c'est un sage et grand écrivain; il vous prouvera comme deux et deux font quatre que votre position est inévitable et quelle est dans la nature des choses (1). »

Il y avait alors à Londres des milliers et des milliers d'ouvriers sans travail et mourant littéralement de faim. Les pauvres augmentent d'année en année en Angleterre dans des proportions effrayantes. Londres a *officiellement* 1 pauvre sur 8 habitants. *En réalité*, 1 pauvre sur 4 habitants selon les observations de Robert Paslhey.

Le journal médical anglais le plus répandu affirme que, dans l'espace d'un an, 21,770 Irlandais sont morts de faim, sur les sentiers déserts de leurs montagnes, ou dans des bouges infects. « D'après les rapports officiels qui nous arrivent sur différents comtés, — dit le protestant Cobbett, — le public apprend chaque année *qu'un grand nombre d'habitants meurent de faim* (2). »

A tant de misères, qu'est ce que l'Angleterre a cherché à opposer comme remède ou palliatif? On a assez entendu parler de la charité légale, de la taxe des pauvres, pour qu'il y ait lieu à approfondir en quoi consistent ces fictions plus politiques que religieuses, et qui essaient vainement de déguiser un si terrible fléau, — le paupérisme, c'est-à-dire la misère en permanence.

Laissons parler un observateur des plus dignes de foi comme aussi des plus distingués, l'homme qui connaît

---

(1) *The Liverpool journal*, 3 février 1837.
(2) Cobbett, *Lettres sur la Réforme*, lettre XVI.

le mieux les institutions de l'Angleterre : « A Londres, il y a la *charity in door*, la charité sous les verroux, je veux dire, il y a les *workhouses*, et la philanthropie anglaise a su faire de l'aumône un poids pour celui qui la donne, une honte, un tourment pour celui qui la reçoit. La charité à Londres est devenue une *taxe* et l'hospice une *prison*. Un journal anglais ne craignait pas d'avancer que dans les ouvroirs, en Angleterre, l'insolence des employés et l'insubordination des internes transformaient cette institution en *un enfer sur la terre* (1). L'asile de la charité devrait être le séjour de la paix et de la tranquillité, et il devient un tourment pour celui qui commande, un tourment pour celui qui obéit. *Charité légale* : ce sont là deux mots qui s'excluent, parce que ce qui est charité doit être pleinement volontaire, tandis que ce qui est imposé par la loi est nécessairement forcé. Et ce qui est étrange, c'est que plus l'on dépense en Angleterre pour le soulagement des pauvres, plus ceux-ci se trouvent malheureux (2). »

La charité légale crée le *paupérisme*. Il y eut en 1856 un congrès international de bienfaisance à Bruxelles. Dans la séance du 19 septembre, un protestant de Genève, M. Cherbuliez, fit les aveux suivants : « Avant la Réforme, le paupérisme n'existait pas en Suisse, ce qui sans aucun doute doit être attribué à l'organisation de la société religieuse, qui, tout en favorisant la mendicité, empêchait cependant, au moyen des aumônes de l'Église, que le peuple ne tombât dans la misère. Quant la Réforme eut amené avec elle la sécularisation des biens ecclésiastiques,

---

(1) A hell upon earth. — Voyez *The quarterly Review*, septembre 1855.
(2) L'abbé Margotti, *Rome et Londres*, p. 472.

il arriva chez nous ce qui arriva en Angleterre. La Diète décida que chaque canton, en qualité d'État, se chargerait du soulagement de ses propres pauvres ; on créa ainsi un droit pour les pauvres et un droit pour l'État. Depuis lors le paupérisme a été la grande plaie de la Suisse, surtout du canton de Berne. On essaya tout pour conjurer le mal, mais le mal s'aggravait à chaque révolution politique...... Ce fléau rend horrible l'avenir du canton de Berne ; la population y prend en outre un accroissement inquiétant, elle augmente de onze pour cent depuis quelques années, *Quant au chiffre des naissances illégitimes, mon patriotisme se refuse à en révéler la honteuse réalité.* Eh bien, à côté du canton de Berne, se trouve le Jura, moins riche que Berne, et cependant non dévoré par le paupérisme, à tel point que les députés du Jura à la Diète refusèrent toute espèce d'allocation ou de subside de l'État. *Gardez votre argent,* dirent-ils, *et vos lois, et laissez-nous nos pieuses habitudes.* Le contraste est étrange : c'est d'une part un pays catholique, peu industriel, peu fortuné, placé dans des conditions qui semblent rendre la misère inévitable, et ce pays ignore ce que c'est que le paupérisme ; d'autre part, c'est un pays protestant, riche, souriant, favorisé de la nature, mais ruiné par le paupérisme. Il y a là, — conclut M. Cherbuliez, — un grand enseignement (1). »

Dans son remarquable rapport sur l'assistance publique, en 1848, époque où commençaient à s'agiter et même à se formuler les plus terribles problèmes au point de vue de l'économie politique, M. Thiers ne reconnaît à l'État d'autre devoir que de suppléer à la charité privée. Il recommande au gouvernement de la laisser agir, de lui

---

(1) Voyez le *Journal de Bruxelles*, n° du 15 octobre 1856.

venir en aide, et de n'entreprendre que les œuvres dont la charité ne peut se charger. L'État même, lorsqu'il donne beaucoup, a tous les défauts d'un mauvais riche, défauts qui se résument en ces mots : *Il n'a pas d'amour pour le pauvre.* En recevant des secours de l'État, le pauvre ne se sent pas excité à détruire en lui les causes morales qui engendrent la pauvreté, qui l'augmentent et qui la transforment en misère. Le pauvre a besoin de deux espèces d'aumône, et l'État ne peut lui en donner qu'une seule. « C'est beaucoup, sans doute, — dit M. de Cormenin, — que de donner au pauvre de l'argent, que de lui fournir une maison, un lit, un habit, du pain, des médicaments; mais il faut faire plus pour exercer l'aumône dans le sens chrétien du mot : il faut pour cela se communiquer soi-même, ouvrir son propre cœur aux malheureux et leur prodiguer sans réserve ses propres soins, son temps, sa science, ses consolations, ses prières. » C'est là ce que fait la *charité catholique* ; c'est là ce que ne fait ni ne pourrait faire la *charité légale.*

Cette charité légale de Londres, on ne peut la faire mieux connaître que par les citations que voici empruntées à des journaux très-peu suspects, — le *Times* et les *Débats* (1).

« Durant la crise industrielle qui a affligé Londres, au commencement de cette année, 1847, et qui a mis tant d'ouvriers sans travail à la charge de la bienfaisance publique, un contribuable se plaignait, par l'organe du *Times*, d'un tel état de choses, et ne trouvait à cette calamité qu'un seul remède, l'émigration. Voici ce qu'il écrivait : « J'ai deux maisons dans deux paroisses différentes, et je

---

(1) *Journal des Débats*, n° du 24 août 1857.

suis responsable, pour moi et pour autrui, de la taxe des pauvres. La taxe des pauvres me dévore. Je me rends pauvre moi-même, obligé que je suis de secourir les pauvres. Passe encore si mon argent était consacré à l'invalide, au malade, au vieillard; mais que font les autorités ? Elles maintiennent, au moyen de mon argent, une armée d'effrontées qui brisent les fenêtres du *workhouse*, où elles mettent le désordre, ou bien cet argent sert à nourrir ceux que l'on appelle avec une admirable simplicité les pauvres valides, des hommes dix fois plus en état que moi de travailler pour vivre, capables de digérer par demi-douzaines de livres le pain et le fromage, puis, après leur repas copieux, d'étrangler le premier agent de bienfaisance venu. Et que disent les magistrats à la multitude ? « Mais adressez-vous donc à l'office de bienfaisance; il n'y a pas la moindre honte à cela. » Il n'y a pas la moindre honte ! Mais c'est toujours une honte que de devoir vivre d'aumône. Quand l'ouvrier passe dans la rue, je ne veux pas que le marchand qui le voit puisse dire : « Voilà un seigneur entretenu aux dépens de la paroisse. Le sang de ses veines est un produit de la mendicité, le phosphate de chaux de ses os un produit de la taxe des pauvres. Ce nez qui est implanté au milieu de ce visage nous coûte un schelling et dix deniers d'impôt à la livre, chaque maison de la paroisse peut réclamer un morceau de son corps ; car, si chaque contribuable reprenait ce qui lui revient, il ne resterait plus un atome de son corps à ce pensionnaire de tous. »

« Cette terrible éloquence, qui ferait envie à Shylok, lorsqu'il réclame sa livre de chair à Antoine, — ajoute le *Journal des Débats*, — exprime avec une grande fidélité ce qu'il y d'inévitable et de légitime dureté dans la bienfaisance officielle et administrative. Cette bienfaisance-là est obligée devant elle-même de calculer tout, de pourvoir à tout ; son œil vigilant et sa main sévère recherchent et secourent le pauvre, moins pour le pauvre lui-même que pour la société ; intéressée elle-même à la régularité de la distribution de ses secours, elle apporte dans une œuvre toute morale le discernement et les formalités d'un service public ; cette charité, procédât-elle de l'Évangile, apparaît à quiconque l'étudie comme une application détaillée à l'économie politique. »

Le système de charité légale anglaise se trompe totalement lorsqu'il pense avoir supprimé les mendiants, parce qu'il les a retirés de la rue ; c'est abolir l'aumône et faire disparaitre les pauvres des places publiques, tout comme on balaie les immondices (1). Mais, en fin de compte, les rigueurs anglaise sont-elles parvenues à bannir de Londres tous les mendiants. Non certes, et, — pour le prouver, — il suffira de transcrire un avis qui, en décembre 1857, fut affiché dans les quartiers pauvres de Londres, et reproduit comme très-sérieux par le *Weekly Times* (2). Le voici textuellement.

Avis. — *Art de mendier en six leçons.*

« Le professeur Lazare Roonay prend la liberté d'annoncer au public qu'il a fondé un collége pour l'enseignement théorique et pratique de la mendicité dans tout ce qu'elle a de légitime.

« Toute personne honnête, posée et d'une intelligence

---

(1) De Villeneuve, *Du paupérisme*, tome II, p. 84.
(2) Ce singulier avis se lisait en français dans le *Courrier de Paris*, de l'*Indépendant* de Turin, à la date du 20 décembre 1857.

ordinaire, peut, en un seul cours de six leçons, se mettre en état de vivre à son aise aux dépens du public, sans avoir à craindre aucune révolution politique. Les conditions du professeur sont très-modérées. Il prend aussi, à un prix raisonnable, des enfants en pension. Les enfants confiés à ses soins sont appris, quoique tout jeunes encore, à prendre toute espèce de formes, et cela sans une avarie bien sérieuse du sujet, et sans aucune crainte d'altérer leur santé. Moyennant un certain prix, on indique les meilleures rues dans les quartiers charitables.

« Le professeur Roonay a une ample provision de certificats, balafres, cicatrices provenant de coups de fusil, ou d'autres blessures, imitées au naturel.

« Les femmes intelligentes et aptes pourront, moyennant une modique contribution journalière, louer des jumeaux appariés très-propres à l'exploitation des rues. Le professeur se charge de fournir des chiens pour les aveugles, des béquilles, des emplâtres, et en général tout ce qui est nécessaire pour cette industrie. On expédie en province avec célérité et discrétion. 21, *Princess street St Gilles.* »

Somme toute, en Angleterre, — pour quelques individus privilégiés, qui nagent dans une opulence extravagante, — la masse vit dans la misère, ou tout au moins dans une gêne extrême ; la gêne mène trop souvent à la misère, et quelle misère !.. Elle est irrémédiable chez nos voisins plus qu'en aucun autre pays. Être toujours riche ou toujours gêné, ou toujours misérable, — il n'y a pas à sortir de là dans cette Grande-Bretagne dont on voudrait cependant faire le type par excellence du peuple le plus civilisé, le plus moral et le plus prospère, — trois propositions désormais insoutenables, après les statistiques dont nous venons d'emprunter les éléments aux écrivains anglais eux-mêmes ainsi qu'aux économistes les plus autorisés des diverses nations de l'Europe.

Que dire de la liste civile de la reine d'Angleterre et de sa nombreuse famille, des pensions faites à de grands personnages, aux fonctionnaires du premier ordre, etc? Si, à tout cela, on joint encore les immenses revenus du clergé anglican, on verra qu'à Londres et dans le reste de l'Angleterre, il n'y a qu'une classe très-restreinte de personnes réellement heureuses, — si tant est que l'argent seul procure le bonheur. En tout cas, ce bonheur-là coûte cher au peuple anglais, qui a le privilége d'être le peuple le plus taxé de l'univers. Il faut dire ici un mot, au moins, sur ces taxes et sur la condition de l'ouvrier en Angleterre, afin qu'on puisse bien remarquer, à côté des richesses immenses et pour ainsi dire incalculables de quelques-uns, le tourment et la misère de la classe la plus nombreuse, et par conséquent de celle qui mérite le plus d'attention et de sollicitude, au point de vue intellectuel et matériel.

Les contributions *directes* dans la Grande-Bretagne sont *the land tax*, les contributions foncières ; *the window tax*, l'impôt sur les fenêtres ; *the income tax*, l'impôt sur le revenu, lequel est perçu d'une façon plus qu'arbitraire (1). Les plus lourdes taxes sont les *taxes locales* ; enfin viennent les *taxes paroissiales*, dont la première est *the poor rates*, la taxe des pauvres, chancre rongeur qui, au lieu de guérir, augmente le paupérisme ; *the Church rates*, la taxe du culte, impôt tout à fait injuste en ce

---

(1) Sur la perception de cet impôt en Angleterre, il faut lire, dans le *Times* du 20 janvier 1857, un article intitulé : *Income tax robbery* (le brigandage et le vol de l'impôt sur le revenu).

sens qu'il oblige la minorité catholique d'une paroisse où les protestants sont en majorité à payer pour l'entretien d'un culte opposé à leurs croyances, etc., en tout, quinze impôts très-onéreux qui pèsent sur le peuple anglais : encore ne faisons-nous pas entrer en ligne de compte les impôts indirects (*excise*), qui sont énormes.

La classe ouvrière, qui forme en substance ce que l'on appelle *peuple*, est en Angleterre dans une condition cent fois plus misérable qu'en tout pays catholique. Quand l'ouvrier trouve à s'occuper, le travail le consume, et quand ce travail lui manque, la faim le tue (1). En effet, les économistes anglais, les patrons, les fabricants, s'occupent sans relâche de la solution du problème d'économie animale suivant : à savoir *si l'ouvrier peut consacrer au travail quinze heures au lieu de douze, et si dix onces de pommes de terre peuvent suffire au lieu de douze pour le nourrir* (2).

Léon Faucher raconte qu'en visitant Spitalfields, il vit dans une fabrique une enfant de onze ans, pâle et mélancolique, qui tissait avec une activité fiévreuse ; il demanda combien d'heures par jour travaillait cette chétive enfant. « Douze, lui répondit on. — Et vous ne craignez pas d'excéder ses forces ? — J'ai soin de la bien nourrir. » *Quelle autre réponse eût-il faite pour une bête de somme ?* s'écrie l'écrivain français. Car, c'était le propre père de cette pauvre enfant qui parlait ainsi (3).

La misère et le travail tuent les ouvriers en Angleterre, et, comme dit un journal *tory* : « C'est par le chiffre des décès et non par celui des naissances que l'on peut

(1) *The Daily News*, 27 novembre 1857.
(2) Cs. Curci, *Una divinazione*, tome II, p. 363.
(3) *Études sur l'Angleterre*, p. 12.

calculer le chiffre de la population dans les villes maritimes et manufacturières de la Grande-Bretagne (1). »

Il existe en Angleterre un proverbe qui dit de l'ouvrier : « *Have neither time to live, nor time so die* (2) : Il n'a le temps ni de vivre ni de mourir. »

Si l'action délétère de la constitution ou plutôt de la politique anglaise ne s'exerçait que sur ses sujets, ce serait déjà un grand malheur certes ; mais ce qui est encore plus déplorable et surtout plus désastreux, c'est qu'elle pèse sur le monde entier et l'écrase de toutes ses forces réunies, contribuant ainsi et perpétuant les traditions païennes d'asservissement de l'antique Rome. Que l'on en juge plutôt par le parallèle suivant.

Tertullien a mis dans la bouche des Romains du paganisme ces paroles, qui dépeignent leur politique extérieure : « *Onerosi sumus mundo* : Nous sommes un fardeau pour l'univers. » Ces paroles, Ledru-Rollin les a, à son tour, appliquées avec beaucoup de justice à l'Angleterre (3). L'avantage particulier, la force matérielle, la prépotence, la fraude, la cruauté, formaient la base de la vieille politique romaine. Lorsque l'on discutait dans le Sénat sur les plaintes des peuples alliés, Cicéron, tout en démontrant qu'elles étaient fondées, ajoutait toujours en terminant : *Que l'utile prévale* (4) ! Marius disait à Mithridate : *Ou bien triomphe des Romains, ou bien soumets-toi à leurs volontés.* Antipater, dans toutes ses harangues aux Hébreux, finissait par ces mots : *Les Romains veulent être obéis.* Tacite ne pouvait souhaiter à l'empire de meilleure

---

(1) Ledru-Rollin, *l. c.*, *Misères des ouvriers des manufactures.*
(2) Lords Ashley's speech on the factory bill in the House of Commons.
(3) *De la décadence de l'Angleterre*, tome, I, p. 14.
(4) Semper autem addebat : « Vincat utilitas ! » Cicéron, *De officiis*, lib. III, cap. xxii.

fortune que de voir se perpétuer les inimitiés entre les nations ennemies de Rome (1).

En quoi la politique actuelle de la Grande-Bretagne diffère t-elle de cette vieille politique d'égoïsme? Lord Palmerston lui même a caractérisé cette identité de vues politiques, en disant que tout citoyen anglais devait répéter, en quelque lieu qu'il fût, le fameux *Civis romanus sum*. Le premier mobile de Rome agricole, c'était la conquête ; celui de l'Angleterre manufacturière, c'est le commerce. L'industrie a fait en quelque sorte que l'Angleterre a besoin de tout le monde : la politique anglaise a pour but de rendre l'Angleterre indispensable à tout le monde. En conséquence, *mylord Tempest Palmerston*, comme l'appelle un journal de Londres (2), « cherche chicane aux États Unis, quand il n'a rien à démêler avec la Russie, et s'il ne réussit pas à faire surgir quelque cause de brouille avec les États Unis, il se déchaîne contre Naples, afin de satisfaire les caprices *chevaleresques* de la nation (3). »

Hâtons nous d'ajouter, — pour dire toute la vérité, — que la *tempêtueuse* politique extérieure de Palmerston fut, de son vivant même, hautement désapprouvée par tout ce que l'Angleterre possédait d'hommes d'État éminents. *Cette manie de se mêler des affaires des autres pays*, comme disait très-bien M. Sydney Erbert, fut flétrie par cet honorable membre de la chambre des communes : « Notre position d'insulaires, — remarquait avec

---

(1) Maneat, quæso, duretque gentibus, si non amor nostri, at certe odium sui, quando urgentibus imperii fatis nihil jam præstare fortuna majus potest quam hostium discordiam.
(2) *The Mornig Star*, du 26 septembre 1856.
(3) L'abbé Margotti, *l. c.*, p. 492.

raison Georges Bowyer, — nous rend incapables de comprendre les nations étrangères, et quand nous nous ingérons dans leurs affaires, nous n'y apportons jamais aucun bien; au contraire, nous nous en tirons toujours d'une manière très-peu honorable. » M. Gibson disait, à son tour : « Une croisade entreprise pour la liberté des autres peuples est une extrême folie. En nous renfermant dans nos propres affaires, en élevant la condition morale et physique de nos propres populations, et en montrant ainsi à tous les yeux la puissance de nos institutions, nous ferons beaucoup plus pour la liberté des peuples étrangers qu'au moyen de nos armes et de notre diplomatie. » Comme le disait très-bien lord Derby, dès 1857 : « Intervenir partout, apporter chez les étrangers dommage, désunion et discorde, pour rapporter tout le profit chez soi, telle est la politique extérieure de Londres. Napoléon Ier, dans un moment de mauvaise humeur, n'hésita pas de dire : « Tous les maux, tous les fléaux qui peuvent affliger les hommes viennent de Londres (1). » Avant cela, il avait fait dire de la politique anglaise par le *Moniteur* : « Votre seule politique, le grand Frédéric l'a dit il y a longtemps, est d'aller frapper à toutes les portes une bourse à la main (2). » Et plus tard, un membre de la Chambre des Communes, M. Milner Gibson, n'hésitait pas à corrober ces paroles par un aveu terrible : « Nous n'intervenons que pour trahir, nous ne faisons de promesses que pour manquer à notre parole. »

Cette politique de mensonge a sa ligne toute tracée et indiquée d'une façon vraiment cynique dans le journal

---

(1) Chambre des lords, séance du 5 février 1857.
(2) *Moniteur* 10 ventôse, an X (1er mars 1805).

voué à Palmerston. « Il est très-important, — disait le *Morning-Post*, — d'être persuadé de l'influence de la politique anglaise. Les cours du continent sont obligées de la subir tout en la détestant (1). »

En d'autres termes, n'est-ce pas proclamer que l'Angleterre, par son action extérieure ou plutôt par son immixtion dans les affaires de tous les peuples, est le fléau du monde entier ?

Citons encore, sur la politique extérieure de Londres, le jugement qu'en ont porté deux publicistes éminents, — l'un Américain et l'autre Français. M. Browson publia, en 1857, un article sur la prépondérance de l'Angleterre. Il dit entre autres choses : « Comme *catholique* et comme *patriote,* je vois avec regret la prépondérance anglaise, et j'oppose à cette prépondérance celle de n'importe quelle autre nation de l'Europe, et cela parce que je suis ennemi de son esprit mercantile et industriel. Partout où se fait sentir l'influence anglaise, on voit bientôt disparaître la vertu et la simplicité, la paix et la prospérité, et s'établir sur leurs ruines un amour hautain et démesuré des biens de ce monde. L'influence anglaise a ruiné le Portugal, affaibli l'Espagne, mis le désordre en Sardaigne, semé l'agitation dans la plupart des États de l'Italie, *diminué l'énergie morale de la France.* Cette influence altère les mœurs, paralyse l'action morale de la religion et introduit partout un humiliant paganisme. Sa littérature, sa philosophie, sa religion, comme son industrie et son commerce, tendent à *matérialiser* les peuples et à amener cette conviction que l'homme n'a pas d'autre vie que celle de ce monde-ci (2). »

(1) *The Morning Post*, août 1856.
(2) *The Quarterly Review*, octobre 1857.

Après avoir dit qu'à ses yeux la Grande-Bretagne est la cité du monde, comme Rome est la cité de Dieu, M. Browson examine la politique anglaise dans les Indes. « L'Angleterre n'a rien fait pour l'amélioration de l'état de cet empire. Il était plus riche sous la domination musulmane, ses terres étaient mieux cultivées, ses habitants plus heureux. L'Angleterre a laissé décliner l'agriculture, languir l'industrie, et a fait peser un joug insupportable sur ceux-là seuls qui étaient capables de raviver l'une et l'autre. Elle n'a rien fait pour communiquer aux Indiens la civilisation de l'Europe, rien pour les moraliser, rien surtout pour le christianisme. Dans l'intérêt même de ces pauvres idolâtres, il est à désirer que leur patrie ne soit plus soumise à une nation qui, depuis la réforme, n'est plus capable d'apporter à un peuple barbare la civilisation et le christianisme (1). »

M. de Montalembert, — grand admirateur de l'Angleterre cependant, — n'a pu s'empêcher de flétrir, à plusieurs reprises, cette politique profondément égoïste, et par conséquent si cruelle en ses résultats : « Nous avons, — disait il en 1848, — nous avons aussi nous de tristes pages dans notre histoire, mais je ne sache rien qui ressemble à cette tactique odieuse.... Ce que nous n'avons jamais fait, c'est de garder pour nous les bienfaits de l'ordre, de la liberté, de la justice, de la hiérarchie sociale, et d'aller au dehors soudoyer, fomenter, patronner le désordre et la tyrannie. Non, grâce au ciel, la France n'a point cet égoïsme et cet aveuglement à se reprocher (2). »

(1) *L'Ami de la Religion*, 26 janvier 1858.
(2) Discours du 14 janvier 1848. Voyez le *Moniteur* du 15.

Dans un livre que M. de Montalembert publia, en 1856, à la louange de l'Angleterre, il ne put s'empêcher de confesser, au commencement comme à la fin de son ouvrage, les délits de la politique extérieure de l'Angleterre : « L'insupportable arrogance de la diplomatie anglaise envers les faibles et la manière dont l'Angleterre traite avec tous a soulevé la juste indignation de tous les hommes de cœur (1)....

« En tout ce qui concerne les relations de l'Angleterre avec les nations étrangères, sa versatilité, son ingratitude, son enthousiasme extravagant, l'âpreté de son égoïsme, l'abus de sa propre force, son odieux mépris de la faiblesse d'autrui, son indifférence absolue pour la justice, quand cette justice ne lui offre pas des intérêts à servir ou des forces à respecter : tout cela est plus que suffisant pour exciter contre l'Angleterre l'indignation des âmes honnêtes (2). »

Quoi de plus ! Si tels sont les aveux d'un panégyriste, ou tout au moins d'un admirateur de l'Angleterre, que seraient donc les témoignages d'un ennemi ?....

Que conclure de ce tableau impartial de l'Angleterre, — dont nous n'avons cessé d'emprunter les grandes lignes à des publicistes anglais ou à des admirateurs (nous n'osons dire des amis) de la Grande Bretagne et de ses institutions, — que conclure par rapport à la supériorité morale et à la prospérité matérielle de ce peuple dont on oppose sans cesse, entre toutes les nations protestantes, l'exemple aux nations catholiques, si inférieures, dit-on, sous le double rapport de l'intelligence

---

(1) *De l'avenir politique de l'Angleterre.* Position de la question, p. 5 et 6.
(2) *L. c.*, conclusion, p. 281, 285.

et du bien-être, ce *progrès* si hautement préconisé des *temps modernes ?*

L'histoire à la main, et après tout cet amoncellement de témoignages accablants à la charge de l'Angleterre, nous ne voyons rien, ni dans l'ordre naturel ni dans l'ordre surnaturel, qui puisse garantir la sûreté de ce pays : tout au contraire, au dedans comme au dehors, nous y voyons les signes les plus évidents de sa caducité.

« L'ambition démesurée de Londres, le frémissement des peuples trahis et exploités comme une marchandise, le mécontentement des souverains, les iniquités nationales, qui ne restent jamais impunies ici-bas, seul théâtre de la vie des nations; la grandeur de l'Angleterre, qui est à charge à elle-même et aux autres, ses plaies intimes, son manque de foi, l'accroissement continuel des pauvres et des mécontents, ces tristes semences qu'y répandent les réfugiés, le libertinage qui la pervertit, l'esprit de famille qui s'y perd, les innovations qui s'y introduisent, et cent autres causes qui minent l'Angleterre, sont autant d'indices de sa caducité (1). »

Nous touchons au terme d'une tâche, pénible entre toutes : celle de constater les vices d'une nation voisine, jadis si catholique que son sol fut appelé l'*Ile des saints.* Il faut du courage, et beaucoup, pour dévoiler tant de maux ; mais c'est un des plus énergiques moyens d'en inaugurer la guérison, avec l'aide de l'Auteur de tout bien et de toute résurrection morale et matérielle : — *Instaurare omnia in Christo Jesu !*

On nous dira peut-être, sans doute même : « Ce tableau si sombre et si vrai, admettons-le, remonte à plus

(1) L'abbé Margotti, *l. c.*, p. 519.

de vingt ans, comme la date de vos citations le prouve mais, outre que, depuis, l'Angleterre a pu entrer dan[s] une voie meilleure, l'exemple d'un seul peuple ne prouv[e] rien contre un ensemble de faits tout à l'honneur de l[a] civilisation et du progrès par le protestantisme. » Nou[s] avions prévu cette objection, qui, en effet, serait capita[le] si nous ne nous hâtions de dire que, de même que, pou[r] bien avoir la vraie perspective d'un monument, il faut s[e] placer à quelque distance, ainsi, pour juger sainemen[t] d'une institution et d'un pays, il est indispensable d'use[r] du même procédé. Maintenant, approchons-nous de l'An[-] gleterre, et, en cette année 1876, on ne voit pas que ce pay[s] se soit amendé, ni que sa situation se soit améliorée, et qu[e] la Grande-Bretagne mérite mieux que par le passé, — ainsi que nous venons de le constater, — la palme de l[a] supériorité et de la prospérité, au triple point de vue d[e] la morale, de l'intelligence et de la fortune publique e[t] privée.

Appliquant à ce résumé général, — qui comprend l'exa[-] men des peuples protestants de l'ancien et du nouveau monde, — la méthode de l'éloquent Balmès dans son grand ouvrage *sur le Protestantisme et le Catholicisme dans leurs rapports avec la civilisation européenne*, en d'autres termes encore plus précis, avec la liberté et la prospérité des peuples, nous allons faire justice de la thèse suivante: « Les races latines sont dans une évidente décadence, l'avenir du monde appartient à la race germanique. Les Français, les Espagnols, les Italiens, tous les Latins en un mot, sont abâtardis : les Prussiens sont en train de rajeunir le monde. » Fort bien ; mais, comment expliquer un pareil phénomène ?

Et d'abord, pourquoi les Latins sont ils abâtardis? Parce

qu'ils ont le *virus* catholique dans le sang; voilà pourquoi ils sont tous corrompus, physiquement et moralement, et cette corruption les condamne à une incurable maladie. Les races germaniques au contraire sont presque entièrement protestantes ; or, le protestantisme seul a les paroles de la vie éternelle et des promesses d'immortalité: voilà pourquoi ces races grandissent, prospèrent, s'enrichissent et traverseront les temps sur les ailes de la religion et de la pureté jusqu'à la consommation des siècles.

Soutenir cela dans une brochure de 32 pages in-8°, comme le fait si cavalièrement le Belge M. de Laveleye, c'est, — on peut le dire, — ignorer ou compter pour rien des travaux modernes aussi importants, aussi péremptoires que ceux de M. Auguste Nicolas, de M. Charles Perin, de Manzoni, de Hettinger, de Klée, de Moelher, de Hergenroether, de Balmès, de Maguin, etc., etc., etc., pour ne citer que quelques hommes entre tant d'autres dont l'énumération serait trop longue ici.

Et d'abord est-il vrai que les peuples protestants seuls *progressent*? Qu'est ce que le progrès? Les Anglais, le peuple le plus politique de l'Europe, ne parlent jamais de progrès : ils ne s'appliquent qu'à réaliser des améliorations (*improvements*). C'est là tout ce qu'il est donné à l'homme de réaliser, et c'est déjà bien beau, bien grand, bien utile. Puis, le phénomène du progrès des nations protestantes dépend-il uniquement de la race? Le gouvernement anglais, si vanté, est un produit des âges catholiques, comme nous l'avons prouvé dès le début de cette étude.

Il est faux et complétement faux que les pays protestants sont plus actifs, plus industrieux, plus économes, plus riches que les pays catholiques. En Prusse, la citadelle du protestantisme, ce sont précisément les provinces catholiques qui sont les plus riches, sinon les seules riches : la province Rhénane, la Westphalie, la Silésie. Les provinces protestantes, la Prusse, la Poméranie, le Brandebourg, lesquelles fournissent en ce moment le plus fort contingent à l'émigration, sont les plus pauvres, et dans la province de Prusse protestante, c'est précisément le district catholique d'Ermland qui est le seul riche.

De l'ancien monde passons dans le nouveau. M. de Laveleye prétend, d'après M. de Tocqueville, qu'aux États-Unis la plupart des catholiques sont pauvres, et il ajoute qu'au Canada, les grandes affaires, les industries, le commerce, les principales boutiques dans les villes sont aux mains des protestants. Quand M. de Tocqueville voyageait dans les États de l'Union américaine (vers 1830), l'émancipation des anciennes populations catholiques du joug des puritains et des autres *libéraux* anglais était récente, et l'immigration nouvelle des Irlandais et des catholiques français et allemands n'avait pas encore produit ses fruits. Aujourd'hui les catholiques se montrent partout au premier rang dans la république américaine, non-seulement dans la Louisiane, à Baltimore, à Boston, à New-York, mais encore dans les États de l'Ouest.

Relevons dans M. de Tocqueville une citation qui tend à bien poser la thèse catholique de la supériorité des nations catholiques sur les protestants : « Les prédicateurs américains (protestants), — dit M. de Tocqueville, — reviennent sans cesse à la terre et ils ne peuvent qu'à grand'peine en détacher leurs regards. Pour mieux toucher leurs auditeurs, ils leur font voir chaque jour comment les croyances religieuses favorisent la liberté et l'ordre public, et il est souvent difficile de savoir, en les écoutant, si l'objet principal de la religion est de prouver l'éternelle félicité dans l'autre monde ou le bien-être en celui-ci (1). »

Quant aux catholiques canadiens, dans l'île de Terre-Neuve et dans le bas Canada, où les descendants des anciens colons français forment les trois quarts de la population, la plus grande partie de la propriété immobilière est entre les mains des catholiques, qui sont généralement dans une grande aisance; dans le haut Canada, les catholiques, peu nombreux, sont des immigrants irlandais et d'autres, qui se trouvent dans les conditions générales de cette classe de colons dans les possessions anglaises. Si, — dans le Canada, — les protestants anglais font de grandes affaires, les catholiques français et irlandais font tous de bonnes affaires

Mais, encore une fois, la question de la prospérité matérielle ne peut jamais servir de preuve pour ou contre un culte religieux : les finances de la Hollande ne sont pas plus protestantes que catholiques. Personne ne songe à contester l'éclat de la richesse de l'Angleterre ; mais Tyr a aussi été riche, l'Espagne a été riche, Babylone était riche, les anciens princes indiens de Mexico possédaient des richesses qui donnèrent le vertige aux conquérants espagnols, etc. Qu'est-ce que cela prouve pour ou contre le paganisme, le catholicisme et le protestantisme ? Rien.

La tentative de combattre l'Église catholique à coups de formules économiques n'est pas nouvelle. M. Napoléon Roussel, un pasteur protestant français, avait, il y a vingt ans déjà, essayé, à ses dépens, ces armes sans portée. Son livre : *Les nations catholiques et les nations protestantes*

---

(1) *Démocratie en Amérique*, tome II, p. 142, 13ᵉ édition, 1850.

considérées sous le triple rapport du bien-être, des lumières et de la moralité, serait oublié sans la critique dont l'honora un spirituel sceptique, M. John Lemoinne, un rédacteur du *Journal des Débats*; on dirait ces lignes écrites d'hier, tant elles ont gardé leur parfum de bon sens pratique et impitoyable.

« L'auteur a fait une œuvre dont le dernier mot est le matérialisme le plus cruel, le plus insensible, le plus désespérant. En vérité, si un *ministre de l'Évangile* n'a qu'une morale comme celle-là à présenter au monde, s'il n'a point d'autre conclusion à tirer de l'histoire, alors il ne reste plus aux hommes qu'à se bien nourrir, à se bien porter et à bien faire leurs affaires; les plus riches seront toujours les plus vertueux. Cette lecture serre le cœur...

« M. Roussel a eu l'intention de comparer les nations catholiques avec les nations protestantes sous le triple rapport du bien-être, des lumières et de la moralité. Par malheur, dans cette comparaison, la moralité, qui aurait droit à la première place, n'occupe que la dernière et la plus petite; les lumières viennent au second rang, et, comme dans le titre, le bien-être s'étale et pour ainsi dire se carre sur le premier plan....

« En deux volumes, M. Roussel démontre, à grands renforts de chiffres, que les protestants sont infiniment plus heureux dans ce monde que les catholiques; qu'ils ont plus de rentes, plus d'actions industrielles, plus de couverts d'argent, plus de chemises et plus de bottes. Jusqu'à présent nous avons toujours cru qu'au jour du jugement dernier, Dieu mettrait d'un côté les bons et de l'autre les méchants; mais, dans le système de M. Roussel, l'humanité est partagée en deux autres catégories: celle des *gens gras* et celle des *gens maigres*. Dieu ne sondera plus les reins et les cœurs, mais les estomacs. Si M. Roussel permettait à saint Pierre de garder l'entrée du paradis, certainement il lui donnerait pour consigne, comme aux Tuileries, de ne laisser passer que les gens bien portants et bien vêtus ; dans la théologie protestante (1), pour être sauvé, *une mise décente est de rigueur*... (2).

« Il faut voir avec quelle complaisance M. Roussel aligne les comptes de tous les pays catholiques et de tous les pays protestants ; c'est une tenue de livres en partie double....

« Comme les gens qui ont la jaunisse, et qui voient tout en jaune, M. Roussel va déterrer le catholicisme jusque dans les coins où l'on n'aurait jamais cru qu'il pût se nicher. Il cite, par exemple, le récit d'une scène de pugilat qui se passa en Irlande... Mais savez-vous le scandale ? C'est que ces Irlandais se battent à coups de fouet, au lieu de se battre à coups de poing, comme *les nobles boxeurs exercés de l'Angleterre*. M. Roussel cite gravement ce fait comme un exemple de la grossièreté des mœurs irlandaises et catholiques. Quelle différence avec ces *nobles boxeurs* protestants et ces admirables coups de poing inspirés sans doute par la foi !... Voilà un nouveau criterium auquel nous n'avions jamais songé....

« Continuant son tour du monde, M. Roussel soumet au même procédé de comparaison la Suisse catholique et

---

(1) Sans être, je ne dis pas *curieux*, mais *indiscret*, — en quoi peut bien consister la théologie d'une religion qui, basée sur le libre examen, permet à ses *fidèles* de choisir ou de rejeter dans le champ des croyances dites chrétiennes? Et penser qu'il y a des séminaires protestants et des professeurs protestants de théologie !.. Mystère ! mystère !...

(2) En Angleterre, le pays classique des proscriptions et des observances pharisaïques, on appelle *respectable* un homme bien habillé et, par conséquent, la *respectabilité*, dans la Grande-Bretagne, c'est le crédit.

la Suisse protestante... Voulez-vous suivre M. Roussel en Espagne ? Là encore, à grand renfort de citations, il vous prouvera que les routes sont mal tenues, que les auberges sont sales et qu'on y mange dans des couverts d'étain ; puis il comparera cette terre du catholicisme à l'Angleterre, cette terre du protestantisme, qui s'annonce à son tour par des couverts d'argent, par des chemins de fer, par du linge, etc.

« Nous ne tenons pas à accompagner M. Roussel dans toutes ses pérégrinations; nous ne nions point l'exactitude de ses comptes, et nous laissons au protestantisme le bénéfice de son argenterie. Mais M. Roussel, quand il voyageait en Irlande, par exemple, n'a-t-il jamais éprouvé le moindre remords de conscience ? Ne s'est-il jamais demandé si les protestants n'étaient pas pour quelque chose dans la misère de cette terre catholique ? Si les protestants ne représentent pas plus d'un dixième de la population de l'Irlande, de quel droit ont-ils fait main basse sur toutes les propriétés et tous les revenus de l'Église catholique ? Et quand M. Roussel, pour prouver que les catholiques ne sont plus opprimés en Irlande, nous dit qu'ils ont quatre archevêques, vingt-trois évêques, deux mille cinq cents églises, plus de deux mille prêtres, comment n'a-t-il pas un peu d'admiration pour ce peuple de mendiants qui trouve encore à prélever sur sa misère l'entretien de son Église, pendant que les évêques et les ministres protestants vivent grassement et plantureusement du profit de la confiscation ? Comment un *ministre de l'Évangile* ne se rappelle-t-il pas cette simple parole : « Je vous dis en
« vérité, cette pauvre veuve a plus donné que tous ceux
« qui ont mis dans le tronc : car tous les autres ont donné
« de leur abondance, mais celle-ci a donné de son indi-

« gence même tout ce qu'elle avait et tout ce qui lui res-
« tait pour vivre. »

« Mais M. Roussel a gardé pour la France le plus éclatant, le plus invincible de tous ses arguments. Écoutez plutôt : « Persécutés pendant des siècles, dépouillés de leurs
« biens, les protestants français devraient être aujourd'hui
« non pas au niveau, mais bien au-dessous du reste de la
« nation à l'égard de la richesse. En est-il ainsi? Si nous
« ne voulions consulter que l'opinion publique, nous
« pourrions dire que la conscience du lecteur a déjà ré-
« pondu... »

« Nous vous prions d'admirer en passant le singulier
office que remplit ici *la conscience*; mais laissons continuer
l'auteur :

« Mais nous désirons ne rien affirmer, pas même l'évi-
« dence, sans nous appuyer sur des documents. Ceux
« que nous nous sommes procurés sur ce point sont
« authentiques et de la plus haute importance dans la
« question... »

« Ici nous avons frémi pour le catholicisme. Que va-
t-il lui arriver? Quelle tuile va lui tomber sur la tête?
Rassurons-nous ; c'est un sac d'écus, c'est une pluie de
gros sous. M. Roussel nous explique en détail qu'il s'est
procuré le relevé de la cote mobilière payée par les protestants du département de la Seine, et, d'après cette base,
il trouve que la moyenne payée par tous les habitants de
Paris est de 33 fr. 14 c., et la moyenne payée par les protestants, de 87 fr. 1 c. « Ainsi, dit-il, les protestants fran-
« çais possèdent trois fois plus de richesses que leurs
« compatriotes catholiques romains. » Après un pareil
coup, le catholicisme doit se rendre ; décidément, il ne se
relèvera pas de la cote mobilière. Mais pourquoi M. Rous-

sel, pendant qu'il était en train de faire ses comptes, n'a-t-il pas consulté aussi la cote payée par une autre partie de la population qui passe généralement pour *assez bien cotée*, nous voulons dire les juifs? Qui sait s'il n'aurait pas trouvé les Israélites encore *plus riches et par conséquent* encore *plus vertueux* que les protestants?

« Mais, encore une fois, nous ne voulons point contester les chiffres de M. Roussel ni troubler son triomphe. Nous le laissons monter sur sa pyramide protestante de pièces de cent sous et y chanter son *Gloria in excelsis*. Il y a *quelqu'un* qui a dit : « Je vous dis en vérité qu'il est bien difficile « qu'un riche entre dans le royaume des cieux. Je vous le « dis encore une fois : il est plus aisé qu'un chameau « passe par le trou d'une aiguille qu'il ne l'est qu'un riche « entre dans le royaume des cieux. » Nous pourrions faire encore quelques autres citations qui vaudraient bien celles de M. Roussel, mais il n'est pas de notre compétence de faire un sermon, M. Roussel a peut-être sincèrement cru faire un livre moral et religieux; l'esprit de secte l'a aveuglé, et nous regrettons d'avoir à répéter que ses conclusions sont essentiellement matérialistes. »

On ne peut mieux dire; aussi resterons nous sur ces pages remplies d'un bon sens victorieux. Ce n'est pas un livre que nous faisons, mais nous espérons que ces citations seront une préparation et une invitation à lire et à relire quelques-uns des ouvrages que nous avons fait connaître au courant de cette étude (1) et dont la lecture est à la fois si utile et si intéressante pour tous les esprits

---

(1) Nous recommandons, d'une façon toute particulière, *Rome et Londres*, de l'abbé Margotti, publié en 1859, ainsi que *De l'avenir des peuples catholiques*, par le baron de Haulleville, paru tout récemment, (2ᵉ édition, 1876, librairie Ch. Blériot.)

avides de la vérité, sur une des questions les plus obstinément mises en avant, à notre époque, et avec une sorte de rage contre le catholicisme, ainsi que le passé et l'avenir des races latines, auxquelles on dénie la puissance, la force et la vitalité indomptables dont elles sont pourvues au plus haut point, et dont le réveil se prépare de jour en jour, plus éclatant, surtout de plus en plus fertile en inépuisables bienfaits dans l'ordre religieux, comme dans l'ordre moral et même matériel ; car, ainsi que l'a dit éloquemment Montesquieu : « Chose admirable, la religion « chrétienne, qui ne semble avoir d'objet que la félicité de « l'autre vie, fait encore notre bonheur dans celle-ci (1). »

(1) *L'Esprit des lois*, chap. XXIV, § 3.

LA RELIGION DE BUFFON.

Parmi les hommes célèbres du siècle dernier, un des moins connus, — disons mieux, — un des plus méconnus dans son caractère et sa personnalité, c'est, sans contredit, Buffon, celui que l'on a si justement nommé *le Pline français*; mais, pour ne nous attacher ici qu'au point de vue indiqué par M. de Maistre : « L'homme ne vaut que parce qu'il croit, » la religion du fameux auteur de l'*Histoire naturelle* a été mise en doute, et cela, sur la foi d'un sceptique, unique témoin (et partant nul) invoqué contre Buffon. Avons-nous besoin de nommer Hérault de Séchelles (1), qui, en 1785, dans les dernières années de cet homme célèbre, passa quelques jours à Montbard, et en rapporta à Paris un pamphlet plus gauche encore que

---

(1) Né en 1760, d'une bonne et noble famille, H. de Séchelles fut d'abord avocat, puis il se lança bientôt, — par dépit et par ambition, — dans la Révolution, devint Jacobin, poursuivit les prêtres et les émigrés, enfin organisa le régime sanglant de la Terreur; il périt sur l'échafaud.

méchant, en dépit d'insinuations maladroites dans leur prétention même à être perfides (1).

Buffon, qui survécut quatre ans à la publication de ces pages, ne daigna pas y répondre, bien qu'il y fût directement attaqué. Pourquoi ce silence? Était-ce insouciance ou dédain? Non; mais Buffon s'était imposé pour règle générale de conduite de ne jamais répondre aux insinuations malveillantes dont sa vie et ses écrits furent l'objet de la part des nombreux jaloux que son mérite lui avait suscités et des philosophes qui auraient bien voulu le compromettre dans leur société.

Un homme (2) qui vécut beaucoup près de Buffon, et qui fut son secrétaire pendant six années, entreprit la réfutation du libelle d'Hérault de Séchelles; mais son œuvre resta inachevée : heureusement qu'elle se compléta par la *Vie privée de Buffon*, due à la plume du chevalier Aude (3), admis auprès de Buffon, en 1788, à la veille de sa mort. D'ailleurs, les deux intéressants volumes de la *Correspondance inédite* de cet homme célèbre, publiée en ces derniers temps par son arrière-petit-neveu (4), suffiraient à bien faire connaître sous son véritable aspect cette figure dont Hérault de Séchelles n'a donné que la caricature.

(1) Publié d'abord dans le *Mercure*, reproduit dans le *Magasin encyclopédique* quelques années après, et enfin imprimé, sous le titre de *Voyage à Montbar* (en l'an IX, 1801, in-8°) : c'est l'ouvrage le plus curieux sur Buffon. « Il est fâcheux, — dit Cuvier, — que les détails où il entre soient en partie calomnieux, ou doivent au moins être considérés comme une violation manifeste des lois de l'hospitalité. » *Biog. univ.*, art. Buffon, tome VI (1812), p. 242.

(2) Humbert Bazile, mort juge au tribunal de Chaumont.

(3) Vie privée du comte de Buffon, etc., in-8° (1788, 55 p.).

(4) Correspondance inédite de Buffon, etc., recueillie et annotée par M. H.-N. de Buffon. (Paris, 1860, 2 vol. in-8°.)

La correspondance de Buffon, qui, certes, n'a pas été écrite pour la postérité, nous le montre sous un aspect tout à fait nouveau. Cet homme, auquel ses contemporains ont tant reproché la régularité solennelle de sa vie, ne pose pas dans ses lettres; il a dépouillé son habit de cérémonie; il est d'une simplicité et d'une franchise qui trahissent ses sentiments les plus cachés, ses pensées les plus intimes de chaque jour et presque de chaque heure. On le voit réellement tel que la Providence l'a fait...

« Sa vie tout entière se trouve dévoilée dans sa correspondance (de 1729 à 1788). »

Ainsi s'exprime M. A. Nadault de Buffon, dans la remarquable introduction (1) qu'il a placée à la tête de la correspondance de son grand-oncle.

Ce que dans Buffon nous voulons avant tout et surtout faire connaître, c'est le chrétien véritable, et pour cela ouvrons d'abord H. de Séchelles, et enregistrons les témoignages que lui arrache l'évidence, et dont les paroles de son hôte sont la preuve irréfragable, en dépit des insinuations malveillantes dont il enveloppe et les actes et les discours de celui dont il s'est prétendu le biographe le mieux informé.

Signalons d'abord la curieuse figure du père Ignace, le capucin ami de Buffon : « C'est, dit-il, son confesseur. Il m'a conté qu'il y a trente ans, l'auteur des *Études de la nature*, sachant qu'il prêcherait un carême à Montbard, le fit venir au temps de Pâques et se fit confesser par lui dans son laboratoire. Ignace me contait que M. de Buffon, en se soumettant à cette cérémonie, avait reculé d'un moment, *effet de la faiblesse humaine*, ajoutait-il, et qu'il

(1) Tome I, p. III et IV.

avait voulu faire confesser son valet de chambre avant lui. Tout ce que je viens de dire vous étonne peut-être. Oui! Buffon, lorsqu'il est à Montbard, communie à Pâques tous les ans, dans la chapelle seigneuriale. Tous les dimanches, il va à la grand'messe. Tous les dimanches il donne la valeur d'un louis aux différentes quêteuses.....

« Je tiens de M. de Buffon qu'il a pour principe de respecter la religion (1). »

Le reste de la page qui commence ainsi est une supposition purement gratuite d'H. de Séchelles, que son éditeur anonyme (2) relève d'ailleurs en termes très-dignes : « Croyons plutôt, dit-il, avec raison (3), que l'auteur du *Voyage à Montbard* a cherché à étayer ses propres opinions de l'autorité d'un grand homme, en lui prêtant un discours que démentent plusieurs belles pages de ses œuvres. Il ne faut que renvoyer le lecteur à l'éloquente invocation de l'Être suprême qui termine la première des Vues sur la nature. Le père de Buffon, qui avait pour lui un respect presque religieux, venait un jour de la lire : il rencontre son fils, et, dans le transport de son admiration, son premier mouvement fut de se jeter involontairement à ses genoux. »

Mais c'est assez de cette citation d'H. de Séchelles; recherchons maintenant dans Buffon lui-même le vrai motif de sa conduite par rapport aux choses de la foi, et d'abord lisons cette lettre (de 1751) (4) aux députés et

---

(1) H. de Séchelles, *Voyage à Montbard*, etc. (Paris, in-8°, an IX), p. 33, 34 et 36.
(2) *Ibid.*, p. 36 et 37, note 1.
(3) Solvet, libraire chez lequel fut publié, en 1801, l'ouvrage d'H. de Séchelles.
(4) *Correspondance inéd.*, tome I, p. 51.

syndic de la Faculté de théologie de Paris relativement à certaines propositions contenues dans l'*Histoire naturelle*.

« Messieurs

« (Leur disait-il), j'ai reçu la lettre que vous m'avez fait l'honneur de m'écrire, avec les propositions qui ont été extraites de mon livre, et je vous remercie de m'avoir mis à portée de les expliquer d'une manière qui ne laisse aucun doute ni aucune incertitude sur la droiture de mes intentions; et, si vous le désirez, Messieurs, je publierai bien volontiers, dans le premier volume de mon ouvrage qui paraîtra, les explications que j'ai l'honneur de vous envoyer.

« Je suis, etc.

« Buffon. »

Cette lettre, insérée dans les diverses éditions de l'*Histoire naturelle*, a pour commentaire indispensable celle même à laquelle Buffon fait allusion au début de la sienne.

« Monsieur

« (Lui écrivaient les députés de la Sorbonne), nous avons été informés, par un d'entre nous, de votre part, que lorsque vous avez appris que l'*Histoire naturelle*, dont vous êtes auteur, était un des ouvrages qui ont été choisis par ordre de la Faculté de théologie, pour être examinés et censurés, comme renfermant des principes et des maximes qui ne sont pas conformes à ceux de la religion, vous lui avez déclaré que vous n'aviez pas eu intention de vous en écarter, et que vous étiez disposé à satisfaire à la Faculté sur chacun des articles qu'elle trouverait répréhensibles dans votre dit ouvrage. Nous ne pouvons,

Monsieur, donner trop d'éloges à une résolution aussi chrétienne, et pour vous mettre en état de l'exécuter, nous vous envoyons les propositions extraites de votre livre qui nous ont paru contraires à la croyance de l'Église. »

Lorsque Buffon eut envoyé l'explication des passages de son livre qui avaient éveillé l'attention de la Faculté, elle lui adressa la lettre suivante :

« Monsieur,

« Nous avons reçu les explications que vous nous avez envoyées des propositions que nous avons trouvées répréhensibles dans votre ouvrage, qui a pour titre : *Histoire naturelle*; et après les avoir lues dans notre assemblée particulière, nous les avons présentées à notre Faculté, dans son assemblée générale du 1er avril 1751, présente année, et, après en avoir entendu la lecture, elle les a acceptées et approuvées par sa délibération et sa conclusion dudit jour. Nous avons fait part, en même temps, Monsieur, à la Faculté, de la promesse que vous nous avez faite de faire imprimer ces explications dans le premier ouvrage que vous donneriez au public, si la Faculté le désire : elle a reçu cette proposition avec une extrême joie, et elle espère que vous voudrez bien l'exécuter. »

Voici le texte des explications de Buffon; il importe de les rapporter pour montrer avec quelle droiture d'âme et quel respect pour la religion il exécuta les promesses qu'il avait faites à la Faculté de théologie.

« Je déclare, dit-il :

« 1° Que je n'ai eu aucune intention de contredire le texte de l'Écriture; que je crois très-fermement tout ce qui y est rapporté sur la création, soit pour l'ordre des temps, soit pour les circonstances des faits ; et que j'abandonne ce qui, dans mon livre, regarde la formation de la terre, et, en général, tout ce qui pourrait être contraire à la narration de Moyse, n'ayant présenté mon hypothèse sur la formation des planètes que comme une pure supposition philosophique.

« 2° Que, par rapport à cette expression : *Le mot de vérité ne fait naître qu'une idée vague*, je n'ai entendu que ce qu'on entend dans les écoles par idée générique, qui n'existe point en soi-même, mais seulement dans les espèces dans lesquelles elle a une existence réelle, et par conséquent il y a réellement des vérités certaines en elles-mêmes, comme je l'explique dans l'article suivant.

« 3° Qu'outre les vérités de conséquence et de supposition, il y a des premiers principes absolument vrais et certains, dans tous les cas et indépendamment de toutes les suppositions, et que ces conséquences, déduites avec évidence de ces principes, ne sont pas des *vérités* arbitraires, mais des vérités éternelles et évidentes ; n'ayant uniquement entendu par vérités de définition que les seules vérités mathématiques.

« 4° Qu'il y a de ces principes évidents et de ces conséquences évidentes dans plusieurs sciences, et surtout dans la métaphysique et la morale ; que tels sont en particulier, dans la métaphysique, l'existence de Dieu, ses principaux attributs, l'existence, la spiritualité et l'immortalité de notre âme ; et dans la morale, l'obligation de rendre un culte à Dieu, et à un chacun ce qui lui est dû, et en conséquence qu'on est obligé d'éviter le larcin, l'homicide et les autres actions que la raison condamne.

« 5° Que les objets de notre foi sont très-certains, sans être évidents ; et que Dieu, qui les a révélés, et que la raison même m'apprend ne pouvoir me tromper, m'en garantit la vérité et la certitude; que ces objets sont pour moi des vérités du premier ordre, soit qu'ils regardent le dogme, soit qu'ils regardent la pratique dans la morale : ordre de vérités dont j'ai dit expressément que je ne parlerais point, parce que mon sujet ne le demandait pas.

« 6° Que quand j'ai dit que les vérités de la morale n'ont pour objet et pour fin que des convenances et des probabilités, je n'ai jamais voulu parler des vérités réelles, telles que sont non-seulement les principes de la loi divine, mais encore ceux qui appartiennent à la loi naturelle ; et que je n'entends par vérités abstraites, en fait de morale, que les lois qui dépendent de la volonté des hommes, et qui sont différentes dans différents pays, et par rapport à la constitution des différents États.

« 7° Qu'il n'est pas vrai que l'existence de notre âme et nous ne soient qu'un, en ce sens que l'homme soit un être purement spirituel et non un composé de corps et d'âme ; que l'existence de notre corps et des autres objets extérieurs est une vérité certaine, puisque non-seulement la foi nous l'apprend, mais encore que la sagesse et la bonté de Dieu ne nous permettent pas de penser qu'il voulût mettre les hommes dans une illusion perpétuelle et générale ; que, par cette raison, cette étendue en longueur, largeur et profondeur (notre corps) n'est pas un simple rapport de nos sens.

« 8° Qu'en conséquence, nous sommes très-sûrs qu'il y a quelque chose hors de nous, et que la croyance que nous avons des vérités révélées présuppose et renferme l'existence de plusieurs objets hors de nous ; et qu'on ne peut croire que la matière ne soit qu'une modification de notre âme, même en ce sens que nos sensations existent véritablement, mais que les objets qui semblent les exciter n'existent point réellement.

« 9° Que, quelle que soit la manière dont l'âme verra dans l'état où elle se trouvera depuis sa mort jusqu'au jugement dernier, elle sera certaine de l'existence des corps, et en particulier de celle du sien propre, dont l'état futur l'intéressera toujours, ainsi que l'Écriture nous l'apprend.

« 10° Que, quand j'ai dit que l'âme était impassible par son essence, je n'ai prétendu dire rien autre chose, sinon que l'âme, par sa nature, n'est pas susceptible des impressions extérieures qui pourraient la détruire ; et je n'ai pas cru que, par la puissance de Dieu, elle ne pût être susceptible des sentiments de douleur, que la foi nous apprend devoir faire dans l'autre vie la peine du péché et le tourment des méchants.

« Buffon (1). »

La soumission de Buffon et les explications par lui fournies désarmèrent la Sorbonne ; il ne fut pas donné suite à la censure de l'ouvrage.

« De cent vingt docteurs assemblés, — écrivait Buffon à l'abbé le Blanc (le 24 avril 1751) (2), — j'en ai eu cent quinze, et leur délibération contient même des éloges auxquels je ne m'attendais pas. »

Le génie de Buffon fut essentiellement religieux. Buffon respecta toujours la religion, dont il suivait exactement les pratiques et dont jamais il n'attaqua les dogmes. Si le nom de Dieu n'est pas souvent prononcé dans ses écrits,

---

(1) Corresp. inéd., tome I, p. 263, — 266 des Notes.
(2) Corresp. inéd., tome I, p. 53.

ce n'est point à dire que la pensée religieuse en soit bannie. Buffon du reste a pris soin de s'expliquer à ce sujet; il a dit, dans l'*Histoire de l'homme* : « Je suis affligé toutes les fois qu'on abuse de ce grand, de ce saint nom de Dieu; je suis blessé toutes les fois que l'homme le profane et qu'il prostitue l'idée du premier être, en la substituant à celle du fantôme de ses opinions. Plus j'ai pénétré dans le sein de la nature, plus j'ai admiré et profondément respecté son auteur. »

« Quelles armes Buffon a-t-il donc fournies au doute et à l'incrédulité ? Où trouve-t-on dans ses écrits de ces paroles amères ou de ces froids outrages qui révèlent et trahissent une âme rebelle à la foi ? On y rencontre, parmi des morceaux d'une philosophie vraiment chrétienne, une page inspirée. La plume qui a écrit l'invocation à l'Être suprême était certes conduite par une foi fervente. Si parfois son imagination l'a emporté trop loin, son humilité à reconnaître ses torts témoigne assez combien il craignait d'être soupçonné de manquer de respect pour les traditions de l'Église (1). »

Les pompes de la religion agissaient puissamment sur son imagination sensible et impressionnable; il disait un jour au curé de Montbard: « Dans les occasions solennelles où la religion catholique déploie toutes ses pompes, je ne puis assister sans verser des larmes à une si auguste cérémonie (2). » Lors de la construction de ses forges, il n'oublia pas d'y faire ériger une chapelle où ses ouvriers

---

(1) *Ibid.*, tome I, p. 468 et 469 des Notes.
(2) « Il (Buffon) disait à son curé de Montbard, il y a quelques années : « Savez-vous pourquoi je ne vais pas souvent à la messe paroissiale ? C'est que je ne puis assister, sans pleurer, à cette auguste cérémonie. » Aude, *l. c. sup.*, p. 20.

entendaient la messe chaque dimanche. A Montbard de même, il fit bâtir une chapelle adossée à l'église paroissiale. Il disait aux ouvriers occupés à y creuser un caveau qu'il avait à l'avance désigné pour sa sépulture : « Faites le solide, je serai là plus longtemps qu'ailleurs (1). » Il exigeait de ses gens qu'ils remplissent exactement leurs devoirs religieux; lui même, — comme nous l'avons déjà vu, — ne les négligeait certes pas.

De tous les préceptes catholiques, celui qu'il pratiquait le plus volontiers était la charité; prompt et délicat dans sa façon de venir en aide au besoin, il donnait avec simplicité, s'efforçant de persuader toujours qu'entre le pauvre qu'on secourt et le riche qui lui ouvre sa bourse, le plus heureux est celui qui donne. Il aimait vraiment les pauvres et veilla avec soin à ce que, dans ses terres, ils fussent bien traités.

Laissons la parole au chevalier Aude, qui a recueilli, à ce sujet, des traits caractéristiques. « M. Nadault, conseiller au parlement de Dijon, chargé par le comte de Buffon, son beau-frère, de veiller aux travaux de ses beaux jardins de Montbard, lui écrivait que les ouvriers dont il se servait perdaient beaucoup de temps et qu'il fallait y mettre ordre. « Souvenez-vous, — lui répondit le comte, — que mes jardins sont un prétexte pour faire l'aumône (2). »

Il écrivait un jour à un bon et savant religieux de ses amis, dom Gentil, prieur de Fontenay, ces lignes pleines de délicatesse :

« Il y a des gens qui n'osent demander et à qui on n'ose offrir, espèce de pauvres honteux; il faut, quand leur

(1) Aude, *l. c. sup.*, p. 55.
(2) P. 34.

bien nous peut convenir en quelque chose, leur payer bien au delà : on n'a ni à rougir de son aumône ni à les en faire rougir; on leur laisse l'estime d'eux-mêmes (1). »

« Lorsque le village de Buffon et ses autres terres éprouvaient quelque perte, le secours était prêt; ses vassaux n'avaient rien à craindre des révolutions de l'année; ils étaient sa famille. Il dépensait ses revenus dans les lieux d'où il les tirait, et croyait sa probité intéressée à cette conduite (2). »

« Il était familier avec le pauvre monde, » disait souvent à Mme Nadault une vieille fille nommée Lapierre, dont la famille, de père en fils, était au service de la maison. Lors de la naissance de son fils, il lui choisit pour parrain le plus pauvre homme de Montbard et pour marraine une mendiante; *par un esprit de charité*, disent les registres de la paroisse (3), pour avoir un prétexte de tirer de leur indigence deux malheureux sans asile et sans pain.

Il envoya, à diverses époques, des sommes importantes à l'hospice de Montbard, et n'oublia pas les pauvres dans son testament.

Chateaubriand, — qui a jugé sévèrement Buffon, car il l'accuse de manquer de sensibilité (4), — dit de lui, en établissant un parallèle avec J.-J. Rousseau (5) : « Buffon respectait tout ce qu'il faut respecter. Il ne croyait pas que la philosophie consistât à afficher l'incrédulité, à insulter à la religion de vingt-quatre millions d'hommes. Il était régulier dans ses devoirs de chrétien et donnait

(1) Aude, p. 35.
(2) Aude, p. 45.
(3) Corresp. inéd., tome I, p. 323 des Notes.
(4) Pour avoir, — dans son *Histoire des animaux*, — oublié celle du chien de l'aveugle.
(5) Le *Génie du christianisme*, livre IV, chap. v.

l'exemple à ses domestiques. Rousseau, s'attachant au fond et rejetant les formes du culte, montre dans ses écrits la tendresse de la religion avec le mauvais ton du sophiste; Buffon, par la raison contraire, à la sécheresse de la philosophie alliait les bienséances de la religion...»

Buffon n'éprouva jamais de sympathie pour Voltaire, quoique le patriarche de Ferney l'eût fait assurer publiquement de son attachement sincère. « Comment veut-il, — disait Buffon, — que je croie à la sincérité d'un homme qui ne croit pas en Dieu (1)? » Mot profond et vrai !..

Dans un essai de parallèle entre Voltaire et Buffon, M. Nadault établit le rôle que chacun de ces deux hommes joua, au dix-huitième siècle. « Tous deux ont eu sur leur temps une grande influence, mais par des voies très-différentes. Voltaire flattait imprudemment les préjugés de ses contemporains; Buffon, en popularisant la science, en la dépouillant de la sécheresse des formules, en donnant à ses plus arides recherches des dehors enchanteurs, appliquait un précieux antidote aux maux que son rival de gloire devait déchaîner sur la France. Le génie de chacun d'eux a des traits tout à fait distincts. Buffon vit en dehors des préoccupations de son temps, et Voltaire se trouve mêlé à toutes les questions qui troublent les esprits. Buffon travaille dans le calme de la retraite, cherchant de bonne foi et par besoin le silence et le repos. Voltaire aime et recherche le bruit; retiré à la campagne, il jette son nom comme un brandon de discorde au milieu de l'agitation des partis. Buffon ne fit point d'avances à la gloire et à la renommée; mais elles vinrent un jour le trouver. Voltaire, qui arriva aussi à une grande illustration,

---

(1) Corresp. inéd., tome I, p. 475 des Notes.

prit une autre route pour y parvenir. On le voit sans cesse occupé du soin de sa popularité; il lui sacrifie tout, jusqu'à son repos et à son honneur (1). »

Quant à Buffon, il pouvait, dès lors, s'appliquer à lui-même ce qu'il avait dit, en termes si remarquables, touchant la vieillesse et la mort; il semble que par prescience et bien longtemps avant l'époque où il allait toucher, il eût deviné l'état de son âme et tracé ainsi le portrait de sa maturité glorieuse.

Il écrivait, dans son *Histoire naturelle*, ces lignes, résumé d'une philosophie vraiment chrétienne :

« Pourquoi donc craindre la mort, si l'on a assez bien vécu pour n'en pas craindre les suites? pourquoi redouter cet instant, puisqu'il est préparé par une infinité d'autres instants du même ordre, puisque la mort est aussi naturelle que la vie, et que l'une et l'autre nous arrivent de la même façon, sans que nous le sentions, sans que nous puissions nous en apercevoir? Qu'on interroge les médecins et les ministres de l'Évangile accoutumés à observer les actions des mourants et à recueillir leurs derniers sentiments, ils conviendront qu'à l'exception d'un très-petit nombre de maladies aiguës où l'agitation causée par des mouvements convulsifs semble indiquer les souffrances du malade, dans toutes les autres, on meurt tranquillement, doucement et sans douleurs ; et même ces terribles agonies effraient plus les spectateurs qu'elles ne tourmentent le malade; car combien n'en a-t-on pas vu qui, après avoir été à cette dernière extrémité, n'avaient aucun souvenir de ce qui s'était passé non plus que de ce qu'ils avaient senti ! Ils avaient réelle-

---

(1) Corr. inéd., tome I, p. 476 et 477 des Notes.

ment cessé d'être pour eux pendant ce temps, puisqu'ils sont obligés de rayer du nombre de leurs jours tous ceux qu'ils ont passés dans cet état, duquel il ne leur reste aucune idée....

« La mort n'est donc pas une chose aussi terrible que nous nous l'imaginions; nous la jugeons mal de loin; c'est un spectre qui nous épouvante à une certaine distance, et qui disparaît lorsqu'on vient à en approcher de près : nous n'en avons donc que des notions fausses; nous la regardons non-seulement comme le plus grand malheur, mais encore comme un mal accompagné de la plus vive douleur et des plus pénibles angoisses... »

Suit une ingénieuse et souriante théorie sur les bienfaits de la vieillesse :

« Dans l'âge avancé, il y a plus de gain au moral que de perte au physique : tout au moral est acquis; et si quelque chose au physique est perdu, on en est amplement dédommagé. Quelqu'un demandait au philosophe Fontenelle, âgé de quatre-vingt-quinze ans, quelles étaient les vingt années de sa vie qu'il regrettait le plus. Il répondit qu'il regrettait peu de chose; que néanmoins l'âge où il avait été le plus heureux était de cinquante-cinq à soixante-quinze ans. Il fit cet aveu de bonne foi, et prouva son dire par des vérités sensibles et consolantes. A cinquante-cinq ans, la fortune est établie, la réputation faite, la considération obtenue, l'état de la vie fixé, les prétentions évanouies ou remplies, les projets avortés ou mûris, la plupart des passions calmées ou du moins refroidies, la carrière à peu près remplie pour les travaux que chaque homme doit à la société; moins d'ennemis ou plutôt moins d'envieux nuisibles, parce que le contre-poids du mérite est connu par la voix du public; tout concourt dans le moral à l'avantage de l'âge, jusqu'au temps où les infirmités et les autres maux physiques viennent à troubler la jouissance tranquille et douce de ces biens acquis par la sagesse, qui seuls peuvent faire nôtre bonheur. »

Buffon touchait aux dernières années de sa carrière, lorsque Mme Necker écrivait au chevalier Aude, en 1786, ces lignes qui peignent si bien l'âme du Pline français : « Quel bonheur pour vous, monsieur, d'être appelé par les circonstances à vivre auprès de M. de Buffon ! Dans la plupart des grands hommes, les petits défauts intérieurs altèrent les grandes vertus ; chez M. de Buffon, toutes les qualités aimables sont la suite de ses vertus ; il est sensible parce qu'il est bon, doux parce qu'il est sage, exact par amour de l'ordre ; il n'est donc pas surprenant qu'il soit chéri de tous les âges, car il touche par quelque point à tout ce qui est bon (1). »

Pendant la douloureuse maladie qui précéda la mort de Buffon, Mme Necker quitta bien peu son illustre ami. Sa fin si courageuse et si chrétienne, la dignité imposante de ses derniers instants firent sur le cœur et l'esprit de Mme Necker une impression profonde. On trouve dans ses *Mélanges* ces lignes qui commencent par un souvenir et finissent par une prière : « M. de Buffon, dans les derniers jours de sa vie, disait encore des choses fort tendres qui semblaient sortir du fond de son tombeau. Le spectacle de ses douleurs sera présent à jamais à mon cœur et à ma pensée ; il m'a montré jusqu'au néant des grands talents. L'homme n'est rien, Dieu est tout ; et c'est dans son sein qu'il faut chercher un asile contre sa propre pensée (2). »

(1) Corr. inéd., tome II, p. 555 des Notes.
(2) *Ibid.*, tome II, Appendices, p. 611.

Buffon était parvenu à l'âge de quatre-vingt-un ans.

Un manuscrit ayant pour titre : *Derniers Moments agonie de M. le comte de Buffon*, etc., publié par M. N[a]dault, contient sur la mort de Buffon de nombreux détai[ls] qui témoignent éloquemment de la piété qui présida [à] son heure suprême.

« Vendredi au soir, 11 avril 1788. Le R. P. Ignace, des[servant] la paroisse de Buffon, est arrivé en poste d[e] Montbard.

« Samedi 12. A 8 heures du matin il est entré dans [la] chambre de M. de Buffon, qui, bien que dans un état d[e] faiblesse et d'accablement extrêmes, l'a reconnu aussit[ôt] et lui a dit : « Ignace, mon cher Ignace, votre arrivée m[e] fait un bien grand plaisir ! » Il l'entretint de la façon l[a] plus affectueuse, et dit en suite à Mlle Blesseau sa gou[-]vernante : « Veuillez bien faire dire à M. le curé de Sain[t-]Médard que je suis reconnaissant de la peine qu'il a bie[n] voulu prendre en venant chez moi; que le P. Ignace, mo[n] directeur, est arrivé et que j'ai toute ma confiance en lu[i.] Qu'on aille de suite lui dire cela ! »

« Le R. P. Ignace se rendit à 10 heures chez Mgr l'ar[-]chevêque de Paris pour lui demander l'approbation; ell[e] fut donnée par écrit par M. de Dampierre, grand v[i-]caire de l'Église de Paris, en l'absence de Mgr l'archevê[-]que, qui était à la campagne. De l'archevêché, l[e] R. P. Ignace se rendit chez M. le curé de Saint-Médar[d] pour lui faire part des motifs qui l'avaient appelé auprè[s] de M. de Buffon, dont il était le directeur. Il l'assura qu[e] chaque année M. de Buffon avait fait ses pâques publi[-]quement à Montbard et que c'était sa coutume, ce jour-là[,] de distribuer des aumônes aux pauvres. M. le curé d[e] Saint-Médard dit au R. P. Ignace que les intérêts de la conscience de M. de Buffon étaient en bonnes mains, et que non-seulement il adhérait à tout, mais même qu'il consentait, si M. de Buffon était dans le cas d'être administré, que le R. P. Ignace fît lui-même cette cérémonie. Le soir, vers les 4 heures, M. de Buffon eut un entretien avec le R. P. Ignace; les personnes qui environnaient le malade s'étant retirées, le R. P. Ignace resta trois quarts d'heure environ près de M. de Buffon et le confessa.

« Dimanche, 13 avril. Même état d'accablement.

« Lundi, 14 avril. Même situation.

« Mardi, 15 avril, vers les neuf heures et demie du soir, le P. Ignace ayant touché le pouls (car les médecins étaient absents), s'est aperçu que le malade était dans un état voisin de la mort, et lui a proposé de l'administrer ; le malade a répondu : « J'y consens, mais donnez-« moi encore une heure ou deux. » Mais le P. Ignace, voyant que la chose pressait, est allé en toute diligence chez le curé de Saint-Médard pour demander un porte-Dieu, le viatique et l'extrême onction. « Dans cet intervalle, — c'est Mme Necker qui parle, — j'étais à côté du malade, que je ne perdis pas un moment de vue; il croyait son confesseur présent, et j'ai retenu ses paroles : « Cher Ignace, il y a plus de quarante ans que vous me connaissez, vous savez quelle a toujours été ma conduite ; j'ai fait du bien quand je l'ai pu, et je n'ai rien à me reprocher. Je déclare que je meurs dans la religion où je suis né. J'atteste publiquement que je crois en Jésus-Christ descendu du ciel sur la terre pour le salut des hommes : je demande qu'il daigne veiller sur moi et me protéger, et je déclare publiquement que j'y crois. » Deux minutes après, le R. P. Ignace est entré avec l'extrême onction, et, en attendant que le porte-Dieu arrivât, il lui a administré les saintes huiles avec les prières ordinaires. M. de Buffon était accablé de douleur et de suffocation et se sentait à la veille de mourir. Il a adressé la parole au P. Ignace, et lui a dit d'une manière très-empressée : « Qu'on me donne vite le bon Dieu ! Vite donc ! vite ! » Mais le porte-Dieu n'arrivait pas ; le malade redoublait sa demande en y mettant même une certaine impatience; enfin le P. Ignace l'a communié, et M. de Buffon répétait pendant la cérémonie : « Donne donc ! mais donne donc ! » Ce terrible spasme de la mort s'est ensuite calmé en partie, puis le pouls a diminué graduellement; la respiration devint presque insensible, et à minuit quarante minutes, il a rendu le dernier soupir (1). »

Dans une autre relation de la mort de Buffon, laissée par un de ses secrétaires, on trouve les particularités suivantes : « Il attendait le saint viatique avec impatience. » « Que le prêtre tarde d'arriver ! — disait-il ; — par grâce, allez au-devant... Ils me laisseront mourir sans les sacrements ! » En recevant l'extrême onction, il tendit de lui-même les pieds en disant très-intelligiblement : « Tenez, mettez là ! » Il fut administré avec beaucoup d'appareil et renouvela sa profession de foi, qu'il fit à haute voix devant le grand nombre d'assistants que la cloche avait attirés. Il a fait approcher son fils, qui, les larmes aux yeux, a recueilli ces paroles touchantes : « Ne quittez jamais le chemin de la vertu et de l'honneur, c'est le seul moyen d'être heureux. » Il a pressé la main de ses amis, a remercié ses gens de leur attachement à sa personne et de leur zèle constant à le servir, puis il a fermé les yeux et a attendu, avec la fermeté du sage, sa dernière heure (2). »

(1) Corr. inéd., tome II, p. 612, 614.
(2) Cf. Aude, p. 53 et 54.

Ce fut là une mort vraiment chrétienne, digne fin d'une vie glorieusement occupée. Ce fut, en plein dix-huitième siècle, un grand acte de fermeté et de conviction.

Il nous reste à emprunter à deux biographies inédites de Buffon, — l'une tracée par le chevalier, son frère, l'autre par sa vieille gouvernante, Mlle Blesseau, — quelques traits caractéristiques de la religion et de la charité de l'auteur de l'*Histoire naturelle*.

Laissons d'abord parler le chevalier :

« Bienfaisant par caractère et par amour pour toute action qu'il jugeait noble ou essentiellement utile, M. de Buffon donnait beaucoup, non par ces actes dont la publicité diminue le mérite, mais en secret, et toujours avec connaissance des besoins qu'il voulait alléger. Les pauvres qui n'étaient pas coupables de leur propre infortune, ceux que leurs infirmités mettaient hors d'état de travailler, éprouvaient de sa part des consolations et des secours, donnés avec ces précautions qui épargent l'humiliation à la misère, et qui ne lui imposent pas même la loi de la reconnaissance. Il n'a fait qu'un seul acte où sa bienfaisance et sa générosité dussent éclater aux yeux du public, mais après sa mort, et lorsqu'il n'aurait plus de remercîments à en recevoir. Par son testament, il distribua de fortes sommes en rentes viagères et un capital considérable dont les diverses destinations ont été déterminées par l'estime, par l'amitié, par les sentiments de gratitude que des services assidus excitent dans un cœur bienfaisant...

« Il respectait la religion, et il en remplissait toutes les pratiques dont il devait l'exemple. Il ne se permit jamais un seul mot qui pût donner une opinion défavorable de la sienne à cet égard...

« Après avoir rempli exemplairement les derniers devoirs de la religion, il expira, laissant à sa famille, à ses amis, à l'humanité entière, un précieux souvenir de toutes les qualités, de tous les talents, de toutes les vertus dont le souverain Maître de la nature l'avait doué, pour en pénétrer les secrets, les dévoiler et les publier dans toute leur magnificence (1). »

Et Mlle Blesseau, la vieille gouvernante de Buffon, dans quelques pages d'une grande simplicité, achève, en ces termes, le portrait moral de cet homme célèbre; parlant de sa charité et de la manière délicate dont il l'exerçait : « Le grand plaisir dont il jouissait à sa campagne était d'employer deux à trois cents pauvres manouvriers à travailler dans son château à des ouvrages de pur agrément et de faire ainsi du bien à de pauvres gens qui, sans lui, seraient restés très-malheureux. Très-souvent, les après-midi, il s'amusait à les voir travailler et prenait plaisir à se faire rendre compte des plus misérables, disant que c'était une manière de faire l'aumône sans nourrir les paresseux, et que c'était une grande satisfaction pour lui de soulager tant de pauvres qui autrement seraient dans la misère. Il faisait beaucoup d'aumônes cachées par lui-même; il avait grand'pitié des pauvres malades et des vieillards; il recommandait souvent que l'on ne les oubliât pas. Lorsqu'on lui faisait des remercîments de la part des personnes qui avaient reçu ses bienfaits, M. de Buffon répondait : « Je n'ai pas de plus grand plaisir que lorsque je trouve l'occasion de faire le bien. » Il ajoutait, en répandant quelques larmes d'attendrissement : « Je sais bon gré à ceux qui ont l'attention de me dire le soulagement

---

(1) Corr. inéd., tome II, p. 635 et 636.

que je puis procurer aux malheureux ; je suis en état de les secourir, c'est un bonheur pour moi que de pouvoir le faire. Mon avis est, — disait-il, — qu'on ne peut pas mieux placer l'argent de ses aumônes que de les employer à faire travailler (1). »

Mais pourquoi prolonger ces citations ? La religion et la charité de Buffon ne nous sont-elles pas assez connues maintenant ? Comment donc a-t-on pu dire qu'il était fier, avare et dur ? Écoutons son frère : « L'élévation de son âme le rendait fier dans toutes les circonstances où il croyait qu'on voulait attaquer la noblesse de ses sentiments. On a dit (ses envieux et ses ennemis sans doute) qu'il était vain et dur. Il n'était que ferme et haut par caractère quand on lui disputait le pas, mais seulement avec ceux en qui il reconnaissait quelques droits à cette prétention. »

Très-perspicace, il puisait dans son amour pour la France une sûreté de vue dont, à ses derniers moments, il donna comme une révélation prophétique : « Je vois venir un mouvement terrible, et personne pour le diriger, » s'écriait-il douloureusement, à la veille des événements de 1789 (2).

Parmi les pages nombreuses de son *Histoire naturelle,* où Buffon proclame ses sentiments sur les choses de la foi, il en est deux surtout qui méritent d'être rapportées ; elles sont le résumé de cette existence si bien remplie : — l'une est la proclamation de la divinité de l'âme humaine, l'autre une prière où tout son cœur déborde en accents de la plus grande beauté et du sentiment le plus vrai.

---

(1) Corr. inéd., tome II, p. 639.
(2) *Ibid.*, tome I, p. 489.

⁂

« Il n'est pas étonnant que l'homme, qui se connaît si peu lui-même, qui confond si souvent ses sensations et ses idées, qui distingue si peu le produit de son âme de celui de son cerveau, se compare aux animaux et n'admette entre eux et lui qu'une nuance, dépendante d'un peu plus ou d'un peu moins de perfection dans les organes; il n'est pas étonnant qu'il les fasse raisonner, s'entendre et se déterminer comme lui, et qu'il leur attribue non-seulement les qualités qu'il a, mais encore celles qui lui manquent. Mais que l'homme s'examine, s'analyse et s'approfondisse, il reconnaîtra bientôt la noblesse de son être, il sentira l'existence de son âme, il cessera de s'avilir, et verra d'un coup d'œil la distance infinie que l'Être suprême a mise entre les bêtes et lui.

« Dieu seul connaît le passé, le présent et l'avenir ; il est de tous les temps et voit dans tous les temps. L'homme, dont la durée est de si peu d'instants, ne voit que ces instants : mais une puissance vive, immortelle, compare ces instants, les distingue, les ordonne ; c'est par elle qu'il connaît le présent, qu'il juge du passé et qu'il prévoit l'avenir. Otez à l'homme cette lumière divine, vous effacez, vous obscurcissez son être, il ne restera que l'animal ; il ignorera le passé, ne soupçonnera pas l'avenir et ne saura même ce que c'est que le présent (1). »

⁂

« Grand Dieu, dont la seule présence soutient la nature et maintient l'harmonie des lois de l'univers ; vous qui, du

(1) *De la nature des animaux*, première vue, *in fine*.

trône immobile de l'empyrée, voyez rouler sous vos pieds toutes les sphères célestes sans choc et sans confusion ; qui du sein du repos reproduisez à chaque instant leurs mouvements immenses, et seul régissez dans une paix profonde ce nombre infini de cieux et de mondes, rendez, rendez enfin le calme à la terre agitée ! Qu'elle soit dans le silence ! Qu'à votre voix la discorde et la guerre cessent de faire retentir leurs clameurs orgueilleuses ! Dieu de bonté, auteur de tous les êtres, vos regards paternels embrassent tous les objets de la création : mais l'homme est votre être de choix ; vous avez éclairé son âme d'un rayon de votre lumière immortelle : comblez vos bienfaits en pénétrant son cœur d'un trait de votre amour. Ce sentiment divin, se répandant partout, réunira les natures ennemies ; l'homme ne craindra plus l'aspect de l'homme ; le fer homicide n'armera pas sa main ; le feu dévorant de la guerre ne fera plus tarir la source des générations ; l'espèce humaine, maintenant affaiblie, mutilée, moissonnée dans sa fureur, germera de nouveau et se multipliera sans nombre ; la nature, accablée sous le poids des fléaux, stérile, abandonnée, reprendra bientôt avec une nouvelle vie son ancienne fécondité ; et nous, Dieu bienfaiteur, nous la seconderons, nous la cultiverons, nous l'observerons sans cesse, pour vous offrir à chaque instant un nouveau tribut de reconnaissance et d'admiration (1). »

L'homme qui a écrit cette prière était un véritable chrétien, de nom et de conviction ; c'est mieux que le respect de la Divinité, c'est son amour qui lui a dicté cette sublime prière, effusion éloquente d'un cœur profondément pénétré de la grandeur et de la bonté du Créateur.

(1) *De la nature*, 1re vue, *in fine*.

SAVONAROLE FUT-IL UN HÉRÉTIQUE

ET UN RÉVOLUTIONNAIRE (1) ?

Les hérétiques et les révolutionnaires (c'est tout un), dans les efforts qu'ils tentent sans cesse pour embrigader et retenir dans les cadres de leur armée de hautes personnalités, telles que Savonarole, dont ils font une sorte de Jean Huss, ressemblent à ces femmes suspectes qui, pour se donner une apparence d'honnêteté, invoquent, comme étant de leur société, telles dames dont la réputation est des mieux établies; mais cette tactique, si habile, ou plutôt si rusée qu'elle soit, ne trompe pas

(1) Au XVIIIᵉ siècle, en France, le père Touron, dans son *Histoire des hommes illustres de l'ordre de Saint-Dominique* (tome III, p. 569-648), consacra à Savonarole une remarquable notice. De nos jours, en Italie, M. Pasquale Villari a publié une histoire complète de Savonarole, à l'aide de nouveaux documents (*La storia di Girolamo Savonarola*, Florence, 1869, 2 vol. in-12). Cs. aussi É. Benoist, *Guichardin historien et homme d'État* (Paris, 1862, 1 vol. in-8°); Lannau-Rolland, *Michel-Ange et Vittoria Colonna* (Paris, 1860), etc.

longtemps : on s'informe, et bientôt on découvre la vérité sur cette coupable usurpation.

Il nous faut ici rechercher pourquoi et comment Savonarole a été inscrit dans les rangs des hérétiques et des révolutionnaires; double mensonge qui outrage celui dont le pape Paul III (quarante ans après la mort de Savonarole), déclarait qu'il regarderait comme suspect d'hérésie quiconque oserait en accuser le dominicain florentin, et qui fut un réformateur à la façon de saint Bernardin de Sienne, pour ne citer qu'un exemple illustre et une mémoire incontestée.

« Quand on dégage de ses moyens imparfaits de réalisation la réforme conçue par Savonarole et qu'on se borne à mesurer sa hardiesse, sa profondeur et ses conséquences sociales et religieuses, on est saisi d'un indicible regret, car, cette réforme acceptée, Luther était impossible, et le monde chrétien échappait aux déchirements dont nous subissons les tristes effets. Quel qu'ait été le résultat d'une pareille tentative, l'admiration et le respect de la postérité sont acquis à son auteur. »

Ainsi s'exprimait naguère l'abbé Hacquard (1), en terminant une rapide et remarquable étude sur Savonarole; et Sismondi (2), définissant la mission que s'était donnée le dominicain florentin, l'apprécie en termes très-justes, qu'il est utile de rapporter ici, parce qu'ils donnent le vrai point de vue de la double question qui va faire le sujet de ces pages.

« Cette réforme, que Savonarole recommandait comme une œuvre de pénitence, pour détourner les calamités

(1) Aujourd'hui évêque de Verdun.
(2) *Histoire des républiques italiennes au moyen âge* (1826), t. XII, p. 68.

qu'il disait prêtes à fondre sur l'Italie, devait changer les mœurs du monde chrétien et non sa foi. Savonarole croyait la discipline de l'Église corrompue, il croyait les pasteurs des âmes infidèles; mais il ne s'était jamais permis d'élever un doute sur les dogmes que professait cette Église ou de les soumettre à l'examen.....

« La hardiessse de son esprit, qui s'était arrêtée devant l'autorité de l'Église, avait cependant mesuré avec moins de respect les autorités temporelles. Dans tout ce qui était l'ouvrage des hommes, il voulait qu'on pût reconnaitre pour but l'utilité des hommes, et pour règle le respect de leurs droits. La liberté ne lui paraissait guère moins sacrée que la religion. »

On ne peut mieux établir et proclamer à la fois l'orthodoxie et l'esprit véritable de la réforme tentée par Savonarole. Mais, afin de mieux comprendre et de bien mettre dans tout leur jour l'une et l'autre, il est temps d'aborder la biographie du dominicain florentin, pour montrer de quel milieu, dans quelles circonstances et à travers quelles vicissitudes sortit, se produisit et se poursuivit l'œuvre grandiose et éminemment bienfaitrice de cet homme que l'Église a placé sur ses autels, répondant ainsi d'une façon victorieuse aux attaques dont Savonarole fut l'objet, comme moine et comme réformateur.

Jérôme Savonarole naquit à Ferrare, le 21 septembre 1452, de parents nobles et pieux, originaires de Padoue; on le destinait à l'étude de la médecine, dans l'espérance qu'il conserverait dans la famille la haute réputation que son aïeul, Michel Savonarole, s'était acquise par son habileté, ses leçons et ses écrits. Ce maître illustre donna tous ses soins et les premières leçons au jeune Jérôme, dont l'esprit vif, juste, pénétrant, le jugement ferme et solide, la mémoire heureuse et l'amour du travail répondaient déjà aux désirs qu'on avait de le voir marcher sur les traces de son grand-père. Après la mort de celui-ci, Savonarole, sans abandonner l'étude de la physique et de la médecine, partagea ses moments et voulut apprendre tout ce qui fait honneur à un jeune homme, en formant son esprit et ses mœurs. Il tâchait de se procurer toutes sortes de bons livres et il les lisait avec avidité; mais, si cette forte application à la lecture lui faisait aimer la retraite et fuir les frivoles amusements, elle ne le rendait point indifférent aux grands devoirs de la vie chrétienne. La piété le rappelait continuellement à Dieu, et le désir d'être saint était encore plus vif en lui que l'envie de devenir savant.

Pic de la Mirandole, son biographe, dit que, dès l'âge le plus tendre, Savonarole aimait la conversation des savants, et que l'on n'admirait pas moins sa modestie que la beauté de son esprit et les saillies d'une imagination vive, féconde, élevée : hors de là, il trouvait ses plus agréables récréations dans la solitude, dans la poésie, pour laquelle il avait du goût, et dans les réflexions qu'il faisait en sage chrétien. Le choix qu'il avait fait dès lors des meilleurs auteurs, poëtes, orateurs, philosophes, théologiens et historiens, était la preuve et l'effet de ce grand amour de la vérité, qui fut comme son caractère, et qui augmenta toujours dans son cœur, parce qu'il lui était naturel (1).

Tel était Savonarole à l'âge de vingt-deux ans. Le 23 avril 1474, une fête brillante réunissait tous les habi-

---

(1) Erat Hieronimo intellectus perspicax, solertia acris, judicium clarissimum, quo in veritatem ipsam quasi suapte natura ferretur. — J. Pic de la Mirandole, apud Bzovium, tome XVIII, p. 361.

tants de Ferrare; seul, à l'écart, au milieu des éclats de la joie universelle, le jeune homme songeait à abandonner le monde, et, le soir même, il entrait à Bologne dans un couvent de Dominicains. A la nouvelle de sa fuite, sa famille et ses amis, frappés d'une douloureuse stupeur, se concertèrent pour le ramener à Ferrare : mais, pour rompre ce dessein, Jérôme s'empressa d'écrire à son père la lettre suivante. « Elle nous a paru, — dit avec raison l'abbé Hacquart, à qui nous en empruntons la traduction, — un document capital pour l'appréciation de son caractère, car elle met à nu cette nature ardente, élevée, généreuse, qui fit son malheur et sa gloire. »

« Jésus-Christ, Marie.

« La douleur de mon départ a été d'autant plus vive,
« je le sais, vénérable père, que vous étiez loin de la pré-
« voir. Je désire, par cette lettre, vous révéler si bien
« mes dispositions intérieures, que votre abattement dis-
« paraisse et que vous cessiez de croire que j'ai pris mon
« parti à la légère.

« Votre générosité et votre mépris des choses péris-
« sables me font attendre de vous, sur la valeur des
« motifs qui m'ont éloigné du siècle, non le jugement
« passionné d'une femme, mais l'appréciation calme et
« équitable d'un homme.

« Le premier motif qui m'a conduit à embrasser la vie
« religieuse, c'est l'état effroyable du monde, ses adul-
« tères, sa cupidité, son orgueil, son idolâtrie, ses blas-
« phèmes ; car il est venu à ce point, qu'on a peine à y
« rencontrer un homme de bien; c'est ce qui me portait
« souvent à redire, en pleurant, ce vers du poëte :

Heu fuge crudeles terras, fuge littus avarum !

« tant je souffrais à la vue du mal incurable et de l'aveu-
« glement profond des peuples d'Italie. Ajoutez que par-
« tout je voyais la vertu opprimée et le vice en faveur, et
« c'était là pour moi dans le monde le plus grand sujet
« de douleur.

« Aussi priais-je, chaque jour, Notre-Seigneur Jésus-
« Christ de me tirer de cette boue, et disais-je à Dieu,
« dans toute la ferveur de mon âme, cette petite prière du
« prophète : « Faites-moi connaître la voie où je dois
« marcher, car mon âme met en vous tout son espoir (1). »

« Maintenant, il a plu à la miséricorde divine de me
« la montrer, cette voie, et je me suis empressé de ré-
« pondre à une grâce dont j'étais indigne.

« De vrai, mon père, n'est-il pas beau de s'arracher au
« bourbier des passions, aux iniquités d'un monde misé-
« rable, pour vivre, non plus comme une brute, au milieu
« d'animaux immondes, mais comme un être doué de
« raison ?

« Ne m'accuseriez-vous pas d'ingratitude, si j'avais
« refusé d'entrer dans la voie que Dieu daignait m'indi-
« quer, comme je l'en avais prié ? O Jésus, plutôt la mort
« que l'ingratitude envers vous !

« Au lieu de verser des larmes, père bien-aimé, vous
« devriez plutôt remercier Jésus-Christ, qui a conservé
« votre fils jusqu'à vingt-deux ans dans de telles dispo-
« sitions, et qui daigne aujourd'hui l'accepter pour son
« défenseur et son chevalier. Vous serait-il donc indiffé-
« rent d'avoir un fils chevalier du Christ ?

« Au résumé, vous m'aimez ou vous ne m'aimez pas.

---

(1) Notam fac mihi viam in qua ambulem, quia ad te levavi animam meam.

« Ah ! vous ne nierez pas pour moi la sincérité de votre
« affection ; vous aimez donc votre Jérôme, et son corps e[t]
« son âme ; mais, sans doute, vous aimez l'un plus que
« l'autre ; ce ne peut être le corps, car vous m'aimerie[z]
« mal en donnant la préférence à la plus vile partie d[e]
« moi-même. Si donc vous aimez avant tout mon âme[,]
« comment ne pas lui désirer la plus grande somme d[e]
« bonheur? Mon triomphe doit donc vous combler de joie[.]

« Je sais bien qu'on ne peut empêcher la chair de ma-
« nœuvrer ; mais la raison doit lui imposer silence, sur-
« tout chez un homme courageux comme vous. Je n'a[i]
« point oublié encore ce que j'ai souffert moi-même e[n]
« vous quittant. De ma vie, je n'éprouvai de douleur[s]
« aussi poignantes, une angoisse aussi cruelle qu'en pen-
« sant que j'abandonnais mon propre sang pour aller,
« parmi des étrangers, sacrifier à Jésus-Christ mon corps
« et ma volonté, en me pliant à l'autorité d'un homm[e]
« qui m'était inconnu.

« Mais le Dieu qui m'appelait est le même qui s'est fai[t]
« esclave parmi nous, pauvres vermisseaux : et cett[e]
« pensée m'ôtait la triste audace de résister à sa douce e[t]
« persuasive invitation : « Venez à moi, vous tous qui
« peinez et ployez sous le faix, et je vous redonnerai la
« force. Portez mon joug, car il est doux. »

« La précipitation et le mystère de mon départ vous
« ont donné sujet de vous plaindre, je le comprends ;
« mais sachez, mon père, que ma douleur était si vive
« et mon affliction si profonde, qu'en cherchant à recevoir
« vos derniers embrassements, mon cœur se fût brisé, et
« que j'aurais failli à ma vocation. Ne vous étonnez donc
« pas de ma fuite silencieuse.

« J'ai laissé d'ailleurs, entre les livres appuyés contre

« votre croisée, quelques pages qui vous expliqueront
« plus amplement ma conduite.

« Pour conclure, je vous prie, père bien-aimé, de mettre
« fin à vos pleurs et de ne pas ajouter à la tristesse que
« me cause, non le parti que j'ai embrassé (car, dussé-je
« devenir plus grand que César, je ne retournerais pas
« au siècle), mais ma nature d'homme, qui révolte mes
« sens contre ma raison. Pour empêcher le démon de pré-
« valoir, j'apporterai au combat d'autant plus d'énergie
« que j'éprouve pour vous une affection plus profonde.

« Puis, ils passeront vite, ces jours où la plaie est vive
« et saignante ; et dans peu, vous et moi nous serons con-
« solés, en ce monde par la grâce, en l'autre par la gloire.

« J'ai tout dit, mais, de grâce, employez votre courage
« à consoler ma mère, et daignez tous deux me donner
« votre sainte bénédiction.

« Je prierai toujours, et de tout cœur, pour le salut de
« vos âmes.

« Bologne, 25 avril 1475.

« Votre fils, J. Savonarole. »

P.-S. — « Je vous recommande mes frères et sœurs; mais sur-
« tout Albert : soignez son instruction, car vous ne pourriez, sans
« un grave péché, lui laisser perdre son temps. »

Cette lettre, empreinte d'une foi ardente et d'une sombre colère contre la perversité du siècle, tendre, éloquente et naïve tout à la fois, — cette lettre fait déjà pressentir et révèle, pour ainsi dire, l'apôtre qui ne peut supporter la perversité de l'Italie, son paganisme et ses vices. Ces lignes, toutes remplies de l'esprit de Dieu, adoucirent beaucoup la douleur du père : aussi les conserva-t-il avec soin, pour les lire et les relire souvent, comme un gage précieux de l'amour de son cher fils, et une preuve de cette haute piété dont il l'avait toujours vu animé dès ses plus jeunes ans.

Frère Jérôme, en quittant la maison paternelle, s'était retiré à Bologne, dans un couvent de l'ordre de Saint-Dominique. Il y remplit pendant un an les fonctions de tailleur et de jardinier, et prit l'habit en 1476. Ces premières années de service claustral ne sont marquées par aucun incident notable. Comme tous les autres moines, il étudie Aristote, saint Thomas, l'Écriture sainte ; il instruit les novices, il parcourt les villes et les campagnes pour prêcher et pour confesser, sans que rien le fasse encore distinguer, et il attend jusqu'à l'âge de trente-quatre ans, c'est-à-dire jusqu'à l'année 1486, avant de commencer sa mission prophétique.

Dès l'année 1479, âgé alors de vingt-sept ans, Savonarole écrivait à l'illustre François de Paule pour lui demander de lui apprendre quelle était la volonté du ciel à son égard. François répondit à un pieux laïque de ses amis une lettre toute prophétique, qui nous a été conservée en partie, et dont voici la traduction des parties les plus essentielles.

Au trés-magnifique et vertueux seigneur, mon seigneur Simon de Limène. La grâce du Saint-Esprit soit toujours avec vous.

« Les porteurs de la présente lettre sont venus vers moi pour m'en remettre une autre, que je vous envoie avec celle-ci. La personne qui m'écrit est un religieux de l'ordre des Frères Prêcheurs, qui exerce actuellement le saint ministère, et dont le cœur paraît tout embrasé de zèle pour la gloire de Dieu et le salut des âmes : mais, parce que sa lettre est écrite en latin et que je n'ai jamais étudié cette langue, je vous prie, monsieur, de dresser vous-même la réponse et d'y traiter quelque point de doctrine sur l'Écriture sainte : vous êtes savant en tout. Pour moi, qui ne suis qu'un ignorant, je lui répondrai du mieux qu'il me sera possible et selon qu'il plaira à la vertu du Saint-Esprit de me l'inspirer. Ce frère, comme vous verrez dans sa lettre, se nomme frère Jérôme de Ferrare. Dès que je reçus sa sainte lettre, je me jetai aux pieds du crucifix, priant la divine Majesté de me faire la grâce de connaître quelles seraient la vie et la mort de ce religieux, lequel, sans m'avoir jamais vu, m'écrit avec une si tendre confiance. La sagesse divine m'a accordé, non par mes mérites, mais par sa miséricordieuse bonté et par les prières de ce saint homme, ce que je désirais savoir.

« Cet excellent personnage, dont la piété est sincère, l'éloquence admirable et le zèle très-ardent pour l'honneur de la religion, réformera quelques monastères de son ordre et y fera fleurir la discipline régulière : il instruira et édifiera le public par plusieurs beaux ouvrages. Il prêchera avec beaucoup de fruit, surtout à Florence, où on s'empressera de l'entendre ; il y en a plusieurs qui, profitant de ses instructions et de sa sage direction, embrasseront les pratiques d'une vie pénitente et véritablement chrétienne. Mais, comme le nombre des ingrats et des impies est aujourd'hui fort grand, il ne s'en trouvera que trop de ce caractère, qui tendront des pièges à l'innocence et qui s'efforceront de noircir par des calomnies une réputation qui est sans tache. On accusera ce saint homme auprès du pape ; on lui imputera de faux crimes, et, sur la déposition de quelques faux témoins, il sera jeté en prison, attaché à une potence entre deux de se[s] compagnons et brûlé après sa mort, et de peur qu'on n[e] ramasse avec respect ses ossements ou ses cendres, o[n] les jettera dans la rivière d'Arno. Mais une petite portio[n] s'en conservera et servira d'instrument à la divine bont[é] pour opérer plusieurs miracles. Au reste, le serviteur d[e] Dieu ne mourra point sans avoir menacé le peuple d[e] Florence de plusieurs maux, qu'on ne tardera pas [à] éprouver.

« Fait à Paule, le 13 mars 1479. — Le très-pauvre e[t] très-petit serviteur de Jésus-Christ, frère François d[e] Paule (1). »

Savonarole, à qui Simon de Limène avait fait tenir cett[e] lettre, y trouva sans doute de grands sujets de méditation. Un zèle moins épuré que le sien ou moins ardent en aurait été bien ralenti : mais, en se dévouant au ministère apostolique, Savonarole avait fait à Dieu le sacrifice de sa vie. Il continua donc, avec la même ardeur qu'il avait commencé, à annoncer la parole de Dieu, à combattre les déréglements du monde et à reprendre avec une sainte liberté tous ceux qui ne marchaient pas dans les sentiers de la justice. Le faste et l'ambition des grands, la corruption ou le libertinage du peuple, l'injustice et la cupidité de ceux qui cherchaient à s'enrichir des dépouilles des pauvres, voilà tous les vices auxquels il avait déclaré la guerre, et qu'il ne cessa de combattre autant par ses écrits que par ses infatigables prédications.

La seule précaution qu'il se crût toujours obligé de prendre fut de ne désigner personne en particulier, afin de corriger les coupables sans les irriter. Mais ni l'éléva-

---

(1) Ap., Bzovium, tome XVIII, p. 362, ? 8.

vation ni le crédit de ceux qui semblaient autoriser les abus et comme consacrer le vice par leur exemple ne l'empêchèrent pas de combattre sans ménagement tout ce qui était opposé à l'esprit de l'Évangile. Cette généreuse liberté, qui déplaisait aux uns, le rendait encore plus respectable aux autres. Ceux mêmes qui ne pouvaient s'accommoder de sa morale ne laissaient pas d'estimer ses talents et ses vertus : on se rendait en foule à ses prédications, et s'il était permis de juger toujours du fruit par le nombre des auditeurs on aurait pu assurer qu'il était très-grand dans les principales villes d'Italie où, — avant que de se rendre à Florence, — Savonarole passa encore dix ans, toujours occupé à instruire les peuples et à les exhorter à la pénitence.

Parmi les admirateurs de frère Jérôme, il faut mettre en première ligne le célèbre Pic de la Mirandole, appelé le phénix des esprits et le miracle de son siècle; ce prince éminent ne doutant point qu'un tel homme, avec autant de piété, de zèle et de talents, ne renouvelât la face de Florence, où il faisait lui-même sa résidence, n'oublia rien pour l'y attirer. Plusieurs des premiers magistrats joignirent leurs sollicitations à ses prières, et les supérieurs de l'ordre ayant établi Savonarole prieur du couvent de Saint-Marc, ils ne lui permirent point de se refuser aux désirs des Florentins.

C'est particulièrement ici que commence la mission d'apôtre et de réformateur de frère Jérôme.

A proprement parler, le rôle religieux de l'illustre Dominicain ne se sépare pas de son rôle politique; il le domine sans cesse, il l'explique et mérite une étude particulière de quiconque veut bien comprendre l'épisode auquel reste attaché le nom de l'éloquent religieux. Savonarole a souhaité et tenté d'accomplir une réforme morale, embrassant à la fois la société ecclésiastique et la société laïque, plutôt qu'il n'a rêvé une réforme purement et simplement religieuse. Il n'a jamais eu en effet la pensée de changer le dogme de l'Église; mais il a été témoin d'une profonde corruption morale au sein de l'Église et dans le siècle : il en a ressenti une vive douleur, et il a consacré sa vie à combattre ce mal. Savonarole eut avec Christophe Colomb et Jeanne d'Arc, outre la communauté du malheur, celle du dévouement servi par l'éloquence et par le zèle.

A l'époque où frère Jérôme arriva à Florence, Laurent de Médicis était à l'apogée de sa puissance; tous ses ennemis étaient morts prisonniers ou languissaient dans l'exil. Au milieu d'une paix profonde, les Florentins ne songeaient qu'à des fêtes et paraissaient oublier jusqu'au nom de la liberté. Toutes les forces vives de la nation semblaient s'être réduites à une soif immodérée des jouissances intellectuelles et matérielles indifféremment confondues. Le vice et la débauche se déployaient à l'aise, l'intrigue et le meurtre dominaient; toute foi religieuse et philosophique semblait être morte.

C'en était assez de ce paganisme pratique et ancré dans les mœurs et les habitudes pour inspirer à une âme ardente et généreuse comme celle de Savonarole la pensée d'une expiation nécessaire et celle d'un suprême dévouement. Le mal qui s'offrait à ses yeux et qu'il détestait, il le combattit d'abord par son propre exemple jusque dans le cloître, où la contagion avait pénétré, puis au dehors par la plus éloquente prédication.

Il aimait Florence et l'Italie et il aimait la liberté. A la grande cause de la liberté politique se rattachait inévitablement, dans sa pensée, celle de la moralité et de la religion des peuples; la tyrannie démoralisatrice et énervante des Médicis était pour lui, au nom de cette doctrine généreuse, la plus dangereuse ennemie. On sait quels furent ses rapports avec Laurent le Magnifique. Laurent, déjà en proie aux angoisses de la mort, lui rendit un éclatant témoignage. Au milieu des remords de la dernière heure, se rappelant Savonarole, il dit : « Je ne connais de vrai religieux que celui-là, » et il le fit appeler auprès de lui : il avait trois choses à lui confesser, pour lesquelles il sollicitait son absolution : c'était le sac de Volterra, le vol au détriment du Mont-des-Filles et le sang par lui versé à la suite de la conjuration des Pazzi.

« Avez-vous la foi? » demanda d'abord frère Jérôme au moribond. — Oui, mon père. — Etes vous disposé à restituer tout ce que vous avez acquis injustement? — Oui, répond Laurent après un moment d'hésitation; et si je ne le fais moi-même, j'en chargerai mes héritiers. — Étes-vous aussi dans l'intention de rendre à Florence sa liberté et ses institutions populaires ? » Comme cette troisième question demeurait sans réponse, Savonarole se retira. Peu d'heures après, Laurent rendait le dernier soupir...

Tel est, en résumé, le récit du plus grand nombre des biographes. Il est vrai que Politien, un des familiers de Laurent de Médicis, a, — dans une de ses lettres, — raconté la scène d'une manière un peu différente. « Pic venait de se retirer, — dit-il, — lorsqu'entra Jérôme de Ferrare, homme d'une science et d'une sainteté remarquables, prédicateur éminent de la divine doctrine : il exhorte le malade à la foi : Laurent témoigne d'une foi profonde et sincère; il l'engage à prendre une ferme résolution d'une vie meilleure, Laurent y accède ; il lui recommande enfin d'accepter avec résignation, s'il le faut, une mort prochaine, et le malade affirme que rien ne lui sera plus agréable, si Dieu l'a décidé ainsi. Jérôme s'apprêtait à partir; le malade lui demande sa bénédiction: il la reçoit, la tête et les yeux humblement baissés, dans toute l'attitude d'une parfaite pénitence, répondant à toutes les prières et ne se laissant en rien émouvoir par la douleur désormais non contenue de ses familiers : vous eussiez dit que la mort menaçait tout le monde, excepté Laurent lui-même. »

Telle est la narration que Fabroni, le Plutarque italien, panégyriste des Médicis à la fin du XVIIIe siècle, a le premier préférée et qu'à son exemple Roscoe a voulu accréditer. Politien était témoin oculaire, disait-on; il écrivait à un ami une lettre dans laquelle il ne pouvait être tenté de dissimuler. « Nous croyons, — dit, avec raison, M. Geffroy (1), — que M. Villari, le dernier venu des biographes de Savonarole, a raison de préférer le premier récit. L'autorité de Politien n'est point importante. Rien ne prouve qu'il ait été présent. Razzi, biographe contemporain, dit que tous ceux qui entouraient Laurent sortirent de sa chambre au moment où arriva Savonarole, ce qui va de soi pour une entrevue suprême et redoutable. Politien dit lui-même qu'il dut passer plusieurs fois dans la chambre voisine. Quant à son impartialité présumée, tout le monde sait qu'il était habile courtisan ; il risquait, en publiant une semblable scène, de ruiner son crédit auprès du successeur de Laurent de Médicis, et l'on ne doit pas enfin se faire illusion sur le titre de lettre donné à l'écrit latin qui

---

(1) *Un réformateur italien au temps de la Renaissance*, Jérôme Savonarole. (Revue des Deux-Mondes, 1863, tome XLV, p. 444.)

porte en suscription le nom d'un érudit, son comtemporain; il faudrait être peu familier avec les habitudes savantes du xv⁰ siècle pour oublier que c'était là une forme littéraire qu'adoptaient volontiers les beaux esprits d'alors, et que les auteurs de ces prétendues lettres les adressaient véritablement au public. De plus, contre l'unique témoignage de Politien, on a ceux, entièrement conformes entre eux, des autres biographes contemporains de Savonarole; nous ne citerons que Burlamacchi et Pic, neveu du célèbre Pic de la Mirandole. Tous deux étaient honnêtes et sincères, tous deux écrivaient en présence des ennemis de Savonarole; comment supposer qu'ils eussent inventé un récit auquel n'auraient pas manqué les promptes réfutations? Mais surtout combien la version commune n'est-elle pas plus conforme à l'esprit du temps et au caractère des deux personnages!

« Cette anxiété d'une conscience que tant de fautes ont atteinte sans l'émousser entièrement et cette impérieuse intervention d'un moine au nom de la liberté politique sont bien des traits du xv⁰ siècle. Laurent de Médicis ne s'est pas résigné à mander Savonarole, et Savonarole n'a pas consenti à venir trouver Laurent de Médicis, dont il avait ouvertement plus d'une fois blâmé la conduite, si ce n'est pour quelque grave entretien. Pour tout dire enfin, la narration toute compassée du courtisan Politien, nous parait un calque effacé de la véritable scène dont il laisse subsister les traits extérieurs, mentionnant lui aussi trois conseils de Savonarole : le troisième seul diffère dans son récit. »

C'est avec raison que M. Geffroy a insisté sur cet épisode de la vie du célèbre dominicain, parce qu'il est à la fois très-souvent cité et très-discuté et parce qu'il dévoile d'un seul coup l'énergie de son caractère et l'influence morale que lui avaient acquise ses deux premières années de prédication à Florence (1490-1492).

Que dire de cette prédication et comment en faire apprécier l'éloquence, sinon en donnant une citation d'une certaine étendue d'un de ces sermons typiques où se révèle le véritable but de l'orateur sacré, moins préoccupé de la forme et du style que du salut d'un peuple entraîné vers le paganisme, et glissant ainsi sur la pente rapide qui mène à l'esclavage, ou tout au moins à la perte de la liberté !

Le texte perpétuel des discours de Savonarole était celui-ci : — L'Église sera flagellée, puis renouvelée, et cela se fera bientôt, car il y a péril à la demeure.

« Je voudrais me taire, mais je ne le puis, parce que le Verbe de Dieu est dans mon cœur comme un feu ardent; si je ne lui cède, il consumera la moelle de mes os. Les princes de l'Italie lui sont envoyés pour la punir. Voyez-les tendant aux âmes des embûches; leurs palais sont le refuge des bêtes féroces et des monstres de la terre, c'est-à-dire de tous les scélérats et pervers, qui s'y trouvent à l'aise pour satisfaire leurs volontés dépravées et leurs passions mauvaises. Là sont les conseillers méchants qui inventent sans cesse de nouvelles charges et de nouveaux impôts pour sucer le sang du pauvre peuple, là les philosophes et les poëtes de cour qui racontent mille fables pour faire remonter jusqu'aux dieux la généalogie de leurs princes, là (ce qui est bien pis !) des religieux qui suivent les mêmes errements. C'est bien la cité de Babylone, ô mes frères, la cité des fous et des méchants, que le Seigneur peut détruire. Allez à Rome ! Pour tout christianisme, on s'occupe chez les grands prélats de poésie et d'éloquence. Vous trouverez dans leurs mains les œuvres d'Horace, de Virgile ou de Cicéron; c'est là qu'ils apprenent le gouvernement des âmes. Ils régissent l'Église par l'intermédiaire des astrologues, qui leur prédisent l'heure grave à laquelle ils devront aller parader à cheval ou remplir quelque autre fonction de même importance. Vue extérieurement, elle est belle leur Église, avec ses ornements et ses dorures, ses brillantes cérémonies, ses vêtements magnifiques, ses candélabres d'or et d'argent, ses riches calices, ses mitres d'or, ses pierres précieuses; mais, faut-il vous le dire? dans la primitive Église, les calices étaient de bois et les prélats étaient d'or: c'est le contraire aujourd'hui. Les prélats de Rome ont introduit parmi nous les fêtes de l'enfer; ils ne croient plus en Dieu et se moquent des mystères de notre religion. Que fais-tu donc, ô Seigneur? Pourquoi dors tu? Lève-toi et viens délivrer ton Église des mains des démons, des mains des tyrans, des mains des mauvais prêtres. As-tu oublié ton Église? as-tu cessé de l'aimer? Presse le châtiment, afin que plus vite nous retournions à toi! O Rome, prépare-toi, ton châtiment, sera terrible! Tu seras ceinte de fer, tu passeras par l'épée, par le feu et la flamme. Pauvres peuples! combien je vous vois accablés! Italie, tu es malade d'une grave maladie, et toi Rome tu es malade d'une grave maladie, malade *usque ad mortem*. Si tu veux guérir, renonce à ta nourriture habituelle, à ton orgueil, à ton ambition, à ta luxure, à ton avarice: telle est la pâture qui t'a rendue malade et qui te mène à la mort. Mais l'Italie se moque, et refuse le remède, et dit que le médecin déraisonne. O incrédules, qui ne voulez pas entendre ni vous convertir! Le Seigneur vous dit: « Puisque l'Italie est toute pleine d'hommes de sang, de

courtisanes, d'entremetteurs et de scélérats, je conduira
sur elle le pire ennemi qui se puisse trouver, j'abattra
ses princes, et je ferai cesser l'orgueil de Rome. Cet ennemi entrera dans ses sanctuaires et souillera ses églises
L'Italie elle-même en a fait les demeures des courtisanes
moi, j'en ferai les demeures des chevaux et des porcs
cela déplaira moins à Dieu que d'y laisser les courtisanes! » Quand viendra l'angoisse et quand viendra l
tribulation, alors ils n'auront plus de paix ; ils voudront s
convertir, mais il ne le pourront pas. O Italie, ce ser
alors fléau sur fléau : fléau de la guerre par-dessus celu
de la famine, fléau de la peste par-dessus celui de la guerre
fléau d'ici et fléau delà. Et l'on ne suffira pas à enterre
les morts ; les morts seront si nombreux dans les maisons
que les fossoyeurs iront par les rues, disant : « Apporte
les morts ! » et ils les mettront sur des charrettes et jusqu
sur les chevaux, et ils en feront des montagnes qu'il
brûleront. Ils iront par les rues, criant : « Qui a de
morts ? Voici mon fils, voici mon frère, voici mon mari.
Et ils iront encore par les rues, criant : « N'y a-t-il plus d
morts ? qui a encore des morts ? » Et telle aura été l
mortalité, qu'il restera bien peu d'habitants dans le
villes !... O Florence ! ô Rome ! ô Italie ! il a cessé le temp
des chants et des fêtes ! Vous avez fait le mal et vous ave
été flagellées ; les prophéties se sont vérifiées, l'épée es
venue. Faites donc pénitence, faites l'aumône, priez e
restez unis. O mon peuple ! qu'ai-je jamais souhaité qu
te voir sauvé ? Je me tourne vers toi, ô Seigneur qui e
mort pour l'amour de nous ! Pardonne à ce peuple de Florence qui veut être à toi ! »

Quelle éloquence et qui aurait pu résister à de tels accent
si passionnés et si poignants ! Aussi Florence tout entière

était courbée sous cette parole colorée et convaincue. Pendant sept ans la grandeur du succès dépassa la hardiesse de l'entreprise de Savonarole, qui n'allait à rien moins qu'à rétablir le règne du Christ dans le cœur, dans l'esprit, dans toutes les habitudes de la vie journalière de ses innombrables auditeurs. La cathédrale de Florence, construite dans de si larges proportions par Brunelleschi, était trop étroite pour la foule qui se pressait autour de la tribune sacrée; il fallut prêcher séparément les hommes, les femmes et les enfants. L'affluence des étrangers accourus des bourgades voisines était si grande, que les citoyens pieux de Florence qui leur donnaient l'hospitalité, en recueillaient jusqu'à quarante à la fois dans leurs maisons.

L'effet des sermons de Savonarole était prodigieux; les femmes se dépouillaient de leurs parures pour les offrir en aumônes, les hommes renonçaient aux mœurs faciles pour accepter d'austères pénitences; quelques-uns des principaux citoyens venaient prendre l'habit dans le couvent que gouvernait le grand prédicateur, et l'humble copiste enfin qui mettait par écrit les paroles de l'orateur sacré s'interrompait, comme on le voit dans les éditions du temps, avec ces mots : « Ici l'émotion et les larmes m'ont empêché d'écrire. »

Cependant, et c'est là un point essentiel à noter, parce qu'il a servi de texte à beaucoup d'accusations contre Savonarole, — cependant, au moment même où le triomphe de la grande cause de la vérité semblait éclater le plus complétement, l'auteur de ce magnifique et salutaire mouvement s'attristait de plus en plus sur l'avenir. Sentait-il que cet élan passionné des foules serait comme un torrent passager? Évidemment oui, et pour implorer de ses auditeurs un conversion durable, il leur offrait d'avance le sacrifice de sa propre vie, que le martyre, il n'en doutait pas, devait bientôt couronner. Alors c'était lui qu'il mettait en scène, non par un sentiment d'orgueil, mais pour mieux et plus salutairement impressionner cette foule si mobile, trop mobile, hélas !

« Un jeune homme, ayant quitté sa maison, se mit en mer pour aller pêcher ; pendant qu'il pêchait, le patron de la barque l'emporta jusque dans la haute mer, d'où l'on n'apercevait plus le port, et le jeune homme commença de se lamenter... O Florence ! cet infortuné qui se lamente, il est ici, dans cette chaire ! Moi aussi, je sortis de ma maison pour aller d'abord dans un des ports de la religion chercher la liberté et la paix, les deux choses que j'aimais par-dessus toutes les autres. Mais je regardai vers la mer de ce monde, et je commençai de prêcher et gagnai quelques âmes, et pendant que j'y trouvais plaisir, le Seigneur m'a emporté dans la haute mer, où me voici maintenant, n'apercevant plus d'asile : *Undique sunt angustiæ*. Devant moi se préparent la tribulation et la tempête ; derrière moi j'ai perdu le port, et cependant le vent me pousse toujours au large. A droite sont les élus, qui réclament notre aide ; à gauche sont les démons et les méchants, qui nous persécutent : au-dessus de ma tête j'aperçois la vertu éternelle, et l'espérance m'y pousse ; sous mes pieds est l'enfer : étant homme, je dois le craindre ; j'y tomberais sans le secours de Dieu. O Seigneur, Seigneur, où m'as-tu conduit ?

« Pour avoir voulu sauver quelques âmes, me voici en un lieu d'où je ne puis plus retourner vers mon repos. J'étais libre, et me voici l'esclave de tous. Je vois partout la discorde et la guerre qui s'avancent sur moi. Vous du moins, ô mes amis, ô élus de Dieu, pour qui nuit et jour je pleure, ayez pitié de moi! Donnez-moi des fleurs, comme dit le cantique, parce que je languis d'amour : *Quia amore langueo*; des fleurs, c'est-à-dire de bonnes œuvres. Je ne désire rien autre, si ce n'est que vous plaisiez à Dieu et que vous sauviez vos âmes. Mais quelle sera, ô Seigneur, la récompense accordée dans l'autre vie à celui qui sortira vainqueur d'un tel combat? L'œil ne peut le voir et l'oreille ne peut l'entendre : ce sera la béatitude éternelle. Et le prix dans cette vie ? « Le serviteur ne sera pas plus grand que le maître, » dit le Seigneur ; « tu sais qu'après la prédication je fus crucifié ; toi aussi, le martyre t'attend. » O Seigneur, Seigneur, envoie-le-moi donc ce martyre, et fais-moi bientôt mourir pour toi comme tu es mort pour moi. Voici déjà qu'il me semble voir le couteau affilé... »

En présence de ces tableaux, où la patrie et le patriote sont mis en scène avec tant d'énergie, ce serait peut-être ici le lieu de se demander et de rechercher si Savonarole eut vraiment le don de prophétie. Délicate question dont l'éclaircissement nous mènerait trop loin ; nous n'écrivons pas en ces quelques pages une biographie du célèbre dominicain, nous cherchons seulement à le venger du double grief d'avoir été hérétique et révolutionnaire. Mais qu'il nous soit cependant permis de dire avec M. Geffroy (1) qu' « en réalité, il eut sur plusieurs points un incroyable pressentiment de l'avenir : il ne cessa pas de prédire sa mort violente ; il annonça le premier l'arrivée des Français en Italie et l'expulsion des Médicis ; il comprit, avant tous ses contemporains, qu'un grand renouvellement moral approchait, que le sentiment religieux allait

---

(1) *L. c. sup.*, p. 448.

renaître dans les âmes pour les régénérer, et qu'à travers de terribles combats, la société chrétienne reprendrait une vigueur nouvelle. Le xvie siècle avec sa réforme catholique en face de la réforme protestante, le xviie avec sa haute inspiration et sa foi profonde ont justifié ses prédictions. »

Mais, avant de quitter, — pour n'y plus revenir, — cette question si entraînante des prophéties de Savonarole et du don divin que reconnaissaient dans le célèbre dominicain des hommes tels que Pic de la Mirandole, Marcile Ficin, saint Philippe de Néri et Alexandre (pour ne citer que les principaux), laissons à un de nos compatriotes, le prudent et froid Commines (1), le soin d'aborder ce point, sur lequel un témoignage de contemporain de Savonarole nous semble d'un grand intérêt.

« J'ai dit en un endroit de cette matière d'Italie, comme il y avait un frère prêcheur ou jacobin, ayant demeuré à Florence par l'espace de quinze ans, renommé de fort sainte vie (lequel je vis et parlai à lui, en l'an mil quatre cent quatre-vingt et quinze), appelé frère Hieronyme, qui a dit beaucoup de choses avant qu'elles fussent advenues, comme j'ai déjà dit ci-dessus, et toujours avait soutenu que le roi passerait les monts, et le prêcha publiquement, disant l'avoir par révélation de Dieu, tant cela qu'autres choses dont il parlait, et disait que le roi était élu de Dieu pour réformer l'Église par la force et châtier les tyrans, et à cause de ce qu'il disait savoir les choses par révélation, murmuraient plusieurs contre lui, et acquit la haine du pape et de plusieurs de la ville de Florence.

---

(1) *Mémoires de Philippe de Comines*, livre III, chap. III (Ad. ann. 1495). Des prédications dignes de mémoire de frère Hieronime de Florence.

Sa vie était la plus belle du monde, ainsi qu'il se pouvait voir, et ses sermons, prêchant contre les vices, et a réduit en icelle cité maintes gens à bien vivre comme j'ai dit.

« En ce temps mil quatre cent quatre-vingt-dix-huit, que le roi Charles est trépassé et fini, aussi fit frère Hiéronyme, à quatre ou cinq jours l'un de l'autre, et vous dirai pourquoi je fais ce compte. Il a toujours prêché publiquement que le roi retournerait de rechef en Italie pour accomplir cette commission que Dieu lui avait donnée, qui était de réformer l'Église par l'épée et de chasser les tyrans d'Italie, et que au cas qu'il ne le fît Dieu le punirait cruellement, et tous ses sermons premiers et ceux de présent, il les fait imprimer et se vendent. Cette menace qu'il faisait au roi de dire que Dieu le punirait cruellement s'il ne retournait, lui a plusieurs fois écrite ledit Hiéronyme, peu de temps avant son trépas, et ainsi me le dit de bouche ledit Hiéronyme, quand je parlai à lui (qui fut au retour d'Italie) en me disant que la sentence était donnée contre le roi au ciel, au cas qu'il n'accomplît ce que Dieu lui avait ordonné et qu'il ne gardât ses gens de piller (1). »

Puis, notant les griefs reprochés au prédicateur dominicain, Commines ajoute :

« Les charges n'étaient sinon qu'il mettait discord en la ville et que ce qu'il disait de prophétie il le savait par ses amis qui étaient du conseil. Il a dit maintes choses vraies, que ceux de Florence n'eussent su lui avoir dites. Et touchant le roi et les maux qu'il dit lui devoir advenir lui est advenu : ce que vous voyez, qui soit premier la

---

(1) *Mémoires de Philippe de Comines*, livre III, chap. III (Ad. ann. 1495). Des prédications dignes de mémoire de frère Hieronime de Florence.

mort de son fils, puis la sienne, et ai vu des lettres qu'il écrivait audit seigneur... (1) »

Savonarole a donné lui-même, sous la forme de dialogue, une réponse éloquente aux objections que soulevait son privilége prophétique : c'est justice de l'entendre dans sa propre cause ; la gravité de l'accusation vaut la peine d'une défense de la part du prévenu. Voici ce dialogue, dans ses parties essentielles.

Dans un rêve, Jérôme va plaider au ciel la cause des Florentins et demander conseil sur les affaires de la république. Chemin faisant, il rencontre près d'une cabane un vieil ermite à la barbe longue, au maintien grave. Le vieillard s'approche et, d'un air bienveillant :

L'ERMITE.

Mon fils, le désir d'une vie austère me retient depuis longues années dans la cabane que vous voyez : j'en sors exprès pour vous, car l'Esprit-Saint vient de me révéler et le fruit de vos prédications et votre dévouement à la gloire de Dieu et au salut des âmes, en me chargeant toutefois de vous avertir que votre simplicité vous trompe et vous donne pour des révélations les rêveries d'une imagination malade, les sombres pressentiments d'un cœur froissé.

SAVONAROLE.

Vous m'étonnez, mon père, en faisant intervenir l'Esprit-Saint dans des suppositions fautives. Je n'ai ni l'imagination malade, ni le cœur attristé. Si Dieu daigne par intervalles soulever à mes yeux le voile qui couvre l'avenir, c'est alors, au contraire, que j'éprouve et plus de calme et plus de joie. Mes auditeurs surtout pourraient vous dire que mes sermons, dans leur ensemble et dans leur détail,

---

(1) *Mémoires de Philippe de Comines*, livre III, chap. III (Ad. ann. 1495). Des prédications dignes de mémoire de frère Hieronime de Florence.

accusent une raison froide, un esprit libre, et nullement une imagination folle ou mélancolique.

L'ERMITE.

C'est qu'alors le démon vous abuse en transformant en révélations les tristes prévisions dont il vous obsède.

SAVONAROLE.

J'ai appris suffisamment, dans l'Écriture et dans les saints Pères, à discerner le caractère des illusions sataniques. Jamais elles ne tendent à réformer les mœurs ou à inspirer le goût d'une piété sincère. Or, voyez si tel n'a pas été pour Florence l'effet de mes révélations et si jamais les mœurs furent plus austères, les habitudes religieuses mieux soutenues que parmi les hommes qui les ont adoptées sans réserve ?

L'ERMITE.

Comme il vous plaira, mon fils ; mais vous ne me persuaderez jamais que, depuis le mystère de l'Ascension, le Christ ait parlé directement à aucun mortel. Des prophéties dans le passé, à la bonne heure ; mais de nos jours, impossible.

SAVONAROLE.

Vos maximes, mon père, contredisent et la doctrine et l'histoire évangélique, qui nous présentent le don de prophétie comme très-fréquent parmi les premiers chrétiens. Elles contredisent également l'enseignement des saints Pères et des plus grands saints. D'ailleurs, qu'un Dieu se manifeste au monde pour l'arracher aux ténèbres du vice et de l'impiété, qu'un Dieu mort pour des pécheurs vienne, dans ces jours de misère morale, parler au cœur d'un homme pour le porter à la vertu et, par lui, ses semblables, qu'y a t-il là d'étonnant ou d'impossible ?

L'ERMITE.

Mais à quel titre seriez-vous ce mortel privilégié? Êtes-vous donc le meilleur des catholiques?

SAVONAROLE.

Dieu distribue ses dons comme il lui plaît; nul n'a droit de lui en demander compte. Pierre, le chef du sacré collége, n'en était pas le membre le plus fidèle; l'idolâtre et pervers Balaam put prédire l'avenir; l'Évangile lui-même nous dit formellement que parmi les réprouvés se rencontreront des prophètes et des thaumaturges. Mes révélations ne peuvent donc rien établir en faveur de ma sainteté.

L'ERMITE.

J'entends dire aussi que vos relations avec certains princes vous ont initié à des secrets que vous donnez pour des prophéties, prophéties que, d'ailleurs, vous rédigez assez habilement pour échapper au reproche d'imposture, au cas de non-réussite.

SAVONAROLE.

Mes relations avec les princes, fussent-elles aussi nombreuses, aussi certaines qu'on le prétend, avouez, mon père, qu'il y aurait folie à oser, sur quelques ouvertures de leur part, annoncer de point en point l'avenir. Car est-il rien de moins constant que les vouloirs des princes? Le caprice est la règle ordinaire de leur conduite. Or, mes premières prédications datent de cinq ans. Avant leur accomplissement, beaucoup prenaient en pitié ma simplicité, répétant à qui voulait l'entendre que la précision de mes prophéties serait pour ma réputation un écueil inévitable. Aujourd'hui que les faits se sont accomplis à la lettre, ce n'est plus de simplicité qu'on m'accuse, mais d'un raffinement de prudence propre à me mettre, en toute hypothèse, à l'abri de la confusion. Cette contradiction de mes accusateurs dénote et leur précipitation et leur malveillance.

L'ERMITE.

En supposant, mon fils, la vérité de vos révélations, le public n'eût dû jamais en avoir connaissance ; par modestie au moins, il fallait vous taire.

SAVONAROLE.

La charité me faisait un devoir de parler. Épargner à Florence de grands malheurs, rappeler les peuples à la pénitence, tel était le but de mes prédications. Pouvais-je alors les garder secrètes ?

L'ERMITE.

Les miracles sont les lettres de créance des prophètes ; où sont les vôtres, mon fils ? Vous prophétisez donc sans mission, et l'on est en droit de vous traiter comme un novateur et un hérétique.

SAVONAROLE.

Une connaissance profonde de l'Écriture vous épargnerait, mon père, une accusation de ce genre. Parmi les prophètes, il y eut peu de thaumaturges : Jérémie, Jonas, le précurseur du Christ lui-même, Jean-Baptiste, ne fit aucun miracle. C'est sur la délégation de mes supérieurs que se fonde ma mission. Je n'ai jamais prétendu relever d'une autre autorité ; et puisque je demeure dans les lignes de l'obéissance, le reproche d'hérésie ne peut m'atteindre. On n'est d'ailleurs hérétique qu'en soutenant un dogme contraire à l'Écriture ou à l'enseignement de l'Église catholique : or, jamais je n'ai rien dit ni rien fait de semblable. Au surplus, mes prédications passées et futures, mes écrits anciens et à venir, je déclare les soumettre sans réserve à la censure de la sainte Église romaine.

L'ERMITE.

Avouez pourtant, mon fils, que parmi les personnes qui refusent de vous croire, il en est de très-éclairées et de très-sages, et leur autorité m'entraîne à la défiance. Le nombre de vos partisans est d'ailleurs assez restreint.

SAVONAROLE.

Ce n'est ni aux sages ni aux prudents du monde, mais aux petits que fut révélée la *bonne nouvelle*. La sagesse mondaine ferme trop souvent les yeux à la lumière divine. Quant au nombre de ceux qui croient à mes prédications, si vous le comparez à la population entière de la Toscane, il sera petit, j'en conviens ; mais si vous le comparez au nombre de mes auditeurs, il formera la grande majorité. Rien d'étonnant que des hommes qui ne m'ont jamais entendu refusent de me croire. N'est-ce pas, au reste, le sort de la vérité d'être contredite en ce monde ?

L'ERMITE.

Mais enfin n'est-il pas vrai que vous avez échoué dans plusieurs de vos prédictions ?

SAVONAROLE.

Tout ce que j'ai prédit du haut de la chaire s'est accompli à la lettre ou recevra son accomplissement dans le temps marqué. Cependant le privilége prophétique ne m'est pas tellement départi, que toutes les conjectures qui m'échappent dans le commerce ordinaire de la vie, et qui ressortent d'une prévision purement humaine, deviennent autant de prophéties divines. L'indiscrétion de quelques amis, d'une part, de l'autre, la malveillance, ont exploité à mon préjudice toutes mes paroles, et l'on a rendu suspect mon privilége en l'exagérant.

L'ERMITE.

Toutes vos réponses, mon fils, me font voir qu'il y a dans votre fait bien moins de simplicité que je ne pensais d'abord, et j'inclinerais maintenant à croire que vous n'agissez de la sorte que par une soif hideuse de la gloire, des honneurs et des richesses

SAVONAROLE.

Toute la ville de Florence, mon père, sait ce qu'il faut penser de nos richesses, et l'opinion publique rend au couvent de Saint-Marc un hommage mérité en le proclamant le plus pauvre, le plus modeste des couvents de son ordre. Quant aux honneurs dont vous me supposez si avide, je suis loin de me placer dans la voie qui y conduit ; n'ai-je pas dû, en effet, pour obéir à ma vocation et dans l'intérêt du salut des âmes, froisser tous ceux qui disposent des dignités et des honneurs ? Ah ! ce n'est point ainsi qu'agissent les ambitieux. Ils se font les apologistes du pouvoir, louent dans les grands jusqu'à leurs vices, et évitent à tout prix de s'exposer à leur haine et à leurs persécutions. Le désir de la gloire n'a pas été non plus le mobile de ma conduite : car, croyez, mon père, que le caractère des hommes de notre époque m'était assez connu pour savoir d'avance qu'une mission prophétique me dévouerait au ridicule et ferait de moi la fable de l'Italie.

L'ERMITE.

Quoi qu'il en soit, vous feriez beaucoup mieux d'imiter les autres prédicateurs et d'affecter moins de singularité. Les âmes y trouveraient mieux leur compte, et aussi votre réputation.

SAVONAROLE.

C'est par les résultats qu'on juge de la valeur d'un

procédé. Or, veuillez comparer, mon père, le nombr[e] d'âmes pour lesquelles j'ai été un instrument de salut au[x] chiffres des conversions opérées par les prédicateur[s] ordinaires ; et s'il ne leur est pas infiniment supérieu[r] j'accepte comme fondés tous les reproches que vous m[e] faites. »

Battu sur tous les points, l'ermite déconcerté jette [à] Savonarole un regard satanique, fait entendre un c[ri] perçant, et disparait, rapide comme l'éclair.... C'était l[e] diable. Jérôme continue sa route, et arrive au ciel, plaid[e] et gagne sa cause, et revient vers les Florentins, arm[é] d'un programme politique.

Si l'on adoptait le sentiment des écrivains qui pré-tendent expliquer l'énergie de Savonarole et ses vaste[s] plans de réformation par la soif immodérée du pouvoir on aurait peine à s'expliquer l'abnégation dont il fit preuv[e] aux jours de sa prépondérance. Maître des affaires e[t] dictateur réel de Florence par le bannissement de Pierr[e] de Médicis, il laissa les charges publiques aux mains d[e] ses adversaires, et se hâta de présenter un mode d'élec-tion qui compromettait sa puissance dès qu'il aurai[t] perdu la majorité numérique. « Cette probité politique — fait observer avec raison M. l'abbé Hacquart, — s'allie-t-elle facilement à une ambition effrénée, et la perspica-cité de Savonarole permet-elle d'imputer à l'impré-voyance son désintéressement ? Faire honneur au fana-tisme républicain d'une si haute vertu, c'est montre[r] qu'on ne connaît ni le caractère ni les écrits du domini-cain, puisque, dans le livre où il traite la question du pouvoir politique, il établit en principe que la monarchie, l'aristocratie, la démocratie, sont relativement bonnes ; et s'il conseille aux Florentins de s'attacher de préférence à cette dernière forme de gouvernement, il emprunte les motifs de son choix à leurs vieilles habitudes d'égalité et d'indépendance, aux essais malheureux qu'ils ont faits des autres modes politiques, enfin à la crainte que lui inspire le retour des Médicis et leur corruptrice influence. »

« Il est certain, — dit très-bien M. Geffroy (1), — que si Savonarole mit la main à une œuvre politique, ce fut malgré lui et comme par un nouveau devoir de charité ; le patriote ne se sépara pas en lui du missionnaire religieux. »

Voici quelles furent les circonstances dans lesquelles le dominicain fut porté au pouvoir; selon un mot célèbre, très-vrai en cette occurrence, Savonarole ne prit pas, il ramassa le gouvernement de la république florentine : par la faiblesse de son administration, par ses débauches, Pierre de Médicis avait ruiné son crédit et celui de sa famille, quand, à l'approche de l'armée française, en 1494, un traité humiliant, qu'il venait d'accepter du roi Charles VIII, sans consulter les magistrats florentins, combla la mesure de l'exaspération. De toutes parts on court aux armes ; on voue le tyran à l'exécration, et il est contraint de se dérober par la fuite à la vengeance des citoyens. La guerre civile, suite fatale de l'anarchie, allait éclater dans la cité, à l'instant même où Savonarole, chargé par le sénat d'une mission auprès du monarque français, sauvait des horreurs de la guerre sa ville d'adoption. Ce fut au retour de cette ambassade que le dominicain pacificateur fut chargé de présenter au plus tôt, à l'assemblée du peuple, un projet de constitution.

(1) V. p. 140.

Le 14 décembre 1494, Savonarole aborda franchement en chaire la question du gouvernement. « O mon peuple, — dit-il, — tu sais que je n'ai jamais voulu entrer dans les affaires de l'État ; crois-tu que j'y viendrais maintenant, si je n'y étais forcé pour le salut des âmes ?.. Notre réforme doit commencer par les intérêts spirituels, qui sont au-dessus des intérêts temporels, dont ils forment la règle et sont la vie. Si l'on a dit (c'était un proverbe familier à Cosme de Médicis) que les États ne se gouvernent pas avec des *Pater noster*, rappelle-toi que c'est là une maxime des tyrans, une maxime des ennemis de Dieu, une maxime pour opprimer et non pour délivrer. Tout au contraire, si tu veux un bon gouvernement, il faut de toute nécessité que tu le rapportes entièrement à Dieu. Je ne consentirais certainement pas à me mêler des affaires, s'il en était autrement. »

Pour conserver à Florence son gouvernement démocratique et le perfectionner, Savonarole proposait quatre choses indispensables : la crainte de Dieu, le dévouement au bien public, l'oubli des injures passées, l'égalité des droits pour l'avenir. De ces quatre parties du discours de Savonarole, les trois premières restent dans les attributions ordinaires de la prédication et suffiraient à prouver, au besoin, que, chez l'illustre religieux, l'homme politique ne venait qu'après le réformateur chrétien et pour le compléter, en quelque sorte.

Guichardin, dont le jugement sur ces temps voisins de lui est si pénétrant, a bien mesuré l'importance et la grandeur de l'acte par lequel Savonarole inaugura son rôle politique, lorsqu'il en parle ainsi : « Florence était de toutes parts divisée ; les partisans de l'ancien État se voyaient en grande haine et en grand péril, malgré la protection de Francesco Valori et de Piero Capponi, et il paraissait impossible de les sauver, cela au grand détriment de la cité, car il y avait parmi eux des hommes estimables, prudents et riches, de grande naissance et d'illustre parenté. Les violences qu'on prévoyait eussent engendré la désunion des gouvernants, les révolutions, les exils, et peut être, pour dernière extrémité, une restauration de Pierre de Médicis avec une extermination et une ruine complètes de la cité. Frère Jérôme lui seul empêcha ces redoutables désordres : il fit décréter la paix universelle, qui, en coupant court à toute recherche du passé, détourna les vengeances dont étaient menacés les partisans des Médicis. Ce fut l'avantage des vainqueurs aussi bien que des vaincus. Véritablement, les œuvres de cet homme furent excellentes. »

En résumé, et sans entrer dans le détail des différentes lois que Savonarole fit adopter, — ce qui nous mènerait trop loin, — en résumé, il avait donné à Florence, par l'institution du grand conseil, le meilleur gouvernement qu'elle eût encore connu ; ce gouvernement se maintint après sa mort, et ne fut renversé que par la force ouverte, lorsque les Médicis furent rentrés, en 1512. Machiavel, qui n'aimait pas Savonarole, reconnait cependant, dans ses *Discorsi*, que d'un si grand homme (ce sont ses propres expressions) il ne faut parler qu'avec respect, et quand son sujet l'amène à l'examen des institutions dues au célèbre dominicain, il est obligé d'en confesser l'importance, comme dans son *Discorso* au pape Léon X, où il dit formellement qu'on ne pouvait rétablir l'État florentin que par ce grand conseil, et qu'il n'y a jamais eu de république solide sans une satifaction accordée au grand nombre des citoyens. Guichardin, lui aussi, témoigne de son admiration pour le régime institué par le frère, à chaque page de ses œuvres inédites, bien différentes sur ce point comme sur beaucoup d'autres de sa grande *Histoire d'Italie* : il avait écrit ce dernier ouvrage pendant une époque fort hostile au souvenir de Savonarole, et il n'avait pas été assez hardi pour être sincère. Dans ses écrits inédits, au contraire, et sous la pression de la conscience, il ne dissimule pas sa secrète approbation. « Les Florentins, — dit-il, — ont pris si fort à cœur ce gouvernement libre de 1494, que les Médicis ne pourront ni par douceur ni par ruse le faire oublier. La liberté jadis n'appartenait qu'à un petit nombre, à qui on la ravissait aisément; depuis le grand conseil, elle est devenue la propriété de tous. » Et dans son livre sur le gouvernement de Florence : « Nous avons, — dit-il, — une grande obligation à ce frère, qui, sans verser une goutte de sang, a su accomplir ce qui, à son défaut, se serait fait au prix de beaucoup de sang et de désordre. Florence eût eu d'abord un gouvernement restreint *d'ottimati*, puis tous les excès d'un gouvernement populaire, qui aurait enfanté l'anarchie, et la violence y eût peut-être amené finalement une restauration de Pierre de Médicis. Lui seul a su, dès le principe, être libéral sans lâcher la bride. » Dans son *Histoire de Florence* enfin, le froid et sceptique Guichardin exalte la prudence ainsi que le génie politique et pratique de Savonarole, et l'appelle le sauveur de la patrie.

De tels témoignages suffisent assurément pour montrer que l'illustre dominicain fut à la hauteur de la tâche difficile et ardue que lui avaient imposée les circonstances et surtout le patriotisme. Mais nous ne saurions mieux faire connaître ses desseins et la manière dont il conduisit cette grande affaire qu'en le laissant parler lui-même. Voici donc comment il s'expliquait depuis, dans un de ces discours publics et dans son ouvrage intitulé : *Abrégé des révélations* (1).

« Après avoir examiné avec soin l'état de votre ville et les prochaines révolutions qui paraissaient inévitables dans la forme de son gouvernement, j'ai été persuadé que ce grand changement ne pourrait se faire sans péril ni même sans effusion de sang, à moins que la Providence divine, pour favoriser la justice et la piété des gens de bien, ne vînt elle-même à leur secours. C'est dans cet esprit, et appuyé sur cette espérance, que j'exhortai fortement le peuple à se réconcilier avec le Seigneur et à mériter les effets de sa miséricorde par un renouvellement de ferveur et une sincère pénitence. Je commençai mes exhortations sur cet article par celle que je fis, le jour de saint Mathieu, 25 septembre 1494. Les citoyens parurent se porter dès lors avec tant de piété à toutes les bonnes œuvres que je leur avais prescrites, qu'il plut à la divine bonté de donner des marques sensibles de sa réconciliation avec nous ; en sorte que, dès le mois de novembre, par un miracle de la protection du ciel, vous vîtes le changement désiré, et cela sans aucune effusion de sang ni autre scandale. Or, comme il s'agissait de vous proposer la nouvelle forme de gouvernement, j'assemblai tous les magistrats et tous les grands de la ville dans l'église cathédrale de Florence. On n'exclut de cette assemblée que les personnes qui, par leur sexe ou leur condition, ne devaient pas y être appelées. »

« Ayant longtemps discouru sur ce que les plus sages

---

(1) Apud Bzovium, tome XVIII, p. 407, n° 31.

philosophes, les politiques et les plus habiles théologiens ont écrit touchant la meilleure manière de policer une ville et de gouverner un État, je vous expliquai quel était, à mon avis, le gouvernement le plus convenable au génie de la nation et à l'utilité des Florentins. Dans les discours suivants, je proposai quatre articles, dont la nécessité fut aussi reconnue : 1° que la religion devait être comme la base et le premier soutien de la nouvelle forme de notre gouvernement; 2° que tous les intérêts particuliers céderaient à celui du bien public; 3° qu'en oubliant toutes les injures et les querelles passées, il y aurait une paix générale et une sincère réconciliation entre tous les citoyens, sans qu'il fût permis d'inquiéter en aucune manière ceux qui avaient auparavant administré les affaires de la république. J'ajoutai qu'il fallait laisser toujours subsister la liberté d'appeler du tribunal des six juges, afin qu'aucun particulier ne pût désormais usurper l'autorité souveraine. Mon sentiment fut aussi qu'on établît un grand conseil, composé des plus sages et des plus illustres citoyens, à la façon de celui de Venise, et que les charges, les dignités et les récompenses fussent à l'avenir distribuées au nom du peuple de Florence, et non pas d'un seul particulier, qui pourrait prendre de là occasion de s'élever et d'aspirer à la tyrannie.

« Je ne fis point difficulté d'assurer, en présence de toute l'assemblée, que tout ce que je venais de lui proposer était conforme à la loi de Dieu et à sa volonté. J'en étais si persuadé, que je donnai alors pour preuve ce qui est arrivé depuis sous vos yeux, savoir que ceux mêmes qui seraient d'abord d'un autre sentiment et qui ne commenceraient d'opiner que dans la résolution de combattre ce système finiraient tous leurs discours par l'approuver et l'autoriser de leur suffrage. Vous êtes témoins que je vous l'avais expressément déclaré, et vous avez vu que la chose est arrivée de même : ceux qui se sont trouvés dans le cas ne refusent pas d'en rendre publiquement témoignage. Ce n'était pas seulement par la connaissance particulière que je pouvais avoir de la volonté divine, mais aussi par plusieurs raisonnements naturels que j'entrepris de vous faire sentir tous les avantages de cette nouvelle forme de gouvernement, la plus proportionnée à vos besoins, la plus favorable à la liberté et en même temps la plus capable de donner un grand lustre à votre république, qui en devenait beaucoup plus florissante, tant dans le spirituel que dans le temporel. »

Par cette réforme, Savonarole, quoique sans titre et sans fonctions civiles, eut une influence prépondérante dans l'administration de la république. Mais cette influence fut de courte durée. L'aristocratie, dépouillée de ses prérogatives par le réformateur, s'appliquait à miner son crédit. Le peuple, qui ne retrouvait plus sous son régime austère les fêtes brillantes des Médicis, prit bientôt la réforme en dégoût. Cependant les Médicis, pour ménager leur retour, s'agitaient au dehors, tandis que, dans l'intérieur de la cité, leurs partisans conspiraient pour le renversement de la nouvelle constitution. La répression sévère de leurs tentatives, sévérité dont ils faisaient peser l'odieux sur Savonarole, hâtait la chute de son pouvoir et préparait leur triomphe. Mais les coups les plus terribles lui vinrent des ordres religieux, rivaux de celui de Saint-Dominique, du clergé séculier et du pape Alexandre VI. Dans plusieurs églises de Florence, on prêchait publiquement contre l'importun réformateur.

C'est ici le lieu d'aborder l'examen essentiel d'un assez

grave reproche qui a été depuis longtemps adressé à Savonarole, et que l'on répète encore sans nul fondement. On prétend donc que, — partisan outré du moyen âge, — il opposa au libre développement des lettres et des arts toute l'énergie de son despotisme monacal et du fanatisme passagèrement inspiré par lui aux Florentins. Or, cette accusation ne s'appuie que sur un seul épisode de sa vie mal interprêté, et M. Villari, — un de ses derniers historiens, — a le mérite d'avoir rétabli la vérité, si indignement travestie.

Ce que l'épisode suivant a d'étrange ne fera que mieux ressortir le crédit sans exemple du prédicateur dominicain et les mœurs de son époque.

Le carnaval de 1497 venait de commencer, les *arrabbiati* avaient fait revivre les anciennes orgies, les scandales des Médicis ; Savonarole résolut d'empêcher à tout prix ces désordres qui étaient la ruine même de son œuvre morale et de sa réforme politique. Opposant fête à fête, il organisa une procession qui devait représenter le principal objet de ses longs travaux apostoliques, c'est-à-dire le triomphe du génie chrétien sur le paganisme. D'abord les enfants allèrent de maison en maison, demandant, au nom de Jésus-Christ et de la sainte Vierge, qu'on leur livrât l'*anathême,* expression par laquelle ils désignaient tous les objets d'art et de luxe que le prédicateur avait réprouvés. Le produit de tous ces sacrifices volontaires fut porté sur un bûcher qui avait été dressé sur la place publique. On y voyait des recueils de chansons licencieuses, des monceaux de gravures indécentes, les *Contes* de Boccace, la *Morgante* de Pulci, les poésies érotiques de l'antiquité classique, enfin beaucoup d'objets de peinture et de sculpture d'un grand prix, que leurs auteurs ou leurs possesseurs venaient offrir en holocauste sur cet autel de purification. Cette cérémonie avait lieu le jour même du carnaval, et tous les arts et métiers avaient été mis à contribution pour en rehausser la magnificence. Après avoir traversé la ville en chantant alternativement des psaumes, des hymnes et des laudes, les enfants entonnèrent une invective pieuse contre le carnaval, dont la figure monstrueuse, placée au sommet du bûcher, devint bientôt la proie des flammes, au milieu des acclamations du peuple se mariant au son des cloches du palais et aux bruyantes fanfares des trombistes.

Même cérémonie l'année suivante; et cette fois les images des saints et les bannières déployées dans la procession donnèrent encore une plus haute idée de ce que pouvaient la peinture et la sculpture chrétiennes. Le bûcher lui-même fut construit sur une plus grande échelle et surmonté d'emblèmes significatifs; puis, au lieu de cris de joie, au moment où brilla la première flamme, le peuple fit entendre le chant majestueux du *Te Deum* (1).

« Nul auteur contemporain n'accuse Savonarole à propos de cet auto-da-fé; l'époque de Marsile Ficin et d'Ange Politien ne saurait pourtant être taxée d'indifférence pour les arts, et l'éloquent dominicain, s'il subjugait pour un temps le peuple de Florence, n'en comptait pas moins, dans Florence même, de nombreux ennemis. Ce fut plus tard seulement, lorsque l'admiration s'accrut pour les œuvres antiques, ce fut alors que le *bruciamento delle vanità* (2), rappelé, commenté sous l'influence de traditions malveillantes pour Savonarole, fournit à quiconque

---

(1) Rio. *Art chrétien*, p. 349.
(2) « Le brûlement des vanités, » mot à mot.

était tenté de médire de l'histoire de Florence après l'expulsion des Médicis un argument facile à répéter. Savonarole devint un ennemi déclaré des lettres et des arts, un véritable iconoclaste...

« Pour répéter et soutenir encore aujourd'hui ces accusations erronées, il faut une grande ardeur de partialité rétrospective ou une connaissance fort imparfaite du caractère de Savonarole et de sa vie. On ne saurait d'abord lui reprocher justement la bizarrerie de la fête qu'il inventa. Les Médicis en imaginaient bien d'autres, et les Florentins étaient insatiables; chaque carnaval devait leur apporter son tribut. Savonarole n'étonna personne à Florence en organisant dans les rues de la ville un divertissement sacré.

« Qu'on ait brûlé sur le bûcher *des vanités* un butin d'une assez grande valeur, cela est possible; mais une partie de ce butin fut consacrée à fonder un utile établissement dont l'idée appartenait au frère, un Mont-de-Piété. Que des livres et des objets d'art, même de prix, aient fait partie de l'holocauste, cela est très-probable ; Savonarole voulait arrêter le paganisme renaissant, et personne n'ignore jusqu'où ce paganisme entraînait l'art prostitué. Il est bien possible que des exemplaires du *Décaméron* aient été brûlés à l'instigation du frère, car il avait souvent protesté contre la licence de Boccace : ce n'est pas une raison pour admettre que les enfants quêteurs de Florence aient pu détruire toute une édition. Des tableaux furent sacrifiés, dit-on. C'étaient d'abord sans doute quelques-uns de ces portraits de trop célèbres Transtévérines que les peintres du temps avaient effrontément prises pour modèles de la Vierge et des saintes, si bien que la jeunesse de Florence s'en allait aux églises reconnaître et nommer chacune d'elles. C'étaient ensuite, — assure Vasari, — des nudités que leurs auteurs mêmes apportèrent sur le bûcher... Si quelque ouvrage d'une réelle importance avait péri, les contemporains, qui n'étaient pas tous favorables à Savonarole et qui se montraient fort épris des arts, auraient jeté un cri de réprobation et d'alarme (1). »

L'illustre dominicain, loin d'être, — comme ses ennemis ont voulu le représenter, — un ennemi acharné des arts et des lettres, voulait associer à sa cause les intelligences d'élite : de là, le noble et hardi projet d'établir à Florence, dans le couvent même dont il était prieur, une véritable école normale, un véritable Conservatoire, où les sciences et les arts, cultivés au point de vue chrétien, refouleraient le paganisme de la Renaissance à ses débuts et créeraient au centre même de l'Italie une influence qui dominerait l'Europe tout entière.

Avant tout, Savonarole voulait que l'enseignement philosophique, destiné à faire des savants, des lettrés et des artistes, fût profondément chrétien; il lui fallait, pour obtenir ce résultat, lutter contre l'engouement de son époque, qui, jusque dans les études religieuses, préférait à l'enseignement de l'Écriture celui des philosophes et des savants purement païens.

« Allez, — s'écriait-il du haut de la chaire de vérité, — allez dans toutes les écoles de Florence, vous trouverez des docteurs payés pour enseigner la logique et la philosophie; vous y trouverez des maîtres pour toutes les sciences et pour tous les arts, mais pas un seul qui soit chargé de l'enseignement de l'Écriture sainte... On dit

(1) V. p. 132.

que la logique et la philosophie peuvent affermir les esprits dans la foi... Ne vois-tu pas, docteur insensé, qu'en voulant appuyer la foi sur les sciences profanes, tu l'abaisses et l'avilis au lieu de l'élever et de l'agrandir ? Souviens-toi de l'histoire de David marchant contre le grand Goliath : laisse-là cette pesante armure de la logique et de la philosophie, et arme-toi d'une foi vive et simple, à l'exemple des apôtres et des martyrs.

« Quelle douceur ineffable l'âme chrétienne ne trouve-t-elle pas dans la lecture de l'Écriture sainte ! L'homme, fatigué du long pèlerinage de la vie, s'assied et se repose quelquefois sur la route pour se rafraîchir et se fortifier par ce viatique ; alors il jouit, pour ainsi dire, de la présence du Christ son bien-aimé, et il se soulage par les larmes d'attendrissement que lui fait verser le spectacle des miséricordes de Dieu... O Florence ! fais contre moi tout ce que tu voudras ; je suis monté en chaire aujourd'hui pour te dire que tu ne détruiras pas mon œuvre, parce que c'est l'œuvre du Christ. Que je meure ou que je vive, la semence que j'ai jetée dans les cœurs n'en portera pas moins ses fruits : que si mes ennemis sont assez puissants pour me chasser de tes murs, je n'en serai point affligé, car je trouverai bien quelque part un désert où je pourrai me réfugier avec ma Bible et jouir d'un repos qu'il ne sera plus au pouvoir de tes citoyens de troubler. »

Pour l'enseignement de la littérature et de l'histoire, Savonarole voulait puiser d'abord aux sources vives de l'Écriture, des Pères et des chefs-d'œuvre du génie chrétien ; puis, quand l'intelligence se serait développée et constituée sous cette influence toute puissante, lui proposer, comme un point de comparaison et comme étude de forme, les écrits les plus estimés des nations païennes.

Mais le couvent de Saint-Marc de Florence n'eût pu atteindre la destination que lui ambitionnait Savonarole sans une indépendance absolue des autres maisons de l'ordre dominicain. De là les efforts de Jérôme pour obtenir son affranchissement, et son soin à n'y recevoir que des sujets qu'il pourrait façonner à son gré. De là aussi la défiance, le blâme, l'antipathie de ses chefs et la première accusation portée contre lui au tribunal du Pape.

Ici commmence la lutte mémorable du dominicain contre Alexandre VI. Nous restreindrons ces débats dans la reproduction des pièces officielles qui nous ont semblé mettre la mieux en lumière les dispositions du pape, le caractère de l'accusé et l'affection que la majorité du sénat de Florence avait vouée à Savonarole (1). Voici d'abord une lettre de cette assemblée au Pape, à la suite de l'interdit qui défendait à Jérôme la prédication et lui ordonnait de se rendre dans le plus bref délai à Rome pour se justifier auprès du chef de l'Église.

« Très-saint et très-bienheureux Père, dès que la lettre de Votre Sainteté a été connue de Jérôme Savonarole, il s'est empressé de quitter l'église cathédrale, où le peuple puisait dans sa parole la connaissance de la religion, l'amour de la vertu, et s'est renfermé dans son monastère. En cédant ainsi à la calomnie et à la haine, il voulait attendre que le courroux de Votre Sainteté fût calmé et qu'une seconde lettre de sa part vînt faire justice des accusations qui le présentent comme un prédicateur scandaleux par l'hétérodoxie de ses maximes et la hardiesse de son enseignement.

---

(1) Cs. Touron, *l. c. sup.*, p. 611 et suiv.

« Pour nous, Saint-Père, nous pouvons affirmer que nul ne cultive mieux que lui la vigne du Seigneur, et que jamais en notre siècle on ne la vit produire des fruits plus abondants.

« .... Par son application à nous donner de la religion une connaissance et plus complète et plus pratique, par ses écrits, ses prédications, ce religieux est parvenu à détruire toute habitude vicieuse parmi ses nombreux auditeurs. Et c'est, nous n'en doutons pas, à ce succès persévérant qu'il faut imputer la haine de ces hommes qui, plus amis des ténèbres que de la lumière, ont par la calomnie et l'intrigue persuadé à Votre Sainteté que la religion chrétienne était compromise par Savonarole.

« Or, voici le programme exact de ses travaux apostoliques : apprendre à tous la justice, aux citoyens l'amour de la liberté, de la gloire et de l'indépendance de la république ; aux parents, les soins que réclament l'éducation et l'instruction chrétienne de leurs enfants ; aux femmes, le sacrifice de la vanité ; aux enfants le respect des maximes évangéliques et la vénération des saints : tel est son enseignement, et voilà, mais n'en doutons pas, la cause unique des accusations haineuses qui, dans Florence et au dehors, lui reprochent de renverser la religion. Au reste, le but de ces accusations nous est connu : on veut, nous le savons, arracher à la vertu les citoyens de Florence, en les privant d'un guide aussi sûr, et jeter dans la république la mésintelligence et la discorde pour assouvir l'ambition et la vengence de ses ennemis. Il nous est pénible de ne pouvoir obéir aux ordres de Votre Sainteté ; l'honneur de la république s'y oppose. Ce serait en effet payer d'une affreuse ingratitude le plus méritant de nos citoyens. Puis, sa vertu lui a gagné tant de suffrages, qu'en l'abandonnant nous donnerions le signal de la discorde et de la guerre civile, dont Votre Sainteté a trop d'horreur pour ne pas nous dispenser d'obtempérer à une injonction aussi funeste.

« Il nous est également douloureux de voir Votre Sainteté renoncer aux dispositions bienveillantes qu'elle manifestait naguère pour le rétablissement de la liberté dans Florence ; car la mesure qu'elle vient de nous prescrire ne serait pas moins déshonorante que dangereuse.

« Il ne nous reste plus, Saint-Père, qu'à supplier Votre Sainteté de ne pas oublier nos intérêts et d'abandonner une résolution qui bouleverserait la république au profit de l'étranger. Nous demeurons envers l'Église et la foi catholique ce que nous avons toujours été, vous rappelant seulement que nôtre liberté nous est plus chère que le bon plaisir de l'étranger.

« Daigne Votre Sainteté applaudir à nos dispositions ; il y va de sa sécurité personnelle et des intérêts de l'Italie entière.

« Nous recommandons la ville et le peuple de Florence à la clémence de Votre Sainteté.

« Au palais de la république,
« 4 mai 1497. »

L'opposition du sénat ne se borna pas à cette démarche hardie. Ordre fut intimé à Savonarole de remonter en chaire comme avant l'interdit ; le dominicain obéit, mais pour prévenir le scandale de sa position, il se hâta d'écrire au Pape la lettre suivante :

« Saint-Père, d'où vient que Monseigneur s'irrite contre son serviteur ? Mes mains sont-elles coupables parce que les fils de l'iniquité s'acharnent contre moi ? Pourquoi

Monseigneur ne daigne-t-il interroger et entendre so[n] serviteur avant d'ajouter foi aux accusations de mes adver[-] saires ? Comme une meute de chiens, la foule de me[s] ennemis me harcèle et m'assourdit sans cesse en criant[:] « Va, va, ton Dieu se soucie peu de toi. » Sur la terre Votre Sainteté est en effet l'image de Dieu, et l'on m'ac[-] cuse d'insulter à sa majesté, de l'attaquer, de la poursui[-] vre sans relâche par l'invective. Pour justifier cette impu[-] tation, on torture le sens de mes paroles, on les altèr[e] avec une impudence révoltante. Heureusement des millier[s] d'auditeurs peuvent rendre témoignage à mon innocence[;] mes discours, d'ailleurs, ont été recueillis, imprimés ; ils sont dans toutes les mains. Que Votre Sainteté daigne les lire, les examiner, et l'innocence de mes paroles le con-vaincra de la fausseté de l'accusation.

« Hostile à votre autorité dans la chaire, ne serais-je, comme on le prétend, soumis et respectueux que dans mes écrits ? Mais que gagnerais-je à me contredire de la sorte ?

« Par quelle aveugle passion me suppose-t-on entraîné ? Une chose m'étonne, c'est que la rage et la perversité de l'accusation échappent à Votre Sainteté.

« L'orateur chrétien doit à tous le respect, il le doit au dernier des chrétiens ; s'en croirait-il dispensé envers le chef et le premier pasteur de l'Église ? Quelque aveugle qu'on me suppose, je ne le suis pas, grâce à Dieu, au point de compromettre ma conscience. Toujours j'ai re-connu à l'autorité religieuse le droit de censure, et je m'y soumets pour le présent et pour l'avenir. J'ai prêché sans relâche la pénitence, la sainteté des mœurs, la foi en Jésus-Christ. Sous quelques jours, je publierai encore, avec l'aide de Dieu, un ouvrage pour le rétablissement de cette foi divine, et ce livre montrera toute mon aversion pour l'hérésie, tout mon dévouement à la foi catholique. Que les rapports de l'envie et de la malveillance ne trouvent donc pas d'accès au près de Votre Sainteté avant qu'elle m'ait entendu, car des faits nombreux mettent en évidence la mauvaise foi de mes accusateurs. Si les hommes m'abandonnent, si l'iniquité prévaut, Dieu sera mon espérance et mon soutien ; mais je dévoilerai à l'univers entier la perversité de mes accusateurs, et peut-être les amènerai-je à se désister de leur criminelle entreprise.

« Je me recommande en toute humilité à Votre Sainteté.

« Au couvent de Saint-Marc, à Florence, le 22 mai 1497.

« De Votre Sainteté l'humble fils et serviteur,

« Frère JÉROME DE FERRARE,
« de l'Ordre des Prédicateurs. »

Cette lettre fut suivie, plusieurs mois après, d'une seconde fort détaillée, mais trop longue pour être rapportée ici. C'est proprement son apologie ou une réponse exacte à tous les griefs déduits dans un bref apostolique, qui avait été adressé au supérieur et à toute la communauté de Saint-Marc. Ce ne fut qu'après avoir reçu et bien examiné cette deuxième lettre que le Pape répondit en ces termes à Savonarole :

« Alexandre, Pape, à notre cher fils, frère Jérôme Savonarole, de Ferrare, de l'ordre des Frères Prêcheurs, salut et bénédiction apostolique.

« Vous avez connu, notre cher fils, par la lettre que nous vous avons adressée en forme de bref, quelle peine nous ressentions des troubles qui agitent toute l'Église, et en particulier celle de Florence. Notre chagrin sur ce point était d'autant plus amer, que les malheurs que nous déplorions étaient le résultat de vos discours ; car, au lieu d'y faire la guerre au vice, d'y préconiser la vertu, vous osez prophétiser l'avenir et affirmer que la lumière éternelle, que l'Esprit-Saint lui-même vous éclaire et vous inspire, sans crainte de pervertir les simples par un tel enseignement et d'affaiblir leur respect pour la sainte Église romaine. Il eût été bien plus utile de prêcher l'union, la paix que de débiter ce que le peuple appelle vos prophéties. Vous eussiez dû d'ailleurs comprendre que jamais un tel enseignement ne fut plus inopportun. Dans un temps calme, il jetterait partout la division : quelles ne seront pas ses conséquences au milieu des troubles et des factions qui nous désolent !

« Nous vous écrivons donc dans l'intérêt du salut des âmes, du repos public, de notre devoir pastoral ; et après un mûr examen, nous vous enjoignons de venir vous justifier en notre présence de certaines imputations qu'il vous importe de détruire, si vous voulez nous épargner de vous punir. Mais comme nous avons appris de plusieurs de nos cardinaux, par votre lettre et vos députés, que vous étiez disposé à soumettre vos paroles et votre conduite à la censure de l'Église romaine, nous en avons éprouvé une douce consolation, et dès lors nous avons incliné à croire qu'avec des intentions pures vous n'étiez égaré que par votre zèle et votre simplicité.

« Pour n'encourir pas le reproche de négliger une affaire aussi importante, nous nous sommes déterminés à vous répondre, et nous vous enjoignons, en vertu de l'obéissance, de suspendre toute prédication, tant publique que particulière, malgré tous ordres contraires, et de vous renfermer dans l'administration de votre couvent, et cela jusqu'à ce que vous puissiez, commodément et sans escorte militaire, comme il convient à un religieux, vous présenter à notre audience, où vous serez accueilli, n'en doutez pas, avec bienveillance et paternité, à moins qu'après un nouvel examen, nous ne jugions à propos de vous tracer une autre ligne de conduite ou de déléguer un homme juste et capable pour terminer cette affaire sur les lieux.

« Si vous accomplissez ce que nous vous prescrivons, et vous le ferez, nous en avons la confiance, nous suspendons, dès cette heure, l'effet de notre bref et de toutes ses dispositions, pour rendre à votre conscience la paix et la liberté.

« A Saint-Pierre de Rome, le 16 octobre 1497. »

On remarquera le ton de modération, de dignité, de haute prudence qui domine dans cette lettre ; quel qu'ait été le motif de cette modération et de ces ménagements, ils révèlent au moins l'importance qu'on donnait à Rome à la question du prieur de Saint-Marc. Et pouvait-il en être autrement après que Jérôme, par une lettre justificative adressée à tous les fidèles, venait de porter sa cause à la barre du monde chrétien ?

La peste terrible qui sévit alors à Florence semblait avoir fait oublier Savonarole ; mais la fin de ce fléau fut pour lui un renouvellement de douleur, par les nouvelles entreprises de ses ennemis ; son silence ne pouvait apaiser leur animosité, ni sa modestie leur fureur. Il continua à prier, à gémir et à se taire, jusque vers la fin de l'année 1497, qu'il publia son *Traité du triomphe de la Croix*. Cet ouvrage, un des plus plus beaux qui soient sortis de la plume de Savonarole, est divisé en quatre livres : le premier traite de l'existence et de la nature de Dieu, de sa providence, de la fin de l'homme, de l'immortalité de l ame. La vérité, la sainteté et la divinité de la religion chrétienne sont expliquées et solidement prouvées dans le second. On montre, dans le troisième, que les mystères que nous faisons profession de croire n'ont rien de contraire à la raison naturelle ni à la bonne philosophie. Savonarole a consacré le quatrième et dernier livre à réfuter les frivoles raisonnements des astrologues et des dogmes impies des idolâtres, des Mahométans, des Juifs et des hérétiques. En défendant les grandes vérités de la foi catholique, qu'il met dans un nouveau jour, il donne en même temps les preuves les moins équivoques de son orthodoxie et les plus capables de fermer la bouche à tous ceux qui avaient voulu rendre sa foi suspecte ou faire douter de son attachement au Saint-Siége. Aussi était-ce le principal motif qui lui avait fait entreprendre ce travail, comme on le voit par la préface même que Savonarole mit en tête de ce traité.

« En dépit, ou plutôt à cause même de l'immense succès de cet ouvrage, — qui fut traduit en plusieurs langues et eut de nombreuses éditions, — les ennemis de Savonarole n'en devinrent que plus acharnés à sa perte ; chaque élection nouvelle jetait dans le conseil des partisans plus nombreux des Médicis. Enfin, pour frapper un grand coup et précipiter sa mort, ces hommes en appelèrent de son orthodoxie et de sa mission prophétique à l'épreuve du feu. Soit confiance illimitée dans la sainteté de la cause de Jérôme, soit impossibilité de décliner cet étrange et cruel arbitrage, soit ces deux motifs réunis, ses partisans l'acceptèrent, et le frère Dominique de Pescia, du couvent de Saint-Marc, revendiqua le périlleux honneur de cette preuve. Alexandre VI et les principaux magistrats de Florence tentèrent en vain de faire abandonner ce projet. Au jour indiqué, le 7 avril 1498, on vit s'élever sur la place du palais un long échafaudage, en forme de corridor, dont les parois étaient construites de manière à s'embraser rapidement et à projeter un feu croisé sur ceux qui traverseraient ce terrible passage. Le peuple était dans une attente pleine d'anxiété, quand une pluie violente et imprévue força les spectateurs et les combattants de quitter l'arène, où ces derniers jugèrent à propos de ne plus se représenter.

« Cette déception tua l'enthousiasme de la foule, et la cause de Savonarole fut bientôt l'objet de son mépris et de son dédain.

« C'en était fait du prieur de Saint-Marc; il le comprit, et dès le lendemain, dans l'Église de son couvent, en présence de ses plus fidèles auditeurs, il prédit le sort qui l'attendait, déclara s'y résigner de grand cœur, et fit ses derniers adieux.

« Cette abdication touchante accrut démesurément l'audace de ses adversaires. Le soir même, le couvent de Saint-Marc est attaqué par une populace soudoyée, en même temps que, dans tous les quartiers de la ville, les amis du prieur sont pillés ou massacrés. Cinq cents citoyens, enfermés avec lui, soutiennent vigoureusement l'attaque de la populace, jusqu'à ce que la seigneurie ayant ordonné qu'on lui livrât Jérôme et deux de ses frères, Dominique de Pescia et Sylvestre Maruffi, les trois religieux cédèrent sans résistance aux injonctions des agents de l'autorité.

« Sur-le-champ cette arrestation est mandée au Pape, qui députe, pour informer l'affaire et diriger la procédure,

Giovacchino Turriano, général des dominicains, et le ca[rdinal] Francesco Romolino.

« Le mardi saint, 10 avril 1498, un tribunal, présid[é] par les deux commissaires romains et composé de d[ix-]huit membres, dont seize laïques et deux ecclésiastique[s] presque tous ennemis déclarés de Savonarole, préluda p[ar] une affreuse torture à l'interrogatoire des trois accusé[s].

« Là, toutes les formes de la justice furent violée[s]. Nulle confrontation des témoins et des accusés, altérati[on] flagrante des dépositions, haine des juges, qui portère[nt] l'impudeur jusqu'à se réserver l'horrible privilége [de] mettre à la question le principal accusé.

« Après quarante-cinq jours de tortures morales [et] physiques, les accusés, dégradés, furent livrés au bras s[é]culier, comme hérétiques, imposteurs, perturbateurs [de] la paix de l'Église. Un nouveau tribunal, dit des Hu[it,] fut alors saisi de l'affaire, et le 23 mai, veille de l'Asce[n]sion, l'érection d'un bûcher sur la place du Vieux-Pala[is] apprit au Florentins la sentence définitive des trois acc[u]sés.

« Il suffit, — dit M. l'abbé Hacquard, — de lire cette pro[cé]dure pour se convaincre de leur innocence. On pouvait, [à] la rigueur, établir contre eux les preuves d'un délit, en s[i]gnalant les écarts de leur zèle; mais la haine, qui voul[ait] des victimes, n'y eût point trouvé son compte. Elle les d[é]clara donc coupables de crimes imaginaires. Par un res[te] de pudeur, on tint secrète la teneur de l'accusation [et] ses preuves.

« La mort des trois religieux fut admirable de résign[a]tion. Contre l'usage, et pour donner ce semble un éclata[nt] démenti à la sentence du premier tribunal qui les acc[u]sait d'hérésie, on leur administra les sacrements

Église au pied du bûcher, et le prêtre chargé de ce ministère y ajouta de la part du Pape l'indulgence plénière. »

Savonarole n'avait que quarante-sept ans…. Un fait, qui mérite d'être rapporté, montre combien, à la veille même de sa mort et au sortir d'horribles tortures, il savait se dominer et se recueillir : ce fut dans ses derniers jours de captivité qu'il composa, à la prière de son geolier, un traité sur la *manière de vivre chrétiennement dans le monde*.

On se ferait difficilement une idée de l'acharnement stupide des ennemis de Savonarole contre ses institutions et sa mémoire ; ce sentiment outré alla jusqu'au ridicule le plus odieux : pendant l'assaut livré au couvent de Saint-Marc pour en arracher l'illustre dominicain, la cloche du prieuré ayant sonné l'alarme et appelé au secours des assiégés, — par une sentence des magistrats, — la cloche séditieuse fut condamnée à être promenée sur un âne par toute la ville en signe d'ignominie.

A quarante ans de là, la mémoire de Savonarole était publiquement réhabilitée dans l'Église par Paul III, qui déclarait qu'il regarderait comme suspect d'hérésie quiconque oserait en accuser frère Jérôme. Et quinze plus tard, sous Pie IV, une commission chargée d'un examen approfondi des œuvres du dominicain, concluait une volumineuse procédure par ces paroles décisives. « La doctrine de frère Jérôme n'est ni hérétique, ni scandaleuse, ni schismatique, ni erronée. » L'Italie entière l'honorait d'un culte qui persista jusqu'en 1583, époque où les Médicis, ayant repris le pouvoir à Florence, le firent déclarer factieux et l'abolirent. M. le comte Ch. Capponi a publié l'office latin de Savonarole, œuvre pleine d'une pieuse poésie et bien propre à faire comprendre le souve-

nir lumineux que le célèbre religieux avait laissé ap[rès]
lui.

Leçon VI. — Quand l'œuvre de la prédication lui [fut]
confiée, instruit par des révélations divines, il anno[nça]
les calamités qui menaçaient l'Italie et la future rénovat[ion]
de l'Église. Au moment où le roi de France menaçait [les]
Florentins, l'homme de Dieu fut envoyé vers lui p[our]
l'apaiser par sa prudence et sa sainteté. Il se rend [à]
Pise, et persuada Charles VIII. De retour à Florence [il]
commença de publier les volontés divines avec une t[elle]
éloquence, avantage dont il était dépourvu auparava[nt,]
et au milieu d'un tel concours, que cela parut l'effet d['un]
miracle.....

Deo gratias.

Jérôme s'est levé comme la flamme ; il n'a pas dans [ces]
jours tremblé devant le roi. Et la parole divine a fla[m]boyé sur ses lèvres comme une torche ardente.

Sa parole était vivante, et elle était efficace.

Gloria Patri, etc.

Leçon VII. — Son âme était souvent ravie et s'uniss[ait]
de telle sorte à la divine lumière, que son corps, deve[nu]
étranger aux sensations de la matière, était comme m[ort,]
et qu'il en était arrivé, pendant les dix dernières anné[es]
de sa vie, à ne rien préparer de ses sermons avant que [les]
oracles divins l'eussent instruit de ce dont il devait p[ar]ler. Qui dira la rapidité de sa parole, la sublimité de s[on]
éloquence, la majesté de son expression ? Sa voix ét[ait]
claire, son geste animé, son visage, non pas ardent, m[ais]
en réalité plein de flamme. Par son œuvre la paix fut fa[ite]
entre les citoyens ; les mœurs de chacun d'eux se tran[s]formèrent de telle sorte qu'on eût dit d'autres homm[es]

Les enfants, instruits à la simplicité chrétienne, s'abstinrent des choses déshonnêtes ; ils allèrent dans leur pieuse ardeur éveiller les indolents, pénétrer dans leurs maisons, enlever leurs instruments de vice et les brûler en présence de la multitude.

Deo gratias.
Divinum auxilium maneat senper nobiscum. — Amen.

Leçon VIII. — A mesure que grandissait sa gloire, s'accroissaient aussi le nombre et l'ardeur de ses ennemis. Finalement, ils entraînent une grande foule vers le couvent de Saint-Marc, qu'ils assiégent. Ils veulent que Jérôme leur soit livré. Les portes sont fermées par la troupe armée qui entoure le frère. L'attaque commence : Jérome, agenouillé au pied des autels, prie pour ses amis et ses ennemis. L'incendie ouvre un chemin aux assiégeants, qui pénètrent dans le couvent en brisant tout sur leur passage. La seigneurie, instruite de ces excès, réclame les frères Jérôme, Dominique et Sylvestre. Jérôme est emprisonné ; il subit deux fois la question, mais refuse de désavouer ses prophéties. Enfin les hommes d'iniquité lui font subir, à lui et à ses deux compagnons, le double supplice de la potence et du bûcher ; ils jettent ensuite ses cendres dans l'Arno, mais son âme a pris place dans les cieux.

Deo gratias.
Gloria Patri et Filio.

L'office se termine par quelques oraisons pour nones, les secondes vêpres, etc., à travers lesquelles revient toujours le principal motif. On ne peut imaginer une plus complète biographie du religieux patriote sous une forme aussi condensée ; le réformateur, l'orateur, le prophète surtout et le martyr sont exaltés dans ces récits pleins de poésie et de chaleur.

Par-dessus tout, Savonarole, grand artiste lui-même dans le domaine de la parole, comprit, aima et exalta les beaux-arts, celui de la peinture particulièrement, qu'il voulut arracher et soustraire à l'influence désastreuse de la renaissance païenne. Formé à l'idéal chrétien par la contemplation des belles fresques dont un de ses devanciers, fra Angelico, avait enrichi les murs du couvent de Saint-Marc, Savonarole fut l'inspirateur et l'ami de plus d'un grand artiste auquel il ouvrit la voie, et dont l'affection constante et profonde ajoute un rayon à sa couronne d'immortalité. Citons tout d'abord Baccio della Porta, plus tard fra Bartolomeo, que le souvenir du dominicain martyr ramena à la peinture éminemment chrétienne. « N'est-ce pas, dit éloquemment M. Geffroy (1), n'est-ce pas à la flamme vivante que la prédication du frère avait déposée dans l'âme de Baccio que nous devons ces peintures ardentes par lesquelles il occupe une place à part entre tous les artistes de son temps? Aurions-nous, sans le religieux enthousiasme qui lui fut donné, le regard inspiré de son *Saint Marc* et *la Mission des Évangélistes*, à Pitti? Comment, si Savonarole eût été l'aveugle ennemi des arts, eût-il groupé autour de sa chaire tant d'artistes célèbres, devenus ses disciples ardents et dévoués? On vit s'attacher profondément à lui les della Robia, dont deux prirent l'habit par ses mains; Lorenzo di Credi, dont un contemporain raconte qu'il avait été saisi d'une telle admiration, qu'il ne pouvait plus parler d'autre chose que de la prédication qu'il avait entendue; le Polla-

(1) P. 460 et 461.

juolo, qui, dans un curieux tableau, conservé aujourd'hui au palais Corsini, de Florence, a retracé son supplice; Sandro Botticelli, qui a illustré par le burin quelques-unes de ses publications; delle Carniole, qui nous a laissé de lui un portrait célèbre sur une de ses belles pierres gravées conservées aux *Uffizi*. — Raphaël enfin, qui avait quinze ans lors de la mort de Savonarole, voulut lui aussi rendre hommage à son souvenir, et il plaça, dans sa *Dispute du saint sacrement*, au Vatican, le portrait de cet adversaire d'Alexandre VI; mais le plus grand hommage peut être que nous puissions citer à la gloire de Savonarole... n'est-ce pas l'amitié, c'est peu dire, la vénération que professa envers lui Michel-Ange ?... Vasari et Condivi rapportent que l'impression qu'il avait reçue de l'éloquence de Savonarole ne s'effaça jamais : devenu vieux, disent-ils, il relisait avec ardeur ces *prediche* dont il avait été jadis l'auditeur ému; il croyait entendre encore l'accent de cette chaleureuse éloquence, et il croyait revoir le geste même qui la commentait.

« Il est certain, conclut M. Geffroy (1), que ces deux âmes austères, Michel-Ange et Savonarole, eurent en commun plus d'une noble passion; tous deux ressentirent un même amour de la liberté et une même douleur des plaies de l'Italie. Michel-Ange se rangea de bonne heure parmi les partisans politiques du frère; il fut au nombre des artistes, tout dévoués à Savonarole, qui travaillèrent à la construction et à l'achèvement de la fameuse salle du grand conseil, et on le vit enfin, sur les hauteurs de San-Miniato, devenu ingénieur et tacticien, soutenir au péril de sa vie contre les Médicis, qui voulaient entrer dans Florence,

---

(1) P. 461 et 462.

la cause politique à laquelle Savonarole s'était voué. L'auteur allemand d'une nouvelle biographie de Michel-Ange, M. Hermann Grimm, remarque que le grand artiste travaillait à Rome à sa célèbre *Pietà* dans l'année même où eut lieu le supplice de Savonarole, et il croit retrouver dans l'expression profonde de cet ouvrage l'abîme de douleur où il pense que ces sinistres événements plongèrent l'âme de l'artiste. Ce qui paraît plus authentique, c'est, dans le *Jugement dernier* de la chapelle Sixtine, le reflet brûlant de l'imagination biblique et dantesque où l'éloquent dominicain puisait le redoutable enthousiasme de ses anathèmes, et dont, pendant les années de sa jeunesse, Michel-Ange s'était inspiré : « Les fossoyeurs iront par les rues, criant : « Qui a des morts ? N'y-a-t-il plus de morts ?... » Ne reconnaît-on pas dans les accents de cette voix terrible que le grand artiste avait entendue, et qui, nous le savons, le hanta toute sa vie, la même impression de religieuse terreur et aussi la même audace d'expression qui nous étonnent et nous troublent aujourd'hui dans la fresque du Vatican ? »

LES CRUAUTÉS DE CLOVIS

Le mensonge s'est tout d'abord attaché au début de notre histoire nationale ; depuis le cinquième siècle, il a fait son chemin, semant à toutes les étapes son venin, et déposant enfin ses traits perfides dans la mémoire de l'enfance, qui s'initie aux premières notions de nos annales par des assertions telles, par exemple, que celle ci : « Clovis Ier occuperait une place distinguée dans l'his-
« toire, s'il n'eût souillé son règne par les cruautés qu'il
« exerça contre les chefs des diverses tribus franques
« établies dans les Gaules, et pour la plupart ses parents.
« Il fit massacrer les uns, tua les autres de sa propre
« main et envahit ensuite leurs États. »

Ceci se lit au début d'un livre classique des plus répandus dans les écoles, et surtout les écoles catholiques, *ouvrage autorisé par le Conseil de l'Instruction publique et couronné par la Société pour l'enseignement élémentaire*, — l'Histoire de France, par Mme L. de Saint-Ouen (1).

En examinant la question des cruautés de Clovis, nous

---

(1) Tirage d'octobre 1873, p. 13 et 14.

ne nous adressons pas tant aux enfants eux-mêmes, qui n'en peuvent mais, qu'aux parents qui laissent passer de telles propositions faute de moyens suffisants de contrôle : et certes l'examen et la discussion — d'où jaillit la lumière, — n'ont jamais été plus nécessaires qu'ici ; car, du fait si grave imputé à Clovis s'ensuit comme fatalement (si l'on peut s'exprimer ainsi) l'insinuation que ses successeurs l'ont imité en cela : c'est alors en quelque sorte une tradition à laquelle il leur était impossible de faillir. C'est ce que ne manque pas de conclure Mme L. de Saint-Ouen, qui ajoute immédiatement : « Presque tous les « successeurs de Clovis ne l'imitèrent que trop dans ses « cruautés. Leurs règnes, jusqu'à la fin de la première « race, n'offrent qu'une suite de crimes, de désordres de « tous genres, dont le détail fatiguerait l'esprit sans « l'éclairer. Il nous suffira donc de parcourir rapidement « l'histoire de ces temps de barbarie (1). » Et, en vingt-cinq petites pages, voilà toute une série de rois jugés, condamnés et exécutés, y compris naturellement ceux que l'on flétrit du nom de *fainéants*.

Pour ne nous occuper ici que de Clovis, — c'est ce roi que l'Église, par la voix du pape Anastase, saluait comme son fils aîné, son défenseur, sa colonne de fer, à qui les évêques prêtaient les lumières de leur expérience, et sur qui le grand saint Remi, notamment, exerçait toute l'influence d'un conseiller intime ; c'est ce roi (disons-nous) qui, — si l'on en croit la plupart des compilateurs, — se prend tout à coup d'une jalousie sanguinaire et d'une rage subite d'extermination, lui jusque-là renommé par son humanité et sa justice.

(1) V. p. 177.

Sur quels nombreux témoignages se fonde une pareille assertion aussi audacieuse, pour ne pas dire plus, et surtout si dénuée de vraisemblance ? Un seul texte, et encore il n'est pas d'un contemporain, a servi de fondement à ce mensonge qui prête tant de cruautés à Clovis : c'est saint Grégoire, évêque de Tours, auteur de la fin du sixième siècle, que l'on invoque (1), et pas un autre. Or, on connaît l'axiome de droit : *Testis unus testis nullus* (Le témoignage d'un seul est non avenu).

Or, quoique saint Grégoire de Tours soit le seul annaliste de son siècle, il existe pour cette époque, en dehors des chroniques, des documents historiques d'une grande valeur, tels que des lettres de différents personnages, des vies de saints, des diplômes, etc. Mais il s'agit surtout ici de faire d'abord la part de ce qui n'a pas pu être, puis de distinguer ce qui a dû être ; pour cela, occupons nous tour à tour des personnages et des circonstances du récit mis en circulation par Grégoire de Tours.

En premier lieu, ce récit se réfute par son exagération même : « Clovis, — est il dit, — fit périr *une quantité d'autres rois, même de ses plus proches parents... et il étendit ainsi son empire sur toutes les Gaules* (2). » La Gaule, à en croire cette allégation, aurait été partagée entre une foule de petits princes ; on pourrait, il est vrai, ne pas entendre par le mot *rex* des rois proprement dits, mais des personnages de sang royal ou même des dignitaires investis de hauts commandements. Cette acception était assez fréquente alors ; Grégoire de Tours nous apprend lui-même qu'on le donnait aux enfants des princes (3).

(1) *Hist. eccles. Franç.*, lib. II, in fine.
(2) *Interfectis et aliis multis regibus*, etc. (cap. XLII).
(3) Voyez l'édition Guadet et Taranne, tome I, p. 367.

En admettant une telle interprétation, très-vraisemblable, l'on n'a plus alors affaire à des princes indépendants ; le *royaume* dont Clovis s'empare, les *sujets* qu'il soumet (1), tout cela change de signification, et l'histoire prend un tout autre aspect, comme nous le verrons bientôt.

Au compte de Grégoire de Tours également, la famille de Clovis eût été singulièrement nombreuse, si nombreuse même, que ce prince ne l'aurait pas connue tout entière : car, dit-il, presque immédiatement il se cherchait d'autres parents pour les mettre à mort, dans la crainte qu'ils ne lui enlevassent le royaume. « Le roi des Francs, parvenu à l'apogée de ses victoires, désiré par les peuples, aimé par l'Église, aurait donc eu besoin de recourir à des subterfuges pour se débarrasser non-seulement d'adversaires insignifiants, mais de compétiteurs possibles et imaginaires ; et à la seule pensée d'un rival, il aurait voué à l'extermination toute sa race. En supposant qu'il eût eu des projets aussi coupables, le degré de développement où en était arrivé son pouvoir exclut l'idée de pareils expédients à l'égard de ceux que Grégoire lui-même appelle ses *ennemis* (2). »

Ainsi, pour tous les personnages que ce chroniqueur met en scène, on ne trouve pas une grande vraisemblance de situation, comme on va le voir par les circonstances du récit : « Pendant qu'il séjournait à Paris, le roi Clovis « envoya dire secrètement au fils de Sigebert : « Voilà « que ton père est devenu vieux, et il boîte de son pied « malade. S'il venait à mourir, son royaume *te reviendrait*

---

(1) *Regnum cum populo.*
(2) *Hostes* (cap. XL). A. Lecoy de la Marche, *Clovis, ses meurtres politiques* (*Revue des questions hist.*), 1re année, 1866, tome I, p. 450 et 451.

« *de droit* avec notre amitié. » L'hérédité de père en fils aurait donc été une loi reconnue dans le soi-disant royaume de Sigebert. Ce qui n'empêche pas qu'un peu plus loin Clovis se propose aux suffrages du peuple entier et par eux est élu roi, sans que l'hérédité soit seulement mise en question. « Séduit par cette perspective, « le fils médite la mort du père et saisit le moment où « celui-ci, se disposant à une promenade dans la forêt « Buconia, *s'endort sous sa tente* au milieu du jour. » Or, Clovis, plus loin, raconte au peuple que Sigebert a été tué par son fils *en fuyant à travers la forêt,* tandis que lui *naviguait sur l'Escaut* (on a vu tout à l'heure qu'il était à Paris). Mais la mort du fils paraît encore plus étrange ; après le meurtre de Sigebert, Chlodéric envoie prévenir Clovis et lui offre une part de ses trésors. Celui-ci fait répondre : « Montrez-les seulement à mes gens, et vous gar« derez tout. » Chlodéric se baisse, et aussitôt un coup de hache lui fend la tête.

Ne dirait-on pas,—avec Augustin Thierry (1), Ozanam (2) et M. Kries (3), — que c'est quelque légende des Germains faussée par les récits populaires qu'on a sous les yeux plutôt qu'un fait historique réel ? Soit ; mais si l'on veut que les détails soient empruntés, ceux du récit entier sont bien compromis.

Voici un passage qui, sans offrir une contradiction formelle, ne laisse pas que d'affaiblir l'autorité du récit examiné ci-dessus. C'est la phrase fameuse qui, dans le texte, vient immédiatement après : « Dieu faisait chaque jour tomber ses ennemis sous ses pieds et augmentait son

---

(1) Préface des *Temps mérovingiens*.
(2) *Les Germains*, tome 1, p. 133.
(3) *De Gregorii vita et scriptis* (Breslau, 1839), p. 50 et suiv.

« royaume, *parce qu'il marchait devant lui avec un cœur*
« *droit* et qu'il faisait ce qui était agréable à ses yeux (1). »
C'est bien de Clovis qu'il est question ici, et non d'un
autre. Des critiques ont cru ces mots intercalés ; quant à
M. Kries (2), il n'est pas de cet avis et se demande quelle
intention a eue le chroniqueur. Michelet, Ampère, Fauriel
et autres modernes ont voulu voir dans cette phrase un
excès de condescendance pour un prince catholique, en
un mot, une apologie des crimes de Clovis, ce qui serait
monstrueux et maladroit tout à la fois, alors même qu'il
ne blesserait pas profondément les plus simples notions
de la morale et du droit des gens. L'abbé Gorini a très-
bien fait ressortir l'injustice d'une telle imputation, aussi
gratuite qu'elle est grave (3).

On parle de la condescendance de Grégoire de Tours
pour les princes catholiques. Et cependant, il a jugé
Chilpéric, son contemporain, Herménigilde, et d'autres
encore, avec un excès de sévérité que tout le monde reconnaît (4). « Cette phrase, devant laquelle personne n'a
« passé sans stupéfaction et sans une sorte d'impuissance,
« ne serait-elle pas un indice grave de l'altération du
« texte primitif, altération dont on rencontre un exemple
« dans un passage voisin et dans plusieurs autres ? On
« admettrait difficilement, en effet, que le même homme
« qui vient de donner un blâme au fils parricide (5) accor-
« dât consciencieusement un éloge à celui qui a fait périr

---

(1) Deus augebat regnum ejus, eo quod ambularet recto corde coram eo et faceret quæ placita erant in oculis ejus.
(2) *De Greg.*, etc.
(3) *Défense de l'Église*, tome 1, p. 287 et suiv.
(4) Lib. V, passim.
(5) Ille indignus incurrit.

« et le fils et le père. » Ainsi raisonne un éminent critique moderne (1), et il conclut, en ces termes, l'examen des prétendus meurtres politiques de Clovis : « Il y a « toute vraisemblance que le chroniqueur ait emprunté « de pareilles scènes à des traditions mises en œuvre par « l'esprit inventif et commentateur du peuple gaulois, « auquel lui-même appartenait ; qu'on se souvienne du « violent et profond antagonisme qui régnait entre cette « race et la race des Francs, et on trouvera aux détails « qui noircissent la mémoire de Clovis une source plus « naturelle que les légendes germaniques dont parlent « MM. Kries et Ozanam (2). »

Saint Grégoire se sert quatre fois, dans ces pages, de l'expression *fertur* : « on rapporte, on dit, c'est un bruit « populaire. » Rien n'est plus clair ; cela atteste une bonne foi évidente, et aussi une incertitude non moins réelle, aussi grande que possible. Ce sont des *on-dit* et non des faits contrôlés qu'il lui a été donné de recueillir la plupart du temps ; il est compilateur et non critique.

Cependant, il importe de rechercher à quelles sources ont été puisés ces faits altérés par les passions d'alors, et de décharger ainsi le père de notre histoire du double reproche de malveillance, d'une part, de coupable tolérance, de l'autre. Pour cela, il nous faut tirer des textes contemporains de Clovis même des témoignages sur ce prince, comme aussi des éclaircissements sur les faits dont on se sert pour charger la mémoire du premier de nos rois en même temps que celle du chroniqueur.

Et tout d'abord, nous invoquerons à la décharge de

(1) A. Lecoy de la Marche, *l. c. sup.*, p. 455 et 456.
(2) *Ibid.*, p. 457.

Clovis comme à celle de saint Grégoire de Tours ce passage significatif du prologue du livre III, où, presqu'aussitôt, à la suite du récit des prétendus meurtres de Clovis, on lit un éloge de ce roi proclamant qu'il a confessé « la « Trinité indivisible, et qu'avec son secours il a étendu « son royaume sur la Gaule entière. » Le prologue du livre V est encore plus remarquable : « Rappelez-vous, — « dit saint Grégoire, en offrant Clovis en exemple aux « souverains de son siècle, — rappelez-vous ce qu'a fait « le premier auteur de vos victoires, qui a mis à mort « des rois hostiles, qui a écrasé des peuples mauvais et « soumis ceux qui sont de la patrie (1), et qui vous a laissé « sur eux *une autorité sans tache et sans conteste*. Et mal- « gré cela, il n'avait *ni or ni argent* comme vous. » Il faut conclure de là, — remarque Dom Ruinart, — que Clovis et ses fils n'amassèrent pas grand pécule ; ce qui explique pourquoi Thierry attachait tant d'importance à la perte d'un plat d'argent (2). » Cela répond à la fois aux extorsions iniques et aux *trésors* saisis les uns après les autres.

Mais ce n'est pas assez de ces déclarations, pourtant bien claires, de saint Grégoire ; voici d'autres témoignages qui ont leur poids et corroborent ceux de notre historien national. On lit dans la *Vie de saint Maximin* (3) : « Le roi Clovis brilla entre tous par son courage invincible ; mais cette grandeur d'âme était due à sa fidélité envers Dieu. Aussi sa gloire et sa puissance s'augmentaient par la force divine plus encore que par ses victoires matérielles. » — « *Jusqu'au terme de ses jours,* dit Aimoin,

---

(1) Ou bien : *Les peuples de ses pères (patrias gentes.)*
(2) *Hist. eccles. Franç*, lib. III, cap. vii.
(3) Ou saint Mesmin, abbé de Mici, près d'Orléans. Voyez Dom Bouquet, tome III, p. 393.

on vit persévérer en lui *le soin de la religion* et la *vigueur de la justice* (1). »

Au concile d'Orléans, tenu en 511, à la suite même des crimes attribués à Clovis, ce ne sont que félicitations sur son zèle pieux et son humanité (2). Et ce sont là des témoignages vraiment contemporains.

Dans les documents anciens ou même contemporains, on ne trouve aucune trace d'assassinats politiques à la charge de Clovis ; la calomnie ne commence son cours qu'après la mort de ce prince, et peut s'expliquer par l'hostilité des deux races en présence, que les fils de Clovis sont impuissants à combattre ou bien qu'ils dédaignent de dompter. Une lettre écrite par Théodebert à l'empereur Justinien (VIIe siècle) loue surtout Clovis « d'avoir gardé à tous *une foi inviolable, d'avoir loyalement respecté les alliances contractées* (3). »

Après avoir montré ce qu'était Clovis et rétabli son caractère, il nous reste à voir, toujours d'après les témoignages contemporains, ce que furent ces rois ou petits princes que l'on nous représente comme les innocentes victimes de la politique ou plutôt de la cruauté de Clovis.

On lit dans la *Vie de saint Maximin*, déjà citée : « La puissance du règne de Clovis fut en butte à des attaques de toutes les sortes ; car la volonté de bien des gens est ainsi faite qu'ils sont avides de changements et qu'ils cherchent à renverser ou à entraver les établissements nouveaux avant qu'ils soient consolidés. C'est *en grand*

---

(1) Dom Bouquet, tome III, p. 40.
(2) Voyez la lettre des évêques, en tête des actes de ce concile.
(3) Dom Bouquet, tome IV, p. 58.

nombre que de tels esprits, convoitant le désordre, se rencontrèrent dans son royaume. Entre autres, les habitants de la ville de Verdun ourdirent une défection et une révolte. Le roi Clovis, persuadé qu'en des affaires de ce genre il faut de l'énergie, s'avança avec des troupes pour punir les rebelles. Ceux-ci envoient saint Euspice au-devant de lui pour l'apaiser : tous deux entrent dans la ville, en se tenant par la main ; le roi accorde un pardon complet et va rendre grâce à Dieu dans la basilique. Puis, après avoir donné deux jours de repos à ses soldats, voulant les emmener *pour mettre ordre à d'autres affaires semblables,* il se fait suivre par saint Euspice et son neveu Maximin. » Et plus loin : « *Après avoir été régler d'une manière digne les intérêts de son royaume dans les pays et les cités qui le réclamaient,* » il revient avec eux jusqu'à Orléans (1).

L'affaire de Verdun fut une révolte entre vingt du même genre que Clovis eut à réprimer. Quant à l'épisode de Ragnacaire, prétendu roi de Cambrai, voici comment la *Chronique de Baldéric* (2) le raconte : « Clovis avait laissé *pour la garde de Cambrai* Ragnacaire, son cousin ou son neveu... Un jour que le roi revenait, ce Ragnacaire, enflé d'un orgueil criminel, *viola sa foi et refusa l'entrée de la ville.* Par l'obscénité de ses mœurs et son insolence, il s'était attiré la haine des Francs. Ceux ci, ne pouvant plus le supporter, cherchent des moyens de hâter sa mort et font connaître au roi Clovis ce qui en est. »

« Chose surprenante et d'une grande portée, — observe judicieusement M. Lecoy de la Marche (3), — Baldéric a

(1) Dom Bouquet et Mabillon, *Ann.*, tome I, p. 582.
(2) Publiée par M. Leglay, en 1834, p. 10.
(3) *L. c. sup.*, p. 461.

connu l'*Histoire des Francs*, il s'en sert, il la cite ; bien plus, l'indication qu'il nous donne, il l'a puisée *dans le texte de Grégoire de Tours* (1) ! Ainsi le texte que nous possédons aurait été altéré et dénaturé assez gravement, fait qui n'offre rien d'invraisemblable, puisqu'il s'est reproduit souvent. »

Baldéric, il est vrai, n'a vécu qu'au xie siècle ; mais son témoignage n'en est pas moins précieux, car il avait l'avantage d'être sur le théâtre des faits et à même de recueillir tous les renseignements locaux. Son autorité est appuyée par une charte de Gérard II, évêque de Cambrai, qui parle de lui en ces termes : « C'est un homme savant et *versé surtout dans ce qui concerne le pays des Morins*, comme sa chronique l'a montré (2). »

Aimoin, chroniqueur du xe siècle, qui s'est également servi de l'*Histoire des Francs*, se rapproche de Baldéric et semble, lui aussi, avoir lu un texte différent du nôtre, ou bien avoir possédé sur Ragnacaire d'autres données que celles qu'il a puisées dans Grégoire de Tours (3).

Les deux témoignages de Baldéric et d'Aimoin sont, il est vrai, bien postérieurs aux faits ; mais la vie de saint Remi, reproduite par Hincmar, d'après une biographie contemporaine de cet illustre prélat, dépose absolument de même.

D'où il résulte que Clovis fut un grand justicier, — comme par la suite, — Dagobert, Charlemagne, Louis XI et Richelieu, pour ne citer que quelques-uns des fondateurs de l'unité française contre les révoltes de la féodalité ;

---

(1) Datum Camer., *Ann.*, 1082. Voyez l'édition de M. Leglay.
(2) *Aimoin*, lib. I, cap. XXII.
(3) Bolland, *Acta ss. octobr*, tome I, p. 149.

ce sentiment de la justice était si bien reconnu dans nos rois qu'un proverbe, cri du peuple, en a survécu jusqu'à la fin du siècle dernier : « Ah! si le roi le savait ! » Est-il besoin de rappeler avec quelle fermeté, quelle rigueur même, au XVIIIe, le régent ordonna et pressa le supplice du comte de Horn, assassin, son parent, et la fière réponse qu'il adressa à ceux qui lui demandaient la grâce du coupable en invoquant les liens du sang : « Messieurs, quand j'ai du mauvais sang, je me le fais tirer. »

On voit maintenant à quoi se réduisent les prétendus assassinats politiques de Clovis ; la justice et non l'ambition, encore moins la vengeance, a été la règle de sa conduite : il a vengé les peuples de l'oppression où les tenaient une foule de tyrans aussi cruels que follement audacieux. « On a, du reste, généralement exagéré la barbarie des Francs. Il y aurait de longues pages à consacrer à cette question. Les Francs avaient des rapports de longue date avec les Gallo-Romains, dont une partie *souhaitait d'amour leur domination* (1) ; le christianisme, quoique récent parmi eux, avait encore adouci leurs mœurs, et son influence se faisait sentir sur le peuple comme sur le roi. Les textes ne manqueraient pas pour prouver que l'on s'est créé sur la société d'alors des idées trop absolues. Je n'en veux citer qu'un seul ; il est d'un historien étranger il est vrai, mais d'autant moins suspect de partialité, qui écrivait vers le milieu du VIe siècle :

« Les Francs, — dit Agathias, — ne sont pas rustiques
« comme les autres barbares ; ils sont pleins d'urbanité
« et policés comme les Romains. Tous sont chrétiens et

---

(1) *Hist. eccles. Franc.*, lib. II, cap. XXXVI.

« ont sur Dieu des notions parfaites. Ils ont dans les
« villes des magistrats et des prêtres, et ils ne me
« paraissent différer de nous que par leur vêtement
« barbare et leur langue native. Ce qui me frappe surtout
« d'admiration, parmi les qualités qui les distinguent,
« c'est la justice et la concorde qu'ils observent entre eux.
« Leurs princes sont, lorsqu'il le faut, pacifiques et faciles.
« C'est pourquoi ils vivent avec une autorité assurée,
« défendant leurs possessions, ne perdant rien, mais
« plutôt acquérant (1). »

C'est en quelques mots, — et nous ne savons pas de plus bel éloge dans la bouche d'un étranger, — le résumé de la politique de nos rois, depuis Clovis jusqu'à la fin de la Restauration ; inaugurées par la victoire de Tolbiac sur les Allemands, nos annales viennent se clore par la prise d'Alger et la destruction de la piraterie dans la Méditerranée...

Il résulte de l'examen des prétendues cruautés de Clovis que le mensonge, qui a perpétué une première et grave erreur, ne s'est pas contenté d'intervertir les rôles, en faisant du royal justicier un assassin et des coupables autant de victimes, mais encore (ce qui est beaucoup plus dangereux et plus perfide) de chercher et de découvrir dans un texte évidemment altéré ou falsifié le prétexte d'une imputation outrageante contre l'impartialité et l'équité des évêques et du clergé du vi^e siècle, devenus ainsi les plats et lâches adulateurs d'un criminel couronné, et inaugurant dès lors la consécration de cette maxime sauvage, l'épouvante des temps modernes : « La force prime le droit ! »

(1) Dom Bouquet, tome I, p. 47. Cs. M. Lecoy de la Marche, *l. c. sup.*, p. 467 et 468.

L'INSTRUCTION PRIMAIRE EN FRANCE

AVANT 1789.

Il est dans notre pays une école très-vivace sinon fort instruite, dont le seul dogme est de croire et l'unique enseignement consiste à professer, en le répétant à satiété, qu'avant 1789 et la déclaration des immortels principes que l'on sait, les masses populaires étaient tenues plus ou moins systématiquement dans une ignorance profonde des éléments des sciences, — race courbée sur la charrue ou la pioche, ne sachant rien de rien, etc., végétant plus que vivant de la vie intellectuelle et... tous les grands mots avec lesquels ont fait l'opinion des sots de notre temps, et Dieu sait si le nombre en est grand !...

Nous ne croyons guère à la sincérité de ces déclamations, pour deux raisons : la première, c'est cette vanité naïve (si toutefois la vanité peut être désintéressée), qui veut faire tout dater de la fin du siècle dernier ; la seconde, un parti pris politique et surtout antireligieux qui montre l'État et l'Église étroitement ligués pour empêcher parmi le peuple la diffusion non-seulement des sciences, mais encore des plus simples éléments des connaissances, telles que la lecture et l'écriture.

Or, il n'y a pas un mot de vrai dans cette double assertion ; on pourrait même retourner contre le temps présent les griefs dont il charge le passé, en établissant, par la statistique la plus exacte comme la plus détaillée, qu'avant 1789, le nombre des individus sachant lire et écrire était aussi grand — et même davantage — que le chiffre des lettrés d'aujourd'hui, dans les masses populaires.

Mais, avant d'aborder cette statistique si éloquente et d'une logique irrésistible, notons l'aveu formel des négateurs de l'instruction primaire avant 1789, lesquels reconnaissent hautement que l'enseignement supérieur était, depuis des siècles, fortement organisé en France. Or, — comme l'a fort bien dit un savant polémiste de notre époque (1), — cette double organisation ne suppose-t-elle pas celle de l'enseignement primaire, et l'édifice de l'instruction publique aurait-il pu subsister sans cette base indispensable ? Mais, hâtons-nous, — sans plus attendre, — d'examiner les textes et les faits.

Et d'abord, pour commencer par la Normandie, — où fleurirent les premières écoles monastique, — il est facile d'y démontrer l'existence d'écoles laïques nombreuses à partir du xiie siècle ; ces écoles ne se rencontrent pas seulement dans des villes ou des localités importantes, plusieurs villages en sont trouvés pourvus, et de ces villages quelques-uns ont aujourd'hui trop peu d'importance pour former des communes distinctes. « Quand on rencontre

---

(1) L'abbé E. Allain, *L'Instruction primaire en France, avant la Révolution*, etc. (*Revue des questions historiques*, 9e année, tome XVII, p. 115).

des écoles dans des localités d'une aussi mince importance que le sont plusieurs de celles que nous avons énumérées, il n'y a plus moyen de douter qu'il n'y en ait eu, sinon dans toutes les paroisses rurales, du moins dans la plupart, et surtout dans celles dont la population était un peu considérable (1). »

Dans les autres parties de la France où des recherches ont été faites, on peu également découvrir de nombreuses écoles, au moyen âge (2).

A Saulieu, à Flavigny, à Beaune, à Avallon, à Arnay-le-Duc, on a retrouvé la trace des anciennes écoles des xiv et xve siècles (3).

Plusieurs textes du xive siècle nous apprennent que des écoles existaient alors à Troyes; en 1353, 1358, 1378, il en est plusieurs fois question, non-seulement pour cette ville, mais pour tout le diocèse (4). A une autre extrémité de la France, dans le Béarn, on a retrouvé des écoles à Oloron, à Navarrenx, Orthez, Lacq, Coarraze (5). A Bordeaux, en 1414, figure parmi les membres du conseil des Trente notables Me Jean Andrieu, *meste de l'escola* (6). En Bourgogne, et spécialement à Châlon, comme en beaucoup d'autres villes et villages, il a existé très-ancienne-

---

(1) Ch. de Beaurepaire, *Recherches sur l'Instruction publique dans le diocèse de Rouen avant 1789*, tome I, p. 52.

(2) Cs. *Mémoires de la Société des antiquaires de Normandie*, t. XVIII, p. 336. — *Mémoires du clergé*, tome I, p. 1040. — A. de Charmasse, *Etat de l'Instruction primaire dans l'ancien diocèse d'Autun*, etc., p. 4.

(3) *Id., ibid.*, p. 10-12.

(4) Boutiot, *Hist. de l'Instruction publique et populaire à Troyes pendant les quatre derniers siècles*, p. 13. 15, 16, 19, etc.

(5) Sérurier, *L'Instruction primaire dans la région des Pyrénées-Orientales, spécialement en Béarn*, 1385-1789, p. 13, 29, 30, etc.

(6) Archives de la ville de Bordeaux, série BB, registre de la jurade de 1414 à 1417, p. 1, verso.

ment des écoles dont on peut suivre la trace, à dater du xiiiᵉ siècle (1).

En 1380, le grand chantre de Paris réunit les maitres et les maitresses de cette ville au nombre de soixante-trois, pour leur notifier les statuts qui les devaient régir. Au xvᵉ siècle, on compte à Paris environ cent écoles, et à la fin du xviᵉ siècle, le chantre Claude Joly évalue le nombre des maitres et des maitresses à cinq cents (2).

Partout où des recherches sérieuses ont été faites, on a trouvé au moyen âge la trace de nombreuses écoles. Si d'ailleurs on considère le chiffre immense des étudiants qui se rendaient aux universités, après avoir déjà reçu un commencement d'instruction, on se persuadera aisément que de nombreuses écoles élémentaires existaient sur toute la surface de la France.

Après les guerres des xivᵉ et xvᵉ siècles, — si funestes aux écoles populaires, en France, — dès la première moitié du xviᵉ siècle, on s'applique de toutes parts à fonder de nouveaux établissements d'instruction primaire ainsi qu'à relever de leurs ruines les anciennes écoles ; ce fut le clergé qui s'y employa avec le plus de zèle et de succès, et qui sut rendre aussi durables que rapides cette résurrection et ces créations si utiles. Ainsi, on retrouve à Lille, dès 1527, des écoles gratuites ouvertes en faveur des pauvres ; ces écoles se soutenaient au moyen de legs nombreux des bourgeois et des collectes faites dans toutes les maisons de la ville. En 1584, les magistrats fondent une école du dimanche *gratuite;* ils la transforment, onze ans après, en école quotidienne ; en 1613, douze cents enfants

---

(1) H. Batault, *Essai hist. sur les écoles de Châlon-sur-Saône,* p. 12-13.
(2) Ravelet, *Hist. du vénérable J.-B. de la Salle,* p. 28.

la fréquentent, et quatre quêtes établies à cette fin permettent de leur répartir des habits, des aliments et des secours de toute nature (1). A la même époque ils établissaient les écoles charitables de Rouen : en 1551, quatre classes étaient ouvertes et confiées à d'*honnêtes ecclésiastiques* auxquels il était recommandé d'apprendre à leurs élèves « à craindre et louer Dieu, leur créance et com-« mandements de la loi, leur petit livre, la lecture, l'écri-« ture, principalement les bonnes mœurs. » En 1556, deux autres écoles reçurent cent soixante filles ; elles étaient dirigées par *deux honnêtes femmes*, qui les devaient instruire et leur montrer à travailler à l'aiguille (2).

On voit, au XVIe siècle, des écoles à Troyes (3), à Montauban (4), à Semur-en-Auxois (5), à Autun et dans diverses paroisses de ce diocèse (6), à Châlons (7), à Bordeaux, Blaye et Libourne (8), dans le diocèse d'Auch (9), en Béarn (10), dans le comté Nantais (11) et en beaucoup d'autres parties de la France.

(1) Houdoy, *L'Instruction primaire et obligatoire depuis le* XVIe *siècle*, p. 1, 6, 10, 11, 12.
(2) Beaurepaire, tome II, p. 289, 290.
(3) Boutiot, p. 29, seq.
(4) Devals, *Les écoles publiques à Montauban du* Xe *au* XVIe *siècle*, p. 19, 39.
(5) Leleu, *Notice hist. sur les écoles de Semur en Auxois*, p. 9, 15, 69, 70, 85, 86.
(6) Charmasse, p. 12, 15.
(7) Batault, p. 21, seq.
(8) Gaullieur, *Hist. du collège de Guyenne*, p. 12, 24, etc. — Guinodie, *Hist. de Libourne*, tome II, p. 222, seq. — Archives de la ville de Blaye, p. 95.
(9) Dubord, *Recherches sur l'enseignement primaire dans nos contrées avant* 1789. (*Revue de Gascogne*, tome XIV, 312, 316, 318, juillet 1873).
(10) Sérurier, p. 13, 29-38, 46, seq. passim
(11) Léon Maitre, *L'Instruction primaire dans le comté Nantais avant* 1789. (*Revue de Bretagne et Vendée*, avril-mai 1874, tom. XXXV, p. 263-371, 375.

De nombreux documents, étudiés en plusieurs diocèses avec un soin minutieux, fournissent de précieux renseignements sur les écoles des xviie et xviiie siècles.

Au diocèse d'Autun, dans trois cent soixante-trois paroisses visitées, du milieu du xviie siècle au milieu du xviiie, on trouve deux cent cinquante-trois maîtres et maîtresses (1).

M. de Beaurepaire, après une étude attentive des procès-verbaux de visites de l'archevêché de Rouen, donne les chiffres suivants : en 1638, trente-huit paroisses visitées, vingt deux-écoles (2) ; en 1687, cinquante-six paroisses, quarante-deux écoles, (3) ; de 1710 à 1717, onze cent cinquante-neuf paroisses, huit cent cinquante-cinq écoles de garçons, trois cent six écoles de filles (4).

Ces chiffres parlent assez haut ; mais on est encore plus frappé de leur éloquence, quand on réfléchit que le nombre des paroisses était, avant la Révolution, beaucoup plus considérable qu'aujourd'hui ; que, par suite, elles étaient moins étendues et moins populeuses (5).

En 1779, on lit — dans les archives de Nancy — un document du plus curieux intérêt qui constate la multiplicité des écoles primaires : « Nos bourgs et nos villages (y est-il dit), fourmillent d'une multitude d'écoles. Il n'est pas de hameau qui n'ait son grammairien (6). »

(1) Charmasse, p. 38.
(2) De Beaurepaire, tome II, p. 382.
(3) *Id., ibid.*, p. 383.
(4) *Id., ibid.*, p. 407.
(5) *Id., ibid.*, p. 408.
(6) Maggiolo, *De la condition de l'instruction primaire en Lorraine avant* 1789. (Mémoires lus à la Sorbonne, en 1868, p. 514.)

Formulée comme plainte, cette assertion n'en acquiert que plus de poids pour la question qui nous occupe.

Voyons d'autres preuves. Châlon-sur-Saône avait tout à la fois une grande école ou collége, entretenue par la ville, et dans laquelle on enseigna d'assez bonne heure les éléments des belles-lettres, et de nombreuses écoles primaires dirigées par de simples particuliers, — prêtres ou laïques. Ces derniers faisaient au collége une grande concurrence, dont les recteurs se plaignirent maintes fois. Il y avait aussi des classes gratuites pour les filles (1). La Provence nous offre les mêmes exemples (2). Dans la Franche-Comté, l'ancienne organisation scolaire ne laissait rien à désirer. En 1799, après une persécution de dix années, il subsistait encore trois cent vingt-six anciennes écoles dans le département du Doubs. « Sous l'ancien régime, dit M. Sauzay, ce département possédait une université, cinq colléges, et *des écoles primaires dans toutes les paroisses* (3). »

Le zèle du clergé et des habitants pour l'entretien et le développement de l'instruction primaire était si vif, que dans le Gers, — pour ne citer qu'un exemple entre beaucoup d'autres, — le curé et les notables de la paroisse de Mauroux, reconnaissant l'impossibilité où se trouve la commune, ruinée par les guerres, de subvenir à l'entretien d'un instituteur, s'engagent eux mêmes à lui faire un traitement qu'ils lui continuent pendant neuf ans, jusqu'à ce que les ressources de la paroisse soient

---

(1) Batault, p. 124-140.
(2) Ch. de Ribbe, *Les familles et la société en France avant la Révolution*, p. 288.
(3) J. Sauzay. *Hist. de la persécution révolutionnaire dans le dépt. du Doubs, de 1789 à 1801*, tome X, p. 399-417, seq.

suffisantes pour lui permettre de reprendre cette charge (1).

Un mot maintenant des écoles des anciens diocèses de Bordeaux et de Bazas, formant presque entièrement le département actuel de la Gironde. Dans certaines communes, l'instruction publique était organisée d'une manière bien plus complète il y a un siècle que de nos jours. Il y avait des colléges à Cadillac (2), à Langon (3), à Saint-Macaire (4), à Bourg et à Saint-Émilion (5) ; nous ne mentionnons pas Blaye, Bazas, Libourne, Sainte-Foy, qui possèdent encore aujourd'hui des colléges. Des communes rurales du diocèse de Bazas, comme Gensac (6), Castelmoron d'Albret (7), Rauzan (8), avaient non seulement un maître pour l'école élémentaire, mais un régent latiniste et des religieuses pour instruire les filles. En 1758, les frères des Écoles chrétiennes avaient été appelés à Bordeaux par l'archevêque, M. d'Audibert de Lussay ; ils tenaient quatre grandes écoles gratuites (9). Le collége des Jésuites et le collége de Guienne attiraient des centaines d'écoliers. Les sœurs de Notre-Dame, établies en 1607 par Mme de Lestonnac (10), les Ursulines et plusieurs autres communautés religieuses (11) instruisaient les

(1) *Revue de Gascogne*, juillet 1873.
(2) Archives de la Gironde, série C, 118.
(3) *Ibid.*, série C, 325.
(4) *Ibid.*, série H, Jésuites, collége et prieuré de Saint-Macaire.
(5) *Ibid.*, série C, 304 et 326.
(6) *Ibid.*, 326.
(7) *Ibid.*
(8) *Ibid.*, série C, 126.
(9) *Ibid.*, série C, 1506.
(10) La vie de la vénérable mère Jeanne de Lestonnac, etc., 1743, in-18.
(11) Dom Devienne, *Hist. de Bordeaux*, 2ᵉ partie (1862), p. 107-142.

filles pauvres. En 1762, l'Université de Bordeaux signale le nombre *infini* des maîtres d'école et des maîtres de pension (1). Dans une paroisse rurale, à Barsac, en 1736, on ne trouve pas moins de quatre maîtres d'école exerçant ensemble (2).

Pour la Saintonge, nous avons le témoignagne d'un érudit des plus distingués, M. Audiat ; voici la conclusion de son intéressant mémoire, lu à la Sorbonne en 1873 :

« Il y avait des écoles chez nous, beaucoup plus qu'on ne croit, et en certains lieux, autant au moins qu'en 1873, notamment à la Rochelle, en 1689. Il y avait beaucoup plus de maîtres, beaucoup plus d'écoles qu'en 1873 ; quant à la population scolaire, elle était certainement aussi forte qu'à présent, toute proportion gardée (3). »

Les résultats dans le comté Nantais ne sont pas moins satisfaisants. M. L. Maitre a donné la liste de quatre-vingt-une paroisses, dont soixante-quatre avaient des écoles aux xviie et xviiie siècles ; il démontre par les faits qu'aux deux derniers siècles, l'instruction primaire en Bretagne était aussi répandue qu'aujourd'hui (4).

Les écoles de Troyes, de Lille, déjà florissantes au xvie siècle, ne dégénérèrent pas au $xvii$. Les évêques qui se succédèrent sur le siége de Troyes appelèrent successivement dans cette ville diverses communautés religieuses pour instruire gratuitement les enfants du peuple (5). A Lille, en dehors des classes gratuites dont M. Houdoy nous a fait connaître l'établissement au

---

(1) Mémoire de l'Université de Bordeaux sur les moyens de pourvoir à l'instruction de la jeunesse, 1712.
(2) Archives de l'archevêché de Bordeaux, série G, visites.
(3) Cité par l'abbé Allain, *l. c. sup.*, p. 129.
(4) *Revue de Bretagne et Vendée*, avril-mai 1874.
(5) Boutiot, p 57, 71-73.

xvie siècle, trente-deux écoles étaient ouvertes, moyennant rétribution, aux enfants des bourgeois, sans compter celles où l'on enseignait le latin (1). En 1789, la même ville possédait douze écoles de charité, soit dominicales, soit journalières, dont trois pour les filles (2).

Quant à la Picardie, nous voyons qu'en 1678 les curés d'Amiens, à l'imitation de ceux de Paris, avaient doté leurs paroisses de classes gratuites pour les enfants pauvres et en avaient nommé les maîtres (3). En dehors des écoles ouvertes à tous moyennant rétribution, il existait à Amiens deux sortes de classes gratuites : celles que les curés avaient fondées dans leurs paroisses et trois autres établies par les administrateurs des maisons hospitalières : l'une, assez récente, à l'hôpital général ; l'autre dans la chapelle Saint-Quentin, où elle se tenait *depuis un temps immémorial*; la troisième, connue sous le nom d'école des *enfants bleus*, datant de 1627 (4).

Les *Mémoires du clergé* nous renseignent sur l'état de l'instruction primaire dans plusieurs autres provinces....

Des écoles de charité furent établies à Lyon en 1692 par M. Démia, vicaire général de l'archevêque, qui se consacra tout entier à l'instruction des pauvres, et ne négligea rien pour perpétuer le bien qu'il leur avait fait en fondant une communauté de maîtres (5). Le vénérable de la Salle, après avoir institué les frères des Écoles chrétiennes, fonda des écoles charitables dans plusieurs villes de France : Reims, Rethel, Chartres, Calais,

---

(1) Houdoy, p. 35.
(2) *Ibid.*, p. 18.
(3) Arrêt de la grand'chambre du parlement de Paris, du 23 janvier 1680, *Mémoires du clergé*, tome I, p. 990-1034.
(4) *Ibid.*, p. 1007.
(5) Faillon, *Vie de M. Démia, instituteur des sœurs de Saint-Charles.*

Avignon, Guise, Laon, Château,-Porcien, Saint-Denys, Marseille, Dijon, Grenoble, Vence, Alais, les Vans, Valréas, Macon, Versailles, Moulins, Boulogne-sur-Mer, lui durent successivement ce bienfait(1).

Sans aller plus loin, ne peut-on pas déjà maintenant conclure que l'enseignement populaire ne date pas d'hier en France, et si la Révolution n'était venue entraver le mouvement imprimé par le clergé, toujours à la tête des grandes et bonnes choses, nul doute que les résultats déjà obtenus n'eussent été encore surpassés par ceux que promettait un avenir très-prochain. Les témoignages désintéressés des contemporains prouvent assez combien la situation était déjà satisfaisante dans la seconde moitié du siècle dernier. « Nos derniers rois, dit Rousseau de la Combe (2), ont réuni dans leurs ordonnances les dispositions de leurs prédécesseurs et celles des conciles, et, *trouvant des écoles établies presque partout*, ils ont veillé à en maintenir la discipline et à les rendre fréquentées. Il y a ordinairement dans chaque paroisse, — dit le conseiller Daniel Jousse (3), — deux écoles de charité, une pour les garçons et l'autre pour les filles. »

Qui le croirait, ou plutôt qui ne le croirait pas? Ces résultats irritaient et désolaient les philosophes et les parlementaires. Voltaire applaudissait aux diatribes de la Chalotais qui s'indignait de ce que « tout le monde voulût étudier » et de ce que les frères Ignorantins, « successeurs des Jésuites, survenus pour achever de tout perdre, appris-

---

(1) Ravelet, *Hist. du vénérable de la Salle.*
(2) Recueil de jurisprudence canonique et bénéficiale, etc. (Paris, 1755, p. 52).
(3) Traité du gouvernement spirituel et temporel des paroisses, etc. Paris, 1769, p. 233).

sent à lire et à écrire à des gens qui n'eussent dû apprenqu'à dessiner et à manier le rabot et la plume. » Il allait jusqu'à formuler crûment ce principe : « Le bien de la société demande que les connaissances du peuple ne s'étendent pas plus loin que ses occupations. Pour les gens du peuple, il n'est presque nécessaire de savoir lire et écrire qu'à ceux qui vivent par ces arts ou que ces arts aident à vivre. »

Voilà ce que la Chalotais écrivait, en 1763, dans son *Essai d'éducation nationale, ou plan d'études pour la jeunesse* (1), et Voltaire, à qui il avait soumis son ouvrage, lui répondait en ces termes: « Je ne puis trop vous remercier, monsieur, de me donner un avant-goût de ce que vous destinez à la France. *Je trouve toutes vos vues utiles. Je vous remercie de proscrire l'étude chez les laboureurs.* Moi, qui cultive la terre, je vous présente requête pour avoir des manœuvres et non des clercs tonsurés. Envoyez-moi surtout des frères ignorantins pour conduire mes charrues et pour les atteler (2). »

Mais, dès 1746, l'abbé Terrisse, vicaire général de Rouen, soutenait, dans un mémoire lu à l'Académie de cette ville, qu'il était d'une bonne politique de procurer aux paysans les moyens de s'instruire, et donnait comme preuve à l'appui de sa thèse l'état florissant des campagnes de Normandie, où *tout le monde était instruit* (3).

Inutile de demander de quel côté étaient les vrais amis du peuple et du progrès, et si c'étaient les philosophes et les parlementaires ou bien le clergé !

Après les faits dont on vient de lire l'exposé, comprend-

(1) P. 25-26.
(2) Lettre du 28 février 1763.
(3) M. de Beaurepaire, tome III, p. 99.

on, ou seulement imagine-t-on qu'en ces dernières années, en 1872, un professeur au Collége de France (1) ait pu (je ne veux pas dire ait osé) produire les assertions étranges que voici?

« Tandis que notre enseignement supérieur et secondaire remonte jusqu'au moyen âge, et de là, par une tradition qui ne fut jamais complétement interrompue, jusqu'aux écoles romaines, *l'organisation de notre enseignement primaire date d'hier.* La première République le *décréta* à plusieurs reprises; mais nul sous la République, nul sous l'Empire, il ne commença d'exister que sous la Restauration, et ne prit une assiette solide qu'en 1830.

« Comment la France a-t-elle attendu si longtemps et comment s'est-elle laissé devancer par les nations voisines? D'où vient que la France, qui dans le même temps comptait tant d'économistes éclairés, tant de philosophes amis de l'humanité, tant d'esprits généreux, *ait absolument négligé l'instruction du peuple ?*

« Il faut avoir le courage de nommer la cause du mal. *La vérité est que l'enseignement primaire, partout où il s'est établi avant ce siècle, est fils du protestantisme* (2).....

« *La foi catholique a dominé pendant de longs siècles chez nous, sans songer à fonder l'enseignement populaire* (3).

« Non-seulement le catholicisme remplace le livre par le rosaire, mais *il fait l'éloge de la sainte ignorance* (4). »

Non, l'organisation de notre enseignement primaire ne date pas d'hier, et c'est nous qui avons devancé les nations voisines dans cette voie féconde; mais (et c'est ce qui

---

(1) Michel Bréal, *Quelques mots sur l'Instruction publique en France.*
(2) 2ᵉ édit, p. 12-13.
(3) *Ibid.*, p. 20.
(4) *Ibid.*, p. 73.

nous reste à prouver), c'est la foi catholique qui a fondé l'enseignement populaire, bien loin de songer un seul instant à canoniser l'ignorance.

Donc, longtemps avant 1789, et très-antérieurement au protestantisme, à qui l'on veut faire l'honneur d'une telle initiative, il y avait de nombreuses écoles en France. Il nous reste à voir et à dire ce qu'étaient ces écoles, quel en était l'enseignement, dans quelles mesures on les fréquentait, enfin, quelle était la condition morale et pécuniaire des instituteurs qui les dirigeaient : quatre questions auxquelles nous allons répondre, — nous le croyons, — d'une façon aussi péremptoire qu'intéressante.

Pour avoir un programme moins étendu peut-être qu'aujourd'hui, l'enseignement primaire avait assurément une portée plus pratique. Généralement, dans les écoles, avant 1789, on se bornait à apprendre aux enfants le catéchisme, la lecture, l'écriture, l'orthographe et le calcul (1), auxquels on joignait les éléments du latin, comme nous le voyons par un livre curieux et rare qui est, en quelque sorte, le code des écoles primaires au XVIIe siècle : l'*Ecole paroissiale, ou la manière de bien instruire les enfants dans les petites écoles, par un prêtre d'une paroisse de Paris* (2). Grâce à l'excellence de leurs méthodes, les anciens maîtres formaient de très-bons écoliers, et le choix des lectures, des modèles d'écriture et d'orthographe, les leçons de vive voix, composaient un programme des plus complets; les élèves apprenaient à

---

(1) Fayet, Rapport sur les écoles avant 1789, dans l'*Assemblée générale des comités catholiques de France*. (1873), p. 119.

(2) 1654, in-12, 3ᵉ partie, chap. I-IV. Cf. Conduite des écoles chrétiennes par messire J.-B. de la Salle (1ʳᵉ édit., 1720), et Ravelet, *Hist. du vénérable de la Salle*, livre III, chap. IV.

lire, non-seulement l'imprimé, mais des manuscrits for
difficiles parfois (1). Rien de plus pratique que cett
méthode, comme on peut s'en convaincre par la citatio
suivante empruntée à un ouvrage pédagogique du xvii
siècle : « La manière de faire apprendre l'orthographe au
enfants sera de leur faire copier des lettres écrites à l
main sur des choses qu'il leur sera utile d'apprendre à
faire, et dont ils pourront avoir besoin dans la suite
comme sont des promesses, des quittances, des marché
d'ouvriers, des contrats de notaires, des obligations, de
procurations, des baux à louage ou à ferme, des exploits
et procès-verbaux, afin qu'ils puissent s'imprimer ce
choses dans l'imagination et apprendre à en faire de
semblables. Après qu'ils auront copié de ces sortes d'écrits
pendant quelque temps, le maître leur fera faire et écrire
d'eux-mêmes des promesses, des quittances, des marchés
d'ouvriers, etc. (2). »

Voilà pour l'orthographe et les actes de la vie commerciale ; voici, pour les éléments de la paléographie, une sorte d'Ecole des chartes, un siècle avant cette fondation, l'honneur de notre âge : en 1737, les habitants de Mâcon, dans une requête adressée à l'archevêque de Bordeaux pour se plaindre de leur régent, le sieur Lemer, déclarent que chaque jour il s'offre des personnes infiniment plus capables que ledit Lemer, pour l'écriture, l'arithmétique et *la lecture dans les titres*... Il y a toujours à Mâcon de ces personnes qui ont rempli leur devoir à la satisfaction du public et fait de très-bons écoliers (3). De même on trouve, en 1689, à Lucq (Basses-Pyrénées), un régent

---

(1) Ravelet, p. 244. — L'École paroissiale, p. 252-253.
(2) Conduite des écoles chrétiennes, ap , Ravelet, p. 248-249.
(3) Archives de la Gironde, série C, 1507.

refusé par les paroissiens, parce qu'il ne pouvait déchiffrer les chartes de la commune (1).

En général, les écoles étaient fréquentées assez assidûment; nos aïeux savaient apprécier la science et ne négligeaient rien pour l'acquérir, au moins dans ses éléments indispensables.

Dès le moyen âge, les contrats d'apprentissage et de tutèle stipulent que l'apprenti et le pupille seront mis aux écoles; bien plus, il arrive aussi que cette clause est insérée lorsqu'il s'agit d'un enfant admis dans une maison comme serviteur (2).

Les registres de délibérations des communautés, les registres d'état civil des paroisses, les minutes des notaires, par le nombre des signatures dont ils sont revêtus, nous fournissent un puissant argument de la diffusion de l'instruction primaire. On trouve, aux époques les plus anciennes, des délibérations municipales portant des signatures en nombre égal à celui des personnes présentes (3).

Quant à la condition des instituteurs, — le maître d'école était généralement établi du consentement de l'évêque, du curé et des paroissiens. Les maîtres de village se recrutaient un peu partout. La plupart faisaient de l'enseignement leur profession exclusive; d'autres cumulaient et exerçaient en même temps divers emplois. Dans quelques provinces, en Normandie, par exemple, les écoles étaient souvent tenues par des vicaires et des

---

(1) Sérurier, p. 54.
(2) Beaurepaire, tome I, p. 62-65, et Sérurier, p. 6.
(3) Fauché Prunelle, *Essai sur les institutions autonomes et populaires des Alpes briançonnaises*, tome II, p. 171-175. Cf. Ravelet, p. 26.

diacres (1). Même fait à Paris, à Lyon et dans plusieurs autres villes (2). Dans le sud-ouest de la France, au contraire, les régents étaient laïques (3). La considération dont on entourait alors les instituteurs primaires et leur position pécuniaire étaient à la hauteur des services qu'on attendait d'eux ; c'était une place recherchée en 1667 : nous voyons dans la commune de Castres (Gironde) un notaire et un humaniste aux prises pour diriger une école de village (4). On trouve d'autres notaires, des avocats exerçant la profession de maîtres d'école ; il n'était pas rare de voir des régents parvenir à des positions assez enviées. Par exemple, à Pellegrue (Gironde), l'instituteur, au témoigngge du curé, s'est enrichi dans son école, qui est « très-nombreuse, » et est devenu premier consul de sa paroisse (5).

Maintenant (et c'est par là que nous concluons), l'Église et le clergé furent-ils hostiles ou bien favorables à l'établissement des écoles primaires ? En d'autres termes, est-il vrai, — comme on a osé l'avancer naguère, — que « la foi catholique a dominé pendant de longs siècles chez nous sans songer à fonder l'enseignement populaire (6) ? »

Cette assertion est bel et bien un paradoxe, auquel tous les faits donnent un démenti formel. « L'Église, après avoir fondé dans notre pays l'enseignement populaire, en

(1) Beaurepaire, tome II, p. 407.
(2) Mémoires du clergé, tome I, p. 1050-51. Cl. Joly, *Traité des écoles*, p. 390, etc.
(3) Archives de l'archevêché de Bordeaux, série G, visites. Cf. Sérurier, p. 14.
(4) Archives de l'archevêché de Bordeaux, série H. Institutions primaires. Requêtes à l'archevêque.
(5) Archives de la Gironde, série G, 686.
(6) Bréal, p. 13-20.

a eu seule la direction durant des siècles; seule, elle a travaillé à le mettre à la portée de tous, et si la Révolution n'était pas venue détruire son œuvre et dissiper les ressources que sa charité avait créées, nous ne serions pas condamnés à entendre périodiquement nos ministres de l'instruction publique opposer notre infériorité scolaire à la supériorité des peuples voisins, à qui les bienfaits de 1789 sont inconnus (1). »

Les conciles s'occupèrent sans cesse de l'enseignement populaire, et les évêques appliquèrent scrupuleusement les décisions que ces saintes assemblées avaient prises. Dès 797, Théodulphe, évêque d'Orléans, ordonnait que, dans les villes et les villages de son diocèse, les prêtres tiendraient école ouverte pour enseigner les enfants, sans rien recevoir ou exiger, sinon ce que les parents voudraient donner d'eux-mêmes (2). Les écoles épiscopales monastiques, très-nombreuses du VIIIe au XIIe siècle, furent longtemps l'asile unique des lettres, et tous, laïques et clercs, pauvres et riches, y étaient indistinctement admis (3). Mais ce fut principalement à la fin du XVe siècle et au XVIe que l'action de l'Église en faveur de l'enseignement primaire se fit sentir de toutes parts (4). Les statuts synodaux publiés aux XVIe, XVIIe, XVIIIe siècles renferment les plus sages instructions pour les instituteurs, les plus pressantes recommandations, les instances les plus vives, les prescriptions les plus réité-

(1) L'abbé E. Allain, *l. c. sup*, p. 141.
(2) Sirmond, *Concilia antiqua Galliæ*, tome II, p. 215.
(3) Léon Maitre, *Les écoles épiscopales et monastiques de l'Occident depuis Charlemagne jusqu'à Philippe-Auguste*. — Le père Desjardins, *L'Église et les écoles* (dans les Études religieuses, philosophiques et littéraires, mars 1872, etc.).
(4) Voyez le concile de Trente, sess. V, De Reformatione, c. I.

rées pour faire augmenter le nombre des écoles (1).

Quelques citations des plus caractéristiques.....

« Prenez tous les ans, — disent les statuts de Châlons de 1662, — quelque somme d'argent sur le revenu de la fabrique pour aider à avoir un bon maître d'école dans les lieux où il n'y en a point. *Si vous pouvez vous-mêmes contribuer à la subsistance dudit maître d'école, préférez cette aumône à celles qui ne sont pas si nécessaires et si pressantes.* Inspirez à ceux qui veulent faire des fondations au profit de l'Église de les attribuer à cette bonne œuvre. En un mot, ne négligez rien de ce qui dépendra de votre zèle pour procurer l'établissement d'un maître d'école dans vos paroisses. »

Les saints prêtres qui réformèrent le clergé au XVIIe siècle par l'institution des séminaires, mettaient au nombre de leurs principales préoccupations l'instruction des enfants du peuple. En 1649, M. Olier, fondateur du séminaire de Saint-Sulpice, et M. Bourdoise, premier prêtre de Saint-Nicolas-du-Chardonnet, établirent, avec quatre-vingts de leurs disciples, une association de prières pour obtenir de Dieu de bons maîtres d'école pour les pauvres (2). « Pour moi, — écrivait M. Bourdoise à M. Olier, — je le dis du meilleur de mon cœur, je mendierais de porte en porte pour faire subsister un vrai maître d'école. Je crois qu'un prêtre qui aurait la science des saints se ferait maître d'école et, par là, se ferait canoniser. Les meilleurs maîtres, les plus grands, les plus en crédit, les docteurs de Sorbonne, n'y seraient pas trop bons. Parce que les écoles de paroisses sont pauvres et tenues par des pauvres,

---

(1) Ravelet, *Vie du vénérable de la Salle*, p. 14-24.
(2) Vie de M. Olier, 4e édit., 1873. tome III, p. 152.

on s'imagine que ce n'est rien. Cependant, c'est l'unique moyen de détruire les vices et d'établir la vertu, et je défie tous les hommes ensemble d'en trouver un meilleur (1). »

Un fait douloureusement curieux nous est révélé par la protestation, en 1707, de l'évêque de Léon contre la suppression de l'école charitable de Recouvrance, que voulait consommer l'intendant de la province; le prélat s'élève avec vigueur contre ceux qui, *imbus des principes répandus dans certains livres proscrits par la religion et la raison, excluent de toute instruction certaines classes d'hommes* (2). On le voit, longtemps avant La Chalotais et Voltaire, les parlementaires et les philosophes, le pauvre avait été voué par les libres penseurs à l'ignorance et à l'abaissement qui en est la suite.

Le dévouement du clergé à l'instruction du peuple se manifestait non-seulement par de sages règlements et des encouragements aux maîtres et aux écoliers, mais encore, dans toutes les provinces, les évêques et les prêtres consacraient leur fortune et les revenus de leurs bénéfices à l'œuvre des écoles gratuites (3).

Le couronnement de cette œuvre si méritoire, l'expansion de ce dévouement admirable de l'Église à la cause de l'instruction primaire, se révèlent au XVIIe siècle dans la fondation des frères des Écoles chrétiennes par le vénérable de La Salle (1651-1719), un homme de qualité, un dignitaire de l'Église, un prêtre qui, après avoir com-

---

(1) Cité par Ravelet, *l. c. sup*, p. 65-70.
(2) Documents inédits sur les écoles de Brest et de Recouvrance, publiés par M. de la Borderie (*Revue de Bretagne et Vendée*, juin 1874, p 464).
(3) Leleu, p. 85. — M. de Charmisse, p. 30-31, 34-37, 99, seq — L. Maitre. (*Revue de Bretagne et Vendée*, avril 1874, p. 262.)

mencé par accorder à quelques pauvres maîtres d'école sa protection et ses largesses, se fit, lui aussi, pauvre et maître d'école pour les pauvres. Quant aux congrégations de filles fondées pour l'instruction des enfants, elles furent si nombreuses que leur seule énumération remplirait bien des pages (1).

Donc, — et ce sera notre conclusion, appuyée sur les faits dont on vient de lire le rapide exposé, — donc, ce fut le catholicisme qui, par ses évêques, ses prêtres et ses congrégations enseignantes, fonda, développa et maintint haut et ferme le drapeau de l'instruction primaire en France, depuis et avant le moyen âge jusqu'à nos jours, où il oppose avec des triomphes sans cesse croissants l'excellence de ses méthodes et de ses maîtres aux méthodes et aux maîtres produits et salariés par l'État.

(1) M. Ravelet (p. 57-62) a donné une longue énumération de ces congrégations.

LE CARACTÈRE DE RICHELIEU

Ces pages seront le préliminaire et comme l'introduction nécessaire, indispensable même, d'une étude que nous voulons consacrer à la tolérance *religieuse* de ce grand homme d'État, plus disciple d'Henri IV que précurseur de Louis XIV, quoi que l'on en ait pu croire et dire, car c'est un tort, — mais rarement on y échappe, tant l'esprit humain est faible ! — de se faire des hommes historiques un type préconçu et tout de fantaisie, qui n'est pas plus la ressemblance exacte et vivante qu'une étude jetée au caprice du crayon n'est un portrait sous lequel on puisse placer un nom. En histoire, ce n'est pas comme dans une question d'art; il faut surtout se garder de l'imagination, qui, — en pareille rencontre, — est plus que jamais la folle du logis, qui séduit mais égare étrangement, comme ces feux qui voltigent au-dessus des eaux dormantes dans la campagne.

Ceci est surtout bon à préciser en tête de cette esquisse du caractère de Richelieu, qu'il nous sera d'autant plus facile de rendre fidèle, que tous les traits du modèle nous sont offerts par lui-même, se racontant, se découvrant, se confessant (eût-on dit au siècle dernier), dans ses lettres, dont un petit nombre d'écrits contemporains complètent les données, en les précisant encore bien mieux que ne peut le faire une simple correspondance intime, la plupart du temps pleine d'allusions qui ne sont claires que pour les amis ou les personnes qu'elles intéressaient, et qui, seuls avec celui qui les a écrites, en ont connu le dernier mot.

Nous prenons donc Richelieu, pour ainsi dire, au début de la vie, presqu'à son enfance. Issu d'une famille que Henri IV honora de son affection, le dernier de cinq enfants (1), dont il fut le plus illustre, Armand-Jean de Richelieu naquit le 9 septembre 1585, à Paris, rue du Bouloy, dans cette ville qui a produit tant d'hommes célèbres. Son enfance n'offrit rien d'extraordinaire (d'ailleurs, il faut se défier des petits prodiges); Aubery n'en parle pas, et Aubery, qui a écrit sur les informations mêmes de la famille de Richelieu (2), ne l'aurait pas oublié. On sait seulement que, dès son jeune âge, et sans sortir de la maison paternelle, il reçut une instruction forte; le prieur de Saint-Florent de Saumur, homme de vertu et de savoir, lui donna, sous les yeux de sa mère, les premières notions de la religion et des lettres. Puis, le jeune adolescent fut envoyé au collége de Navarre, l'un des plus célèbres de Paris depuis les premiers jours de sa fondation (3) : Richelieu avait alors douze ans à peine. Devenu

---

(1) Sur la famille de Richelieu, voyez Avenel, *La jeunesse de Richelieu* (*Revue des questions historiques*, 3ᵉ année, 1869, tome VI, p. 148-160.
(2) Hist. de Richelieu.
(3) Jean de Launoy, *Regii Navarræ gymnasii historia*, p. 1052.

cardinal et ministre, l'ancien élève de Navarre se rappelait avec plaisir son ancien maître, et l'Université n'envoyait guère une députation à Richelieu sans que le vénérable professeur en fût président. Sa vue rappelait à l'homme d'État l'heureux temps de sa vie scolaire; il disait lui-même en souriant que, du plus loin qu'il apercevait celui qui fut jadis son professeur, il se sentait encore pénétré de respect; il l'accueillait avec une bonté touchante, et si la députation n'obtenait pas toujours ce qu'elle demandait, — ajoute l'historien du collége de Navarre, — toujours elle revenait heureuse des bonnes paroles qu'elle avait reçues (1).

Ses études finies, et elles le furent rapidement, grâce aux dispositions précoces et au travail ardent du jeune Richelieu, il passa du collége à l'Académie (2), où il se livra aux nouvelles études et aux exercices militaires qui devaient le préparer, — comme c'était la coutume pour les jeunes gentilshommes, — à la profession des armes.

« Ici, où Richelieu semble se détourner de la grande destinée qui l'attend dans l'Église, l'historien se demande avec une certaine curiosité quel eût été cet homme extraordinaire si la fortune eût voulu qu'il suivît la carrière vers laquelle on le dirige en ce moment. On peut croire qui, si Richelieu eût appliqué à l'art de la guerre la rare intelligence dont il était doué, il n'eût pas été un général médiocre. Il aimait le métier, il l'a voulu faire en certaines circonstances, et toujours il s'est occupé de la

(1) Ita ut nisi rebus, certe verbis, contenti redirent. — J. de Launoy, l. c. sup., p. 391.
(2) Le mot *académie* désignait, aux XVIIe et XVIIIe siècles, une école d'équitation pour la jeune noblesse; on y enseigna bientôt aussi les mathématiques et les autres sciences nécessaires à la profession des armes.

conduite des armées, de leur organisation, de la nourriture, de la solde, du campement des troupes; on l'a vu plusieurs fois, quittant la soutane rouge pour l'habit de cavalier, les commander en personne, et nous trouvons à tout moment, dans ses papiers, des contrôles annuels annotés de sa main, des plans de forteresses qu'avait ébauchés sa plume, des ordres de bataille étudiés par lui-même. Dans les conseils de guerre, nous voyons son opinion faire autorité et prévaloir, parmi les généraux les plus expérimentés, moins par la déférence due à son rang que par la conviction de la justesse de son coup d'œil et de la solidité de son jugement (1). »

Cependant, à l'âge de dix-huit ans, par suite de circonstances dont le détail importe peu ici, Richelieu revint des exercices de l'Académie aux lettres et commença ses études théologiques (1603). Après sa première année de théologie en Sorbonne, il subit ses épreuves de philosophie en 1604, dans le même collége de Navarre où auparavant il avait fait ses humanités. L'année 1605 fut toute consacrée aux sciences sacrées. Vers la fin de cette année, ou tout au commencement de 1606, il fut désigné évêque de Luçon. En attendant la confirmation du Saint-Siége, ce titre d'évêque nommé (2) ne fit que redoubler l'ardeur du jeune Armand pour les études qui devaient justifier cette faveur prématurée; il les poursuivit sans relâche, malgré les calamités d'une épidémie qui désolait Paris, décimait et dispersait l'Université. Il reçut en 1606 les premiers ordres majeurs, et il était diacre lorsque Henri IV renouvela pour lui les demandes qu'il avait

---

(1) Avenel, *l. c. sup.*, p. 164 et 165
(2) Les ambassades, lettres, etc., du cardinal Duperron, p. 457.

déjà faites à Rome neuf mois environ auparavant. Le jugement d'un tel prince sur ce jeune ecclésiastique mérite d'être rapporté; il y a là une prévision qui devait se réaliser bientôt avec éclat :

« M. d'Halincourt, — écrivait alors Henri IV à notre
« ambassadeur à Rome, — j'ai naguères nommé à notre
« Saint-Père le pape M. Jean-Armand du Plessis, diacre
« du diocèse de Paris, pour être pourvu de l'évêché de
« Luçon. Et parce que le dit du Plessis, qui est déjà
« dans les ordres, n'a encore dutout atteint l'âge requis
« par les saints décrets et constitutions canoniques pour
« tenir ledit évêché, et que *je suis très-assuré que son*
« *mérite et suffisance peuvent aisément suppléer à ce dé-*
« *faut*, je vous écris cette lettre afin que vous fassiez
« instance de ma part à Sa Sainteté, pour lui en
« moyenner la dispense nécessaire, *parce qu'il est dutout*
« *capable de servir en l'Église de Dieu, et que je sais qu'il*
« *ne donne pas peu d'espérances d'y être grandement*
« *utile* (1). »

Richelieu, voyant que les démarches de l'ambassadeur de France et de deux cardinaux ne réussissaient pas à terminer cette affaire, prit la résolution d'aller lui-même à Rome presser l'obtention de ses bulles. Il reçut dans la ville éternelle un accueil très-bienveillant de la part du pape, que ses manières distinguées, sa gravité tempérée, sa conversation spirituelle et savante achevèrent de gagner, et il n'attendit guère les bulles qu'il était venu solliciter. Le nouvel évêque de Luçon fut sacré à Rome, aux fêtes de Pâques, le 17 avril 1607, et il ne tarda pas à revenir en France.

(1) Berger de Xivrey, tome VII, p. 53, et 54 des *Lettres de Henri IV*.

Après avoir pris ses degrés en Sorbonne, Richelieu passa encore une année à Paris avant de se rendre dans son évêché. Son tempérament faible et valétudinaire ne suffisait pas aux travaux que lui imposait sa passion pour l'étude. Une maladie de plusieurs mois, dont il revenait à peine au milieu de l'année 1608, fut la suite nécessaire du labeur sans repos auquel il s'était livré les années précédentes.

Cependant le nouvel évêque se rendit à Luçon dès que sa santé lui permit de faire ce voyage, vers la moitié de décembre 1608. Dès lors, le cardinal Duperron fut l'objet d'une sorte de culte pour lui ; il lui écrivait, à cette époque : « Les grandes et rares qualités qui se trouvent en vous seul m'ont tellement gagné que je veux faire gloire de vous admirer. » De l'admiration ainsi exprimée à l'imitation la conséquence est naturelle. Mais, avant de devenir un homme d'État, si toutefois les circonstances servaient ses vues, Richelieu voulut être vraiment évêque ; il résolut de résider dans son diocèse et de prendre soin lui-même du troupeau qui lui était confié. Il arriva donc à Luçon ; mais la demeure qui devait être son palais (comme on dit encore de nos jours) était tellement délabrée que Richelieu ne put pas l'occuper tout d'abord et qu'il alla se loger, assez loin de la cathédrale, dans la maison d'un gentilhomme, auquel probablement il payait un loyer. « Tout ici (dans le palais précité), — écrivait le nouvel évêque à une personne amie, — est tellement ruiné qu'il faut, je vous assure, de l'exercice pour le remettre. Je suis extrêmement mal logé, car je n'ai aucun lieu où je puisse faire du feu, à cause de la fumée ; vous jugez bien que je n'ai pas besoin de grand hiver ; mais il n'y a remède que la patience. Je vous puis assurer que j'ai le plus vilain évêché de France, le plus crotté et le plus désagréable; mais je vous laisse à penser quel est l'évêque. Il n'y a ici aucun lieu pour se promener, ni jardin, ni allée, ni quoi que ce soit, de façon que j'ai ma maison pour prison. »

Le mobilier d'un tel palais était à l'avenant des quatre murs. Richelieu fut obligé d'acheter un lit de rencontre, et le reste vint comme il put; ce n'était peut-être pas tout à fait la misère, mais c'était au moins une gêne telle que bien des curés de campagne, à l'heure qu'il est, la connaissent à peine. Le nouveau prélat était même fort à court d'ornements sacerdotaux. « Il a fallu, — dit-il, — que j'en aie fait faire d'autres pour la fête (de Pâques), car autrement je n'eusse pu officier. » Mais il se console de cette dépense inattendue en songeant que, « si on retrouve ceux qui sont égarés, il en aura du moins de deux couleurs. » Et, à cette occasion, il expose avec une humble franchise le piteux état de ses « tuniques et de ses dalmatiques. » En dépit de cette pénurie des choses les plus essentielles, il fallait pourtant que le nouvel évêque, faisant contre fortune bon cœur, représentât et qu'il reçût parfois à dîner, et ici c'est encore et toujours l'éternelle histoire du gentilhomme pauvre. « Tout notre fait va honorablement, — conclut avec une certaine gaîté pleine de bonhomie le futur homme d'État, — car on me veut faire croire que je suis un grand monsieur en ce pays. »

Cependant l'argent manquait; il ne fallait guère ou peu compter sur les revenus d'un diocèse très-éprouvé par la guerre et les calamités de toute sorte, suites ordinaires de ce fléau. « Nous sommes tous gueux en ce pays, — écrit Richelieu, — et moi le premier, dont je suis bien fâché;

13

mais il y faut apporter remède, si on peut. » Sans avoi[r] cependant fait vœu de pauvreté, il la pratiquait d'un[e] façon assez étendue; au sujet d'une tapisserie de famill[e] qu'il avait été obligé de faire vendre pour réaliser quel[que] argent, « par là vous connaîtrez, — dit-il, — l[a] misère d'un pauvre moine qui est réduit à la vente d[e] ses meubles et à la vie rustique. »

A la mort de Henri IV, si tragiquement enlevé à l'amou[r] des Français, Richelieu, qui commençait à s'installer peu près convenablement dans son palais restauré, san[s] cesser de résider à Luçon, songeait à faire à Paris quelque[s] voyages nécessaires. Il était loin encore cependant d'êtr[e] sorti d'une certaine gêne qui lui pesait, parce qu'il étai[t] persuadé, — comme le disait Bernard de Palissy, don[t] c'était la mélancolique devise, que « pauvreté empêch[e] les bons esprits de parvenir. » « C'est grande pitié qu[e] de pauvre noblesse, — disait alors Richelieu, — mais i[l] n'y a remède : contre fortune bon cœur. »

Cet homme, qui est plus naïf qu'on ne le croit, et, e[n] somme, fort peu guindé, avoue assez franchement qu'i[l] ne serait pas fâché de paraître un peu. « Un peu glorieu[x] (c'est lui-même qui parle), je voudrais bien, étant plus [à] mon aise, paraître davantage. » Cet abandon repose de l[a] morgue et de l'attitude gourmée des parvenus de nos jours[.] Tel était le dénûment de Richelieu, lors de sa nomination à l'évêché de Luçon, que, n'ayant point de carrosse,— pour ne point faire son entrée en voiture de louage, il fu[t] obligé d'emprunter à un ami un carrosse, des chevaux e[t] jusqu'à un cocher.

Voilà comment cet homme faisait, — si l'on peut ains[i] parler, — à seize années de distance, l'apprentissage d[e] la richesse.

Nous insistons à dessein sur ces détails et ces commencements, qui nous permettent de saisir le secret de la vie et des actions du grand homme d'État, lorsque les honneurs et la fortune lui permettront enfin de réaliser ses plans grandioses pour l'honneur et la prospérité du pays qu'il aura été appelé à diriger dans les voies qui le mèneront au règne de Louis XIV.

C'est le 21 décembre 1608 que Richelieu arriva à Luçon. A quatre lieues de sa ville épiscopale, à Fontenay-le-Comte, il fut reçu par les magistrats de cette cité et par une députation de son chapitre venue au-devant de lui. Il accueillit les magistrats de Fontenay avec une déférence marquée. « Il se présentera, — leur dit-il, — des occasions auxquelles j'aurai besoin de votre secours ; je me promets de vous toute assistance. » Aux députés du chapitre, dans lequel il savait que plusieurs ne lui étaient pas amis, il adressa des paroles pleines de conciliation : « Jusqu'ici je n'ai pu être si heureux que d'avoir tous les cœurs de ceux de votre compagnie ; j'attribue ce malheur à mon absence et au peu de connaissance que vous avez pu prendre de la bonne volonté que je vous porte. Mais maintenant que je serai avec vous et que je pourrai vous faire paraitre combien je vous honore, je me promets que vous me voudrez du bien. » Et quelques heures après, à son arrivée dans Luçon, il invite le chapitre tout entier à la concorde et à la paix : « Qu'on puisse dire de nous ce qu'on disait, en l'Église naissante, de tous les chrétiens : *Eorum cor unum et anima una.* » Il voulut aussi parler aux fidèles et au peuple de Luçon ; là encore il avait des aigreurs à adoucir ; il s'adresse à ce peuple avec une éloquence vraiment pastorale : il ne distingue point entre les catholiques et les huguenots, il parle à tous d'amour et de charité : « Il y en a, — dit-il, — qui sont désunis d'avec nous quant à [la] croyance; je souhaite en revanche que nous soyons uni[s] d'affection. » Belles paroles! et dont Richelieu mérite qu[e] l'on garde le souvenir, car elles étaient sincères; à l'égar[d] du protestantisme, le cardinal-ministre est resté fidèle au[x] sentiments de l'évêque de Luçon.

Ce n'étaient pas de vaines promesses que celles d[u] pasteur à ses brebis; à peine est-il au milieu d'elles e[t] témoin journalier de leur détresse, qu'il s'occupe active[-]ment de les soulager, tout d'abord en faisant alléger l[e] pesant fardeau des tailles qui les accablent. Tout le temp[s] de sa résidence à Luçon, on lui voit la même et constant[e] sollicitude pour les habitants très-pauvres du diocèse con[-]fié à ses soins vigilants. Il fait appel en leur faveur à tou[s] ceux dont il peut espérer pour eux quelque secours. Dan[s] plusieurs lettres adressées aux fermiers de l'impôt, i[l] expose leur pauvreté et l'énormité des taxes, il suppli[e] pour eux et laisse entendre, avec une fermeté tempéré[e] par l'expression, que si les supplications ne suffisent pas[,] il saura obtenir par d'autres moyens ce que l'on ne voudr[a] pas accorder de bonne grâce. En même temps, il adress[e] une lettre au surintendant des finances, à Sully lui-même qui, — en sa double qualité de surintendant des finance[s] et de gouverneur du Poitou, — pouvait plus que personn[e] venir au secours de la pauvre population du diocèse d[e] Luçon, et il réclame avec instance *sa bonne volonté* pou[r] ses malheureuses ouailles.

« Bien que je sache, — dit Richelieu à Sully, — que la fa[-]veur de ceux qui portent le faix des grandes charge[s] d'un royaume se doit plutôt mériter par très-humbles ser[-]vices que mendier par supplications, la connaissanc[e] toutefois que j'ai du contentement que vous prenez à vou[s] employer pour le public me met la plume en main pour vous supplier très-humblement de vouloir témoigner votre bonne volonté à tout ce pauvre bourg... Je ne veux point, Monsieur, pour vous convier à me gratifier, mettre en avant que, par ce moyen, vous acquerrez un serviteur; ce serait vous rendre de nouveau ce qui dès longtemps vous appartient. »

L'évêque de Luçon s'excuse des occasions trop fréquentes qu'il a d'importuner Sully : « Je prends la plume avec déplaisir pour mendier des témoignages non mérités de votre bienveillance, ce que je n'eusse jamais osé, si je n'eusse su que ceux qu'avec vérité on peut dire grands, plus encore par les qualités qui sont en eux que pour leur charges, sont bien aises d'avoir occasion d'obliger leurs inférieurs, pour faire paraître que, si leur pouvoir les rend recommandables, leur bonne volonté le fait encore davantage. »

.... Nous sommes arrivés aux premières années de la régence de Marie de Médicis, dans les bonnes grâces de laquelle est déjà entré Richelieu par des souvenirs et des services de famille (1).

On a vu le zèle dont l'évêque de Luçon était animé pour alléger les charges des habitants de son diocèse, procurer leur bien-être et ménager leurs intérêts matériels; leurs intérêts spirituels ne le préoccupaient pas moins, sinon peut-être même davantage. « La discipline et l'autorité ecclésiastique s'en vont du tout abattues, surtout aux lieux que l'hérésie a le plus infectés, » — écrivait Richelieu à l'un des prélats qui, dans ce temps-là, ont porté le plus de zèle dans les réformes ecclésiastiques, le cardinal de

(1) Voyez Avenel, *l. c. sup.*, p. 148-160.

La Rochefoucauld. L'évêché de Luçon était assurément l'un de ceux qui avaient le plus souffert de ces calamités. Dès le commencement de 1609, Richelieu fait la visite générale de son diocèse, où tout était ruiné, la terre aussi bien que les habitants, et où, depuis longtemps, aucun évêque n'était venu leur apporter ni les secours de la charité ni les consolations de la religion. Il appelle à son aide les capucins de Fontenay, dont le père Joseph échauffait le zèle, et renommés alors dans la province de Poitou pour le succès de leurs prédications. « Je désirerais grandement, — leur écrit-il, — que ce fût après Pâques, pour être proche du bon jour (1), où la dévotion est encore vive. »

Richelieu apportait, dans le choix des curés, une attention sévère et scrupuleuse. Les cures qui étaient à sa nomination, il les mettait au concours, pour ne point se laisser surprendre par la faveur et pour ne les donner qu'aux plus dignes. Quant à celles dont les possesseurs de fiefs avaient droit de présentation, il usait de son autotorité morale pour en obtenir de bons choix. Une dame de Sainte-Croix, ayant nommé un prêtre qu'il jugeait peu digne de ces fonctions : « Je prends la plume, — écrit-il à cette dame, — pour vous avertir de son incapacité et vous supplier, sachant le respect que je vous dois, d'avoir agréable qu'en faisant ma charge, je le refuse pour conduire un troupeau si cher à Jésus-Christ comme est celui des âmes qu'il a rachetées par son sang... Outre le bien qui résulterait d'un meilleur choix, je ne fais point de doute que ceux qui ont des présentations comme vous ne suivent votre exemple. »

(1) Locution familière, usitée alors pour dire *communier*; on la trouve souvent dans les lettres de Louis XIII.

Pour remédier au manque de sujets propres aux fonctions du saint ministère, Richelieu fonda un séminaire à Luçon, et il l'établit dans une maison qu'il acheta de ses propres deniers. Les premières lettres patentes pour l'érection de ce séminaire sont datées du 27 août 1611 (1), lorsque Richelieu se plaignait sans cesse de sa pauvreté : « Je n'ai jamais reçu plus de contentement d'aucune chose que de l'arrêt que j'ai eu par votre moyen, » écrivait-il à ce sujet au président Le Coigneux.

Aussitôt que le père de Bérulle eut fondé l'Oratoire, et plus d'un an avant que le pape eût accordé la bulle d'institution, Richelieu se hâta d'offrir à ces pères, *qui,* — dit-il, — *se doivent employer à l'instruction des curés*, un établissement dans son évêché. Ce fut le premier qu'ils eurent en France, après la maison mère. Richelieu s'en est fait, avec raison, un titre d'honneur dans ses *Mémoires* (2).

En ce pauvre évêché de Luçon, les ressources manquaient à son zèle ardent et infatigable ; il en chercha partout, auprès de son métropolitain d'abord, avec lequel il fit tous ses efforts pour avoir de fréquents rapports. Mais le cardinal de Sourdis s'occupait peu de sa charge ; Richelieu l'accablait de lettres qui restaient sans réponse. Pourtant, — dit l'évêque de Luçon à son supérieur, — « ce me serait une très-grande consolation de vous pouvoir communiquer les affaires de ce pauvre diocèse, les moyens que j'estime propres pour y avancer la gloire de Dieu, et les difficultés qui s'y opposent. » L'évêque de Luçon n'avait rien non plus à attendre de la cour ; Henri IV

---

(1) Les circonstances de la fondation du séminaire de Luçon sont racontées dans l'*Histoire du monastère et des évêques de Luçon*, par La Fontenelle de Vaudoré, tome I, p. 377.
(2) Tome V, p. 61, édit. Petitot.

avait cessé de vivre, et Concini dominait tout de son influence désastreuse et par son arrogance sans bornes. Mais, ainsi abandonné à lui-même et livré à sa seule initiative, Richelieu ne s'employait qu'avec plus d'ardeur à tous les devoirs d'un pasteur vigilant, et, — les ressources matérielles lui faisant défaut, — il donnait son âme et son cœur de prêtre et d'évêque ; il écrivait des directions de conscience, de pieuses consolations sur des afflictions et des malheurs de famille, des invitations vraiment pastorales pour pacifier des duels, concilier des procès, rétablir enfin la concorde et la paix troublées par des passions mauvaises. Richelieu, pendant les six ou sept ans qu'il résida dans son évêché, en fut l'évêque zélé (1). Ainsi tombent, d'un côté, le mensonge trop accrédité que Richelieu ne fut pas même prêtre, et, de l'autre, l'erreur que d'évêque il n'eut que le titre, sans en remplir aucun des devoirs sacrés et impérieux. Nous disons plus, par le soin et le zèle avec lesquels l'évêque de Luçon gouvernait son diocèse, il faisait en quelque sorte l'apprentissage et donnait la mesure de ses aptitudes à de plus brillantes fonctions, celles du gouvernement de la France et d'arbitre de l'Europe

Le clergé et le chapitre de Luçon répondirent aux soins de l'archevêque, qui les en félicita à diverses reprises dans les termes les plus explicites (2).

Prélat exact à s'acquitter de ses devoirs de pasteur, soigneux des intérêts spirituels de son troupeau et conservateur zélé des doctrines de l'Église, Richelieu, de plus, ne s'écarta jamais des principes de vraie tolérance

---

(1) Avenel, 190-193.
(2) *Id.*, p. 192.

qu'il avait promis de suivre ; « et, — dit fort bien un de ses plus savants biographes (1), — il mérite d'autant plus d'être loué sur ce point, qu'il ne rencontrait pas toujours la même sagesse de la part de ceux de la religion dans les procédés dont on usait envers lui. » Il s'en plaint sans amertume à un ami dont, bien que protestant, il invoque avec confiance le témoignage (2).

Non-seulement l'évêque de Luçon usait d'une véritable tolérance et d'une justice très-impartiale à l'égard des protestants de son diocèse, mais il les défendait encore auprès du gouvernement, et se rendait garant de leurs sentiments. Lorsqu'à l'époque des négociations pour les mariages d'Espagne, la retraite du duc de Rohan excitait de vives inquiétudes sur le parti qu'allaient prendre les protestants, Richelieu écrivait au secrétaire d'État spécialement chargé des affaires de la Réforme, Phelypeaux de Pontchartrain : « Ils protestent de ne se départir jamais de l'obéissance qui est due au roi et à la reine... ils admirent le courage de la reine et la résolution qu'elle a prise de s'acheminer avec une armée, s'il en est besoin.... » Richelieu insiste sur la fidélité de du Plessy-Mornay, « qui a toujours parmi les huguenots grand crédit. »

Aussi impartial envers les hommes qu'envers les partis, Richelieu, dans une autre lettre, rend une égale justice à Chamier, l'un des plus ardents parmi les ministres protestants : « Quant au sieur Chamier..... il mérite certes d'être estimé comme un des plus gentils esprits de ceux qui sont imbus de ces nouvelles erreurs ; et si, outre sa

---

(1) Avenel, p. 193.
(2) *Mémoires*, tome II, p. 786 de l'édit. in-4º.

créance, l'on peut reprendre quelque chose en lui, il me semble que ce doit être un zèle trop ardent, que d'autres appelleraient peut-être indiscret. Je ne le dis pas pour l'offenser, car, la volonté de Leurs Majestés étant que nous vivions tous en bonne intelligence, j'en serais très-marri. Je voudrais plutôt le servir, mais non pas aux dépens de ma conscience et de la vérité. »

En effet, cette tolérante impartialité de Richelieu ne lui faisait rien céder de ce qu'il devait à sa foi, et c'est avec une fermeté qui ne fléchit jamais qu'on le voit réclamer contre le culte nouveau les droits du culte catholique et le respect qui lui est dû (1).

On a vu le soin que prenait Richelieu des intérêts spirituels de son diocèse; il était aussi attentif à en ménager les intérêts temporels. Les dépenses mêmes qui sont du ressort de l'administration publique, il les eût faites sur sa cassette s'il en avait eu alors le moyen. « Plus riche de biens temporels, — écrivait-il un jour au surintendant des finances, — je ferais du tout à mes dépens ce en quoi je suis contraint de mendier votre assistance. » Et il disait vrai. Dès ce temps-là, il s'occupait des affaires de son évêché avec le même soin, la même exactitude rigoureuse qu'il mit plus tard à celles de l'État. « Personne mieux que lui n'a su concilier le gouvernement des grandes choses et des intérêts politiques avec le soin minutieux des intérêts privés. Il sait le prix de tout, il examine tout, il ne néglige aucune précaution pour n'être pas trompé sur les achats qu'on fait pour lui. Depuis cette première époque jusqu'à la veille, pour ainsi dire, de sa mort, nous voyons l'attention assidue qu'il donne à

(1) La Fontenelle de Vaudoré, *l. c. sup.*, tome I, p. 379.

ses moindres affaires... On dirait quelquefois qu'il n'avait que cela à faire (1). »

Même après qu'il se fut démis de son évêché, Richelieu ne cessa pas de s'y intéresser; il en voulut être comme un second évêque, ainsi qu'il l'écrivait au chapitre, dans des adieux pleins de sentiments affectueux et paternels. Il s'était choisi, leur disait-il, un successeur qui serait pour eux un digne pasteur, « désirant vous faire ressentir cet avantage, que, pour un évêque, vous soyez assurés d'en avoir deux. » Aussi voit-on que les travaux qu'il avait commencés à ses frais à Luçon, il les fit continuer après sa démission (2).

L'étude, pendant le séjour de Richelieu dans son évêché, occupa une bonne partie de son temps; et dès 1610, lorsqu'il n'avait pas encore vingt-cinq ans, l'éloge qui vint le trouver, de la part de l'illustre Duperron, dut être pour lui un puissant encouragement. « M. le cardinal Duperron, — écrivait à Richelieu un de ses amis, — fait paraître, en toutes occasions, l'estime qu'il fait de vous... Quelqu'un étant venu à vous nommer parmi les jeunes prélats et à vous louer selon la réputation que vous avez acquise, Monsieur le cardinal dit lors qu'il ne vous fallait point mettre entre les jeunes prélats, que les plus vieux vous devaient céder, et que, pour lui, il en désirait montrer l'exemple aux autres. » A cette époque, en effet, le zèle du jeune évêque pour devenir une des lumières de l'Église était dans toute sa ferveur. Pour se livrer à ses études, Richelieu se dérobait aux distractions du monde et se cachait dans une Thébaïde dont le secret

(1) Avenel, p. 196.
(2) La Fontelle de Vaudoré, *l. c. sup*, tome I, p 418.

était ignoré même de ses amis. L'évêque d'Orléans (1), bon juge en matière d'érudition ecclésiastique (2), écrivait alors au jeune évêque de Luçon : « J'ai toujours fait grand état de votre courage ès choses spirituelles et ecclésiastiques, et maintenant que vous étudiez si âprement, vous en augmentez l'opinion, estimant que vous ne prenez pas tant de peine sans quelque grand dessein. »

L'évêque de Luçon voulait (et qui l'en blâmerait?) se faire une grande place dans l'Église. Il demandait à d'infatigables travaux, à de profondes études, l'illustration que lui faisaient espérer ses premiers succès à Rome et en Sorbonne. Livré tout entier à ces préoccupations sérieuses et à cette ardeur d'apprendre, Richelieu avait peu de liaison avec les évêques de cour; il recherchait avec empressement la compagnie de ceux de ses collègues chez lesquels il trouvait des délassements profitables. La maison de son plus proche voisin, l'évêque de Poitiers, lui offrait ce précieux avantage : ce prélat était un homme d'un savoir éminent. C'est dans cette studieuse retraite que Richelieu préparait ses remarquables *Ordonnances synodales*, qu'il amassait les matériaux pour son livre contre les ministres de Charenton (publié en 1618), de son *Instruction du chrétien*, qui parut en 1619. Peut-être s'occupait-il déjà de deux ouvrages qui n'ont été connus qu'après sa mort : le *Traité de la perfection du chrétien*, (1646) et la *Méthode la plus facile et la plus assurée pour convertir ceux qui se sont séparés de l'Église* (1651).

Maintenant que nous avons vu dans le jeune Richelieu un bon évêque, un savant théologien, un lettré plein

---

(1) Gabriel de l'Aubespine.
(2) Vir totius antiquitatis ecclesiasticæ peritissimus, — dit de lui le *Gallia christiana*, tome VIII.

d'ardeur, il nous reste à compléter ce portrait par quelques observations relatives à son caractère privé. Une politesse fort attentive, presque affectueuse, était chez Richelieu une habitude de bonnes manières dont il usait avec tout le monde, qu'il conserva toute sa vie, et plus soigneusement encore peut-être étant premier ministre que simple évêque. Mais, s'il se montrait fort actif à solliciter les bons offices des autres, il n'était pas moins prompt à se faire protecteur à son tour. Dès qu'il eut du crédit auprès de la reine mère, il l'employa fréquemment pour rendre service, et il le faisait sans aucune ostentation, avec cette simplicité de bon goût dont on se sent plus heureux peut-être que du bienfait même, car, ainsi que l'a dit Corneille :

La façon de donner vaut mieux que ce qu'on donne.

A l'un (le président de Novion) il dira : « La bonne volonté que Sa Majesté a pour vous est telle que vous n'avez pas eu besoin de l'assistance de vos amis pour obtenir en cela ce que vous désiriez. » Il dit à l'autre (le prince de Joinville) : « Je vous assure qu'il n'a été besoin d'aucune persuasion pour obtenir cette demande, puisque Sa Majesté a témoigné, et par effets et par paroles, qu'elle voudrait vous pouvoir faire paraître, en meilleures occasions, l'estime qu'elle fait de vous et l'affection qu'elle vous porte, etc. » Et ce n'était pas là une délicatesse, une discrétion d'un jour ; le cardinal, dans toute sa puissance, en usa toujours comme en avait usé l'évêque de Luçon.

Sans renoncer à résider dans son diocèse, Richelieu, — après la mort de Henri IV, son premier protecteur, — fit quelques voyages rapides mais assez fréquents à

Paris (1611), et il en profita pour chercher les honneurs de la prédication. « En s'éloignant de son diocèse, — dit un de ses historiens (1), — il ne quitta pas pourtant la principale fonction d'évêque, qui est de prêcher, et il continua de signaler son zèle dans les plus célèbres chaires et les plus fameuses paroisses de Paris, où Leurs Majestés lui faisaient souvent l'honneur de l'aller entendre, et protestaient presque à toutes les fois qu'elles n'avaient jamais ouï de prédicateur dont le discours les touchât plus vivement et fît plus d'impression sur leurs esprits (2). »

Richelieu possédait les principales qualités du prédicateur : — celles de fond, — la force de la dialectique, l'élévation de la pensée et l'énergie de l'expression ; il est à regretter que les sermons de l'évêque de Luçon ne soient pas venus jusqu'à nous.

Mais, dès lors (1611), une épreuve terrible vint l'assaillir ; dans la force de l'âge (il avait vingt-sept ans), des souffrances douloureuses commencèrent à le torturer ; elles ne devaient cesser qu'avec sa vie. Malgré cela, en 1611 et 1612, on le voit poursuivre avec ardeur ses études assidues, continuer de donner à son évêché les soins les plus vigilants, et en même temps entretenir avec les cardinaux qu'il avait connus à Rome, ainsi qu'avec l'ambassadeur du pape, une correspondance assez soutenue. Ce fut aussi alors qu'il se rencontra et se lia avec le père Joseph, devenu depuis si célèbre, et déjà connu par son zèle de propagande et ses succès de réforme monastique.

Né pour jouer un grand rôle dans l'État, et s'y essayant déjà, ou du moins s'y préparant par de fortes études et

---

(1) Hist. de Richelieu, tome I, p. 16.
(2) Cf. du Chesne, *Hist. généal. de la maison du Plessis de Richelieu*, p. 75.

de solitaires méditations, l'évêque de Luçon était loin cependant de négliger (tant s'en faut) les soins épiscopaux et la culture de lettres. Tout chez lui marchait de front, allant au même but glorieux, — l'amour de la patrie ; il écrivait, à cette époque, ces lignes, qui sont un éclair de cette intelligence si vive et si bien préparée pour les grandes choses : « Encore que les brouilleries présentes et plusieurs pronostics fâcheux semblent nous augurer et présager de la guerre, néanmoins, je ne crois pas qu'elle puisse sitôt éclore, les moyens de la faire naître étant beaucoup moindres que la volonté de ceux qui la pourraient désirer. La sage conduite et l'affection et fidélité de plusieurs bons serviteurs nous garantiront des maux du dedans. Pour ceux du dehors, je les baptiserai d'un autre nom, s'ils nous font naître les occasions d'accroître nos limites et de nous combler de gloire aux dépens des ennemis de la France (1). »

L'accroissement de nos limites, telle était dès lors la pensée de ce grand esprit ; elle débordait de son sein, et Malherbe, en 1627, écho de l'illustre homme d'État, écrivait à son tour ces lignes où respire tout l'enthousiasme patriotique du poëte : « L'espace entre le Rhin et les Pyrénées ne lui semble pas un champ assez grand pour les fleurs de lys ; il veut qu'elles occupent les deux bords de la mer Méditerranée, et que de là elles portent leur odeur aux dernières contrées de l'Orient. »

« N'est-il pas curieux de découvrir, chez un jeune évêque confiné dans l'administration pastorale d'un des plus pauvres évêchés de France, le germe de ces grands desseins, à une époque encore si éloignée de celle où, de-

---

(1) Avenel, *Lettres de Richelieu*, tome I, p. 86.

venu premier ministre, il sera presque l'arbitre des destinées de l'Europe, et transformera de vagues aspirations en glorieuses réalités (1)? »

Tels furent les débuts, telle fut l'origine de Richelieu, homme d'État éminent, après avoir été un évêque exemplaire et plein du zèle le plus éclairé pour les intérêts spirituels et matériels de son diocèse : tel on le retrouve au faîte du pouvoir. Mais ici s'arrête notre tâche, si intéressante et si attrayante qu'elle puisse être pour nous. Bientôt nous montrerons comment il enseigna en termes éloquents et persuasifs cette tolérance religieuse qu'il avait su pratiquer avec un esprit vraiment évangélique au sein même des protestants, à la conversion desquels il ne cessa de travailler toute sa vie par sa plume et par ses actions.

(1) Avenel, *La jeunesse de Richelieu*, p. 223.

LA VÉRITÉ SUR LE JANSÉNISME.

Dérivé du Calvinisme, le Jasénisme n'est pas seulement une hérésie religieuse, c'est encore et surtout une hérésie politique. Du reste, l'un ne va pas sans l'autre, la révolte contre Dieu entraînant à celle contre l'autorité et les lois. Définir le Calvinisme, c'est révéler ce qu'est le Jansénisme. « Ce sont, — a dit M. de Maistre (1), — deux frères dont la ressemblance est si frappante, que nul homme qui veut regarder ne saurait s'y tromper (2). »

C'est, — comme le Calvinisme, — un système de religion qui offre à notre croyance des hommes esclaves de la nécessité, une doctrine inintelligible, une foi absurde, un Dieu impitoyable (3).

« Comment donc, — se demande M. de Maistre (4), — une telle secte a t'elle pu se créer tant de partisans, et même

---

(1) De l'Église gallicane, édit. Migne, in-4°, col. 515 et 516.
(2)   Les raisonneurs de Calvinistes
      Et leurs cousins les Jansénistes.   (VOLTAIRE.)
(3) Antijacobin, July, 1803, in-8°, p. 231.
(4) *L. c. sup.*

de partisans fanatiques? Comment a-t-elle pu faire tant de bruit dans le monde, fatiguer l'État autant que l'Église? Plusieurs causes réunies ont produit ce phénomène. La principale est que le cœur humain est naturellement révolté. Levez l'étendard contre l'autorité, jamais vous ne manquerez de recrues: *Non serviam* (1). C'est le crime éternel de notre malheureuse nature. *Le système de Jansénius,* — a dit Voltaire (2), — *n'est ni philosophique, ni consolant, mais le plaisir secret d'être un parti, etc.* Il ne faut pas en douter, tout le mystère est là. *Le plaisir de l'orgueil* est de braver l'autorité, son *bonheur* est de s'en emparer, ses *délices* sont de l'humilier. Le Jansénisme présentait cette triple tentation à ses adeptes, et la seconde jouissance surtout se réalisa dans toute sa plénitude lorsque le Jansénisme devint une puissance en se concentrant dans les murs de Port-Royal. »

Sans nous arrêter spécialement à la définition du Jansénisme en tant qu'hérésie religieuse, mais sans négliger cependant ce point, qui est la source même de l'hérésie politique, nous allons emprunter à quelques-uns de nos contemporains, historiens ou publicistes, des aveux qui ont le triple intérêt du témoignage du républicain, du philosophe et du socialiste, dans la personne de Th. Lavallée (3), de Cousin (4) et de Louis Blanc (5).

Th. Lavallée définit très-clairement l'esprit séditieux du Jansénisme, et la lecture de ces pages démontre, de la façon la plus évidente, que les sectaires de Port-Royal

---

(1) Jérémie, II, 20.
(2) Siècle de Louis XIV.
(3) Histoire des Français.
(4) Du scepticisme de Pascal.
(5) Histoire de la Révolution française.

sont les ancêtres directs de nos modernes libéraux.

« Sous Louis XIV l'opposition s'était retirée dans la controverse religieuse. Elle occupa autant Louis XIV que ses guerres et ses négociations ; enfin elle eut une influence très-grande, quoique mystérieuse et mal connue, sur la chute de la monarchie.

« Les jansénites, sorte de puritains du catholiscisme, défendaient la grâce à la manière de Calvin : ils faisaient de Dieu un maître inflexible, de l'homme un esclave. Leur spiritualisme rigide rendait la religion inabordable au vulgaire.

« L'apparition de cette secte inquiéta le gouvernement. Richelieu, craignant de trouver en elle un calvinisme mitigé, et voyant dans ses rangs la plupart de ses ennemis, la persécuta. Mais, à sa mort, elle prit des développements : elle s'unit intimement au Parlement, eut une part très-active aux troubles de la Fronde, et fournit au cardinal de Retz ses auxiliaires les plus zélés : « Il se trouvait, — dit Omer « Talon, — que tous ceux qui étaient de cette opinion « n'aimaient pas le gouvernement. » Le jansénisme, par ses doctrines opposées à l'autorité et l'appui qu'il trouvait dans le Parlement, pouvait devenir politique et prendre une position semblable à celle du calvinisme ; la querelle qu'il élevait était celle des Gaumaristes et des Arminiens, qui avait causé des troubles si sanglants en Hollande ; enfin Port-Royal avait été, par la chute de la Fronde, le refuge des mécontents, et principalement de la duchesse de Longueville. Mazarin résolut de détruire cette secte.

« Le jansénisme, avec ses doctrines sur la grâce, son opposition à la cour de Rome, son antipathie pour la communion, devint ainsi une sorte de Luthéranisme bâtard, la réforme sans le libre examen. « Les gens de cette

« secte, — disaient les Calvinistes, — sont bien embarras-
« sés pour démontrer qu'ils ne sont pas protestants. »

« Les jansénistes, espèce de Stoïciens du christianisme, avaient quelque chose de sec, d'étroit, d'égoïste, de stationnaire ; les jésuites avaient des idées plus larges, plus sociales et plus progressives. Louis XIV n'hésita pas entre ces deux partis. Il regardait les jansénistes comme des ennemis de l'unité, des protestants cachés, les restes de la Fronde ; il croyait voir dans cette secte le caractère et la conduite de ses principaux chefs, une tendance au presbytérianisme, et il était convaincu qu'ils se seraient montrés aussi séditieux et aussi républicains que les calvinistes, s'ils avaient eu autant d'énergie....

« Tout ce qui haïssait le gouvernement haïssait les jésuites, et par conséquent se jeta du côté des jansénistes, qui devinrent ainsi le parti de l'opposition. Dans ce temps, où la société était profondément religieuse, les intérêts politiques se débattaient sous la forme des discussions théologiques. Louis XIV détestait, avec son instinct royal, ce qui appartenait au jansénisme, parce qu'il trouvait dans cette secte tout ce qu'il avait combattu : la noblesse, la magistrature, les restes de la Fronde, enfin, derrière tout cela, les réformés. Le jansénisme, étant le parti de l'opposition universelle, avait grandi avec les fautes et les revers de Louis XIV : il censurait tous les actes du gouvernement, il exagérait les misères publiques, il accusait le roi d'ineptie, de cruauté, de lâcheté. C'était une opposition sourde, lâche, calomnieuse, mais d'autant plus inquiétante qu'elle était vague, cachée, qu'on la sentait partout, même dans les ministères, même à la cour. On peut en considérer comme l'expression complète le duc de Saint-Simon, plein de haine, d'envie, d'égoïsme, entiché de sa dignité jusqu'au plus parfait ridicule, désespéré d'être inoccupé et se mêlant de tout, écoutant à toutes les portes, accueillant les scandales de toutes mains.

« Pendant ce temps, grandissait, à l'ombre de ces obscures querelles, la dernière héritière de l'idée luthérienne et de toutes ses conséquences jusqu'au jansénisme, la philosophie du dix-huitième siècle, qui devait renverser les jésuites, la royauté, la société et la religion elle-même(1). »

Après Lavallée, écoutons Cousin ; le philosophe rationaliste a jugé, lui aussi, le jansénisme : à travers les éloges qu'il décerne à Port-Royal perce en maint endroit la critique sévère et juste, et aussi l'aveu de l'étroite filiation qui relie la libre pensée moderne au jansénisme du xviie siècle.

« Qu'est-ce que le jansénisme? — dit Cousin, — Une plume habile (2) s'est chargée d'en retracer l'histoire ; il nous suffira d'en rappeler les principes et d'en marquer le caractère général.

« On peut dire aujourd'hui toute la vérité sur le jansénisme. Disons-la donc sans hésiter : le jansénisme est un christianisme immodéré et intempérant. Par toutes ses racines, il tient sans doute à l'Église catholique ; mais par plus d'un endroit, sans le vouloir ni le savoir même (3), il incline au calvinisme. Il se fonde particulièrement sur

_____

(1) Hist. des Français (6e édit., 1847), tome III, p. 253-257, passim, et p. 373-374, passim.

(2) Sainte-Beuve, *Port-Royal*. — Résultat d'un cours professé à Lausanne, ce livre est un prodige de galimatias. Nous ne sommes pas curieux, mais nous nous demandons parfois ce que des calvinistes ont pu comprendre à tout ce pathos. A moins, ce qui est fort admissible, que l'histoire de *leurs cousins les jansénistes* n'ait été pour eux une page des annales de leur famille.

(3) *Ni le savoir même*. — Rien de plus vrai pour beaucoup de jansénistes, et ce fait seul démontre l'immense perfidie des doctrines de Port-Royal, et explique leur influence, vraiment étonnante au premier abord.

deux dogmes qu'il exagère et qu'il fausse dans la théorie et dans la pratique : je veux parler des dogmes du péché originel et de la grâce. »

Cousin signale « l'immense humilité et l'immense orgueil des jansénistes (1), l'une qui se tire du sentiment de notre néant propre, l'autre du sentiment de l'action de Dieu en nous ; de là encore l'attachement le plus opiniâtre à nos pensées, comme nous venant de Dieu même, avec un courage merveilleux, capable de résister, au nom de Dieu, à toutes les puissances de la terre, même à la première de toutes, celle du Saint-Siége. De là, en un mot, une grandeur incomparable et des excès de toute sorte dans la doctrine et dans la conduite : excès et grandeur mêlés ensemble, se soutenant et périssant ensemble, parce qu'ils partent du même principe, le néant de la nature et la force unique mais invincible de la grâce. Séparer dans Port-Royal la grandeur de l'excès, le bien du mal, le vrai du faux, retrancher l'un, retenir l'autre, vaine entreprise ! Tout ici tient au même esprit, tout vient du même fond. Tempérer Port-Royal, c'est l'anéantir. Reconnaissons dans Port-Royal les hautes qualités qui le recommandent à la vénération des siècles : la droiture, la conséquence, l'intrépidité ; mais reconnaissons aussi que deux qualités plus éminentes encore lui ont manqué : le sens commun et la modération, c'est-à-dire la vraie sagesse (2). »

Cette dernière phrase de Cousin veut dire, ce nous semble, que rien n'a manqué à Port-Royal, excepté tout.

---

(1) On sait que l'archevêque de Paris, Christophe de Beaumont, disait des religieuses de Port-Poyal qu'elles étaient « orgueilleuses comme des démons. »

(2) Cousin, *Du scepticisme de Pascal*. (*Revue des Deux-Mondes*, 1845, tome IX, p. 333-337, passim.)

Il nous reste à voir comment les socialites ont jugé et stigmatisé le jansénisme avec ses erreurs fondamentales et ses conséquences terribles. Voici donc ce que dit Louis Blanc :

« Si le jansénisme n'avait eu que l'éclat d'une thèse théologique, si son influence était morte étouffée entre les murs d'un couvent, il n'y aurait lieu de s'y arrêter. Mais non : le jansénisme, en donnant un vernis religieux aux passions politiques de la magistrature, seconda la marche ascendante de la bourgeoisie. Par lui, parlements et royauté furent mis aux prises et précipités dans une mêlée confuse, meurtrière. Au xviiie siècle, quarante ans de folies sanglantes et de combats disent assez quelle fut la portée du jansénisme. Il occupa beaucoup de place dans les préoccupations de Voltaire, et nous le retrouverons au pied de l'échafaud de Louis XVI.

« Vers le commencement du xviie siècle, une correspondance active, mystérieuse, et toute pleine de sombres pensées, s'ouvrit entre deux hommes qui, sur les bancs d'une école flamande, s'étaient, jeunes encore, liés d'étude et d'amitié. Le Belge Jansénius était un patient théologien ; le Béarnais Duvergier de Hauranne, depuis abbé de Saint-Cyran, était né sectaire. Il y avait du Calvin en ces deux hommes, implacables dans leur piété et adorateurs systématiques d'un Dieu terrible. Toutefois, ils ne s'avouèrent pas calvinistes, ils ne se crurent pas tels ; et ce fut comme à l'ombre du grand nom de saint Augustin qu'ils entreprirent de réformer le christianisme, trop amolli, suivant eux, par les jésuites. On a recueilli et publié mainte lettre de Jansénius à son ami : il s'en exhale je ne sais quel parfum sauvage. Ce sont d'ailleurs de vraies lettres de conspirateurs. Elles sont écrites avec chiffres.

Jansénius y est appelé *Sulpice*, Saint-Cyran *Rongeart* (1). *Chinier* est l'étrange nom sous lequel les jésuites s'y trouvent désignés. Or, de quoi s'agissait-il? De peu de chose en apparence : de faire revivre contre les jésuites et les partisans du libre arbitre cette vieille doctrine de la grâce que saint Augustin avait autrefois défendue contre Pélage et que Luther avait reprise contre Érasme.... Ne secouez pas la tête avec dédain : la politique est au fond du débat, et il aura de formidables suites.

« Saint Augustin se nommait *Aurelius Augustinus* : de ces deux noms, Saint-Cyran laissa le second à son ami, et prenant le premier pour lui-même (2), il publia en 1636 un livre intitulé *Petrus Aurelius*. La théorie du jansénisme n'y était pas encore exposée, mais on y pouvait déjà découvrir le germe des luttes qu'elle contenait. Dans *Petrus Aurelius*, Saint-Cyran attaquait le système monarchique de l'Église au profit d'une aristocratie épiscopale : attendons nous à voir tôt ou tard les jansénistes miner le pouvoir absolu de la royauté, au profit d'une aristocratie parlementaire.

« Saint-Cyran était né sectaire, ai-je dit. Pendant que son ami travaillait à ce gros livre de l'*Augustinus*, sur lequel devaient passer cinquante ans de disputes, lui, mêlé au monde, il cherchait, il faisait des prosélytes (3). »

Après avoir retracé les origines de Port-Royal et énuméré les solitaires qui s'y livraient à la pénitence et à l'ascétisme, Louis Blanc poursuit en ces termes :

---

(1) Mémoires d'Arnauld d'Andilly. Notice sur Port-Royal, par Petitot, tome I, p. 19, dans la *Collection des mémoires sur l'Histoire de France*.
(2) Sainte-Beuve, *Port-Royal*, livre I, p. 331.
(3) Louis Blanc, *Hist. de la Révolution française* (1847), tome I, p. 201-203, passim.

« A la vue d'un pareil tableau, qui ne se sentirait ému et attiré? Toutefois, qu'on pénétre parmi ces hommes, qu'on les suive dans l'histoire, et l'on sera étonné de tout ce qu'il y eut de sauvage dans leurs doctrines, de tout ce qu'ils mêlèrent de poisons aux bienfaits de leur influence.

« Comment lire sans indignation et sans effroi, dans le *Dictionnaire du jansénisme*, les maximes qui précisent, qui résument l'esprit de la secte? « Jésus-Christ n'est pas « plus mort pour le salut de ceux qui ne sont pas élus « qu'il n'est mort pour le salut du diable (1). — Dieu a « pu, avant la prévision du péché originel, prédestiner « les uns et réprouver les autres.... tout cela est arbitraire « dans Dieu (2). — Dieu a fait par sa volonté cette effroyable « différence entre les élus et les réprouvés (3). — Dieu « seul fait tout en nous (4). — L'homme criminel, sans « l'aide de la grâce, est dans une nécessité de pêcher (5), « etc., etc. »

« Ces propositions, du reste, et tant d'autres du même genre qu'on trouve développées dans les ouvrages jansénistes, avaient leur source dans l'*Augustinus*. Suivant l'auteur, la liberté n'avait pleinement existé que chez le premier homme. Mais, par l'abus qu'il en avait fait, par sa chute, il avait perdu en lui tous ses descendants. Par conséquent, l'homme n'avait plus, depuis le péché originel, qu'une nature fondamentalement corrompue, qu'une

---

(1) Jansénius, *De gratia Christi*, tome III, lib. III, cap. xxi, p. 166, col. 2, littera A.
(2) Boursier, *Action de Dieu sur les créatures*, sect. VI, partie III, chap. iv.
(3) Nicole, *de la Grâce et de la Prédestination*, tome I, sect. II, chap. iv.
(4) Le Tourneux, *Explication* de l'épitre de Saint-Cyriaque, tome III, p. 310. — *Figures de la Bible*, par Royaumont, figure 30.
(5) Gerberon, *Miroir de la piété*, p. 86.

volonté soumise à l'empire du mal. Il n'y avait que la grâce qui le pût retirer du fond du gouffre; mais cette grâce bienfaisante, souveraine, irrésistible, Dieu, qui ne la devait à personne, la donnait à certains seulement, par une préférence gratuite, dont nul n'avait droit de lui demander compte. Heureux les élus! C'était pour eux, et non pour tous les hommes, que Jésus-Christ était mort.

« Pour ceux que la faim poursuit, que l'excès du travail accable, dont on condamne l'intelligence aux ténèbres, et que la société laisse gémir dans ses bas-fonds, de quel bénéfice pouvait être le fatalisme janséniste? Pourquoi ne se serait-on pas résigné à voir des millions d'hommes plongés dans une misère sans issue, quand on croyait des millions d'âmes destinées d'avance à des supplices sans fin? N'était-il pas bien naturel de conclure de la fatalité de la damnation à la fatalité de la misère? Sinistres déductions, dont le sort du peuple devait inévitablement se ressentir, et dont on ne saurait trop méditer la profondeur. Mais, si le jansénisme tendait à consacrer et presque à sanctifier la tyrannie des choses, en revanche il menait droit à affaiblir la tyrannie de l'homme. A qui donner le commandement absolu là où l'obéissance n'est possible qu'à l'égard de Dieu?

« Jusqu'ici, rien dans les jansénistes que nous n'ayons déjà remarqué dans Calvin ou ses disciples. Mais les protestants avaient été complétement logiques, les jansénistes ne le furent qu'à demi. Les protestants avaient repoussé le pape : les jansénistes le menacèrent et le subirent. Jansénius, dans son fameux livre, avait fait cette déclaration solennelle : « Je suis décidé à suivre « jusqu'au dernier moment, ainsi que je l'ai fait de- « puis mon enfance, l'Église romaine, le successeur de

« Pierre (1). » Les disciples, à l'exemple du maître, se gardèrent bien de rompre complétement avec Rome. Et avec quelle passion ils repoussèrent le reproche de calvinisme! Quelle fougue ils apportèrent à bien établir qu'ils se séparaient des protestants sur l'article des sacrements d'Ordre, d'Eucharistie et de Pénitence! L'horreur de Saint-Cyran pour l'hérésie était si sincère, si voisine même de la superstition, qu'il n'ouvrait jamais un livre hérétique qu'après l'avoir exorcisé d'un signe de croix, ne doutant point que le démon n'y résidât (2).

« Le jansénisme ne fut donc qu'un protestantisme bâtard, qu'une espèce de compromis entre le principe d'individualisme et le principe d'autorité.

« Mais c'est précisément par où son importance éclata dans l'histoire. Grâce à sa nature mixte, en effet, le jansénisme convenait à la haute bourgeoisie, à cette bourgeoisie du parlement qui, placée entre la royauté et le peuple, ne voulait ni de l'absolutisme monarchique, ni de l'égalité populaire.

« Aussi voit-on la secte se recruter principalement parmi des avocats au parlement, des fils de maîtres des comptes, des gens de robe. Ce fut l'imposante et nombreuse famille des Arnauld qui forma le premier, le vrai noyau de Port-Royal et donna le ton au jansénisme. Cette gravité traditionnelle, ces habitudes sévères et compassées de la magistrature française, Port-Royal les reproduisit dans toute leur roideur. Là, nul abandon; le respect de l'étiquette y glaçait le langage des affections même les plus tendres : « Monsieur mon père, » écrivait à son père

---

(1) Cornelii Jansenii *Augustinus*, tome III, lib. I, cap. II.
(2) Sainte-Beuve, *Port-Royal*, tome II, livre II, p. 190.

Antoine le Maître (1), et, en s'adressant à Saint-Elme, disait : « Monsieur mon très-cher frère (2). » De parei[ls] traits sont caractéristiques. Une violence contenue, de[s] dehors rigides, une piété ascétique, quoique adoucie [et] distraite par l'amour des lettres ; le goût de la vie inté[-] rieure combattu par l'attrait des agitations, un fonds d[e] dureté, un esprit d'intolérance uni à des entraînement[s] factieux, beaucoup de dédain pour le peuple, et avec cel[a] une tendance manifeste à humilier les courtisans, mettre la royauté aux abois... voilà bien la physionomi[e] du jansénisme : et n'est-ce pas celle du parlement ?

« Il était donc tout simple que les soulèvements de l[a] magistrature contre la cour, que les prétentions du pa[r-] lement au partage du pouvoir trouvassent appui dans le[s] disciples de Saint-Cyran ; et c'est ce qui explique pour[-] quoi, pendant la Fronde, le jansénisme palpita dans le[s] meneurs de Paris révolté. Le duc de Luynes, qui eut plac[e] dans le conseil supérieur de la Fronde, et René-Bernar[d] de Sévigné, qui commanda le régiment levé par le coad[-] juteur de Retz, étaient des jansénistes zélés ; le coadjuteu[r] lui-même, ami d'Antoine Arnauld, entretenait avec Por[t] Royal des relations suivies ; et la duchesse de Longue[-] ville n'était plus séparée du jansénisme que par les galanteries dont alors elle épuisait le scandale.

« Au reste, l'esprit politique qui animait les jansénistes parut assez clairement lorsque, le 18 décembre 1652, le coadjuteur, devenu cardinal de Retz, fut jeté dans le donjon de Vincennes. A cette nouvelle, d'après l'auteur de l'*Histoire de l'Église de Paris*, dont Petitot rappelle e[t]

(1) Mémoires de Fontaine, tome I, p. 235.
(2) *Ibid.*, p. 359.

confirme le témoignage (1), à cette nouvelle, les jansénistes prirent feu. De solennelles prières furent faites, à Port-Royal, pour la liberté du prisonnier. Il y eut soulèvement parmi les chanoines de Notre-Dame et les curés de Paris, déjà gagnés au jansénisme pour la plupart. Ordre fut donné d'exposer le saint sacrement et de chanter tous les jours un psaume d'un ton lugubre, de manière à frapper l'imagination de la multitude. Comme on s'attendait à la mort prochaine de l'archevêque de Paris, et que son neveu, le cardinal de Retz, avait intérêt à être informé à propos de l'événement, on plaça près de celui-ci un prêtre janséniste qui, tout en lui disant la messe, s'étudiait à déjouer la surveillance des gardiens.

« Il fut convenu qu'aussitôt que l'archevêque serait mort, le prêtre, en lisant la partie du canon où se trouvent les prières pour les puissances, élèverait la main plus haut que de coutume et prononcerait ces mots : *Joannes Franciscus Paulus, antistes noster*, ce qui suffirait pour apprendre la nouvelle au prisonnier, puisque le nom de Paul le distinguait seul de son oncle (2). Le plan était bien conçu, et fut exécuté. C'était peu; il fallait pourvoir aux suites. A quatre heures du matin, l'archevêque de Paris était mort : à cinq, le chapitre de Notre-Dame s'assembla. Mais, pour que quelqu'un pût prendre possession du siége en l'absence et au nom du cardinal, une procuration de lui était nécessaire : on eut recours à un faux, dont le principal du collége des Grassins consentit à charger sa conscience. Tout à coup le Tellier entre dans

---

(1) Notice sur Port-Royal, p. 93.
(2) *Ibid.*, p. 94.

l'église. Il vient, de la part du ministère, requérir [...] chapitre de prendre le gouvernement du diocèse... Il é[tait] trop tard, dix heures sonnaient, et déjà on fulminait [au] jubé les bulles du nouvel archevêque. Jamais plus h[on]teuses supercheries n'avaient servi l'ambition d'un p[lus] scandaleux pasteur (1); et cependant les pieuses filles [de] Port-Royal ne cachèrent pas leur joie. Peu de temps apr[ès] transféré du donjon de Vincennes dans le château [de] Nantes, le cardinal de Retz s'évadait, grâce au zèle [du] janséniste Sévigné, et les jansénistes s'unissaient a[ux] frondeurs pour troubler Paris du bruit de leur al[lé]gresse (2). Un auteur du temps, qui parle avec la dou[ble] autorité de témoin et d'acteur, rapporte que, le cardi[nal] de Retz étant à Rotterdam, un nommé Saint-Gilles l'a[lla] trouver de la part des jansénistes pour le presser d'u[nir] sa cause à la leur (3). Et, plus loin, le même auteur att[ri]bue à messieurs de Port-Royal la lettre de reproches q[ue] lança contre Mazarin, du fond de son exil, le fougue[ux] chef de la Fronde (4).

« On doit convenir, néanmoins, que la complicité d[es] jansénistes, proprement dits, dans les troubles de [la] Fronde, n'eut rien de direct, rien d'éclatant. Ce fut ava[nt] tout une complicité d'espérances. Mais ce qu'il impo[rte] de remarquer, c'est que l'ennemi dont les frondeurs che[r]chaient à se débarrasser dans la sphère politique fut [le] même contre lequel les jansénistes s'armèrent dans [la] sphère religieuse. Cet ennemi, c'était l'ancien princi[pe]

---

(1) Sur ce prélat, consultez la cinquième série des *Erreurs et mensong[es] hist.* (Qu'est-ce que Tartuffe?), p. 121-124
(2) *Ibid.*, p. 97.
(3) Mémoires de Guy Joli, tome II, p. 64.
(4) *Ibid.*, p. 76.

d'autorité, représenté pour les premiers par la monarchie absolue, pour les seconds par les jésuites.

« En attaquant les jésuites, le jansénisme ne fit que poursuivre, sous une autre forme, la guerre déclarée par le parlement à la royauté. Les jésuites soutenaient le trône : les jansénistes servirent d'appui à la haute bourgeoisie, impatiente déjà de mettre le trône en tutelle.

« Qui dira l'effet des *Provinciales?* Le gouvernement s'inquiéta d'un tel livre, et le proscrivit. La haute bourgeoisie applaudissait en riant. La vérité est que le livre de Pascal dut en partie sa fortune aux sympathies d'une classe ascendante dont il servait les intérêts. La haute bourgeoisie comprit que la cause du jansénisme, ici, était la sienne. Aussi qu'arriva-t-il ? Que les *Provinciales* trouvèrent dans la haute bourgeoisie des protecteurs nombreux, et dans le parlement une complicité sourde mais active. L'avocat général inclinait au jansénisme et, dans un récent discours, il avait à moitié trahi le secret de son penchant : le premier président de Bellièvre fit mieux. Lecteur assidu des *Provinciales*, il s'en montra charmé, et ce fut lui qui ordonna la levée des scellés mis à l'imprimerie d'un des libraires de Port-Royal. Dans une note de M. de Saint-Gilles, agent principal de la publicité clandestine des *Provinciales*, on lit : « Il fallait d'abord se cacher, et il y avait du péril; mais, depuis deux mois, tout le monde et *les magistrats eux-mêmes*, — il aurait pu dire *les magistrats surtout,* — prenant grand plaisir à voir dans ces pièces d'esprit la morale des jésuites naïvement traitée, il y a eu plus de liberté et moins de péril (1). » De fait, entre le jansénisme et le parlement, l'alliance était

---

(1) Note citée par Sainte-Beuve, *Port-Royal,* tome II, p. 551.

déjà si étroite que, pour arriver jusqu'à l'oreille des conseillers de la grand'chambre, solliciteurs et solliciteuses allaient droit à Port-Royal (1). Rien de plus naturel ; car, le jansénisme, c'était le parlement dans l'Église (2). »

Insistons d'une façon toute particulière sur une allégation de L. Blanc : « Le Jansénisme, — dit-il (3), — occupe beaucoup de place dans les préoccupations de Voltaire. » Rien n'est plus vrai, et c'est peut-être un des points les plus curieux comme aussi des moins connus de cet esprit, dont la colère implacable ne cesse de poursuivre les jansénistes, en tant qu'hérétiques politiques. Nous avons compulsé les soixantes-dix volumes de ses œuvres, édition Beuchot ; en plus de cent endroits, Voltaire revient à la charge contre ces sectaires : et d'abord, dans son *Siècle de Louis XIV,* tout un long chapitre, qui ne remplit pas moins de quarante pages in-8° (4), est consacré à l'histoire du jansénisme en France. Il n'y a rien de bien saillant dans cette sorte de résumé, aussi n'y ferons-nous aucun emprunt ; mais c'est dans les brochures et surtout dans la correspondance de Voltaire qu'il faut chercher et relever la note d'indignation contre le jansénisme et ses adeptes.

Ainsi, dans la *Voix du sage et du peuple* (1750), on lit ceci :

« Ce qu'on appelle un janséniste est réellement un fou, un mauvais citoyen et un rebelle. Il est fou, parce qu'il prend pour des vérités démontrées des idées particulières. Il est

---

(1) Note citée par Sainte-Beuve, *Port-Royal,* tome II, p. 563.
(2) Louis Blanc, *l. c. sup.*, p. 210-219, *passim.*
(3) *L. c. sup.*
(4) P. 402-440 du tome XX des Œuvres de Voltaire, édit. Beuchot, chap. XXXVII du tome II du *Siècle de Louis XIV.*

mauvais citoyen parce qu'il trouble l'ordre de l'État. Il est rebelle, parce qu'il désobéit. »

Une lettre de décembre 1765 à d'Argental contient, à ce sujet, une révélation significative à propos de la formule : *Écraser l'infâme*, qui est la conclusion de bon nombre de pièces de sa correspondance.

« Le mot d'*infâme* a toujours signifié le jansénisme, secte dure, cruelle et barbare, plus ennemie de l'autorité royale que le presbytérianisme, et ce n'est pas peu dire. »

Et le 6 mai 1768, il écrit au même d'Argental :

« Je suis fâché de voir qu'en France la moitié de la nation soit frivole et l'autre barbare. Ces barbares sont les jansénistes. Votre ministère ne les connait pas assez. Ce sont des presbytériens plus dangereux que ceux d'Angleterre. De quoi ne sont pas capables des cerveaux fanatiques qui ont soutenu les convulsions pendant quarante années ? »

Enfin, le 4 décembre 1770, il y a un siècle, il disait au chevalier de Chastellux, dans une lettre très-curieuse et surtout très-significative :

« Ce qu'on appelle le jansénisme serait une inondation de barbares, si on le laissait faire. C'est une faction d'énergumènes atroces, encouragée par le prétexte toujours subsistant de soutenir les droits de la nation contre les anciennes usurpations de Rome, et qui, dans le fond, voudrait faire brûler le sens commun en place de Grève.

« Les presbytériens d'Angleterre et les anabaptistes de Munster n'ont jamais été si dangereux que ces marauds-là. »

Ces quelque citations, — que l'on pourrait aisément multiplier, — suffisent à donner une idée des prévisions de Voltaire. Comme les presbytériens qui, au xviie siècle, préparèrent l'échafaud de Charles Ier, les jansénistes français, moins de vingt ans après ce qu'on vient de lire, allaient y conduire Louis XVI.

LE CARACTÈRE DE LOUIS XIII.

Tout se tient dans les études historiques, et on ne peut pas plus séparer tel personnage de son contemporain que deux êtres unis par les liens sacrés qui forment la base de toute société; de même en est-il pour un roi et son ministre, surtout quand ce ministre a été Richelieu et ce roi Louis XIII, le fils de Henri IV et le père de Louis XIV, le trait d'union entre deux grands hommes continuant l'œuvre immense de l'un et préparant la gloire du règne de l'autre. Sans doute, en présence du génie de Richelieu, le caractère de Louis XIII ne semble pas à la même hauteur que celui de Henri IV en regard de Sully; mais cela tient à cette différence notable, et trop méconnue jusqu'ici, qu'Henri était un homme de génie et Sully un homme de sens, tandis que Louis XIII fut un homme de sens et Richelieu un homme de génie. C'est une loi de la Providence, et l'histoire en fournit mille exemples, que rarement deux génies travailleront parallèlement à cette grande œuvre qui s'appelle l'administration d'un pays tel que la France. Et pour résumer, en quelque sorte par avance, cette étude sur le caractère de Louis XIII, nous oserons émettre cette maxime, expression même de la vérité tout entière: « A un ministre de génie, il ne faut qu'un roi de sens; c'est trop de deux génies à la tête d'un gouvernement. » Cela ne fut jamais si exact qu'à l'égard de Richelieu et de Louis XIII; ce roi, — si bien appelé le *Juste*, sut comprendre, admirer et employer pour la grandeur du pays le génie élevé et pratique à la fois de l'illustre cardinal, qui, de son côté, profondément reconnaissant de l'appui moral et matériel qu'en toute circonstance lui prêta son maître, lui rapportait la gloire de ses actes, comme à son inspirateur et à son plus ferme soutien.

Louis XIII admirateur de Richelieu : quel paradoxe insoutenable, si l'on continue à s'en rapporter non-seulement aux historiens modernes, mais encore et surtout aux contemporains, chez qui la jalousie et la passion ont étouffé ou oblitéré si singulièrement le sentiment de la justice et de l'impartialité ! Mais rarement est-on bien apprécié par son entourage; il nous suffit que Richelieu ait vu son mérite reconnu et ses services compris par Louis XIII, comme nous allons le démontrer, avec une telle abondance de preuves, que nous n'y aurons vraiment que l'embarras du choix.

Mais d'abord voyons ce que les contemporains ont dit de la prétendue envie, jalousie et crainte de Louis XIII à l'égard de son ministre, qu'au témoignage des mêmes contemporains, il admirait; comme si l'admiration pouvait et devait fatalement, en quelque sorte, engendrer et produire ce triple sentiment bas et vil de l'envie, de la jalousie et de la crainte !... Chose curieuse ! même en se mettant à ce point de vue complétement faux, ces historiens n'ont pu s'empêcher de tracer le plus magnifique éloge de Richelieu. Ainsi, par exemple, Madame de Motteville,— la première qui ait affirmé l'aversion qu'aurait ressentie Louis XIII envers son ministre, — s'exprime en ces termes vraiment curieux à enregistrer : « *Jaloux* (dit-elle) *de la grandeur de son ministère*, quoique ce ne fût que de la part qu'il lui donnait de la sienne, il *commença de le haïr* dès qu'il vit l'extrême autorité qu'il avait dans son royaume, et, ne pouvant vivre heureux sans lui, ni avec lui, il ne put jamais l'être... La puissance du cardinal augmentait toujours par la nécessité que le roi avait de ses conseils. Il se faisait adorer de toute la France et *obéir de son roi même, faisant de son maître son esclave*, et de cet illustre esclave un des plus grands monarques du monde (1). »

Comprend-on cet homme qui se faisait aimer de la France et qui n'aurait eu d'ennemi que son roi ? Comprend-on davantage ce roi esclave qui était en même temps, grâce à son ministre, un des plus illustres souverains du monde ? Quelle anomalie monstrueuse ! quelle pénurie absolue de logique dans un tel raisonnement, ou plutôt quel déraisonnement flagrant !....

Quant à la Rochefoucauld, autre contemporain, il nous montre Louis XIII « *voulant être gouverné* et portant quelquefois impatiemment de l'être (2); » et plus loin il dit que « le roi, *qui haïssait Richelieu*, n'avait cessé de suivre ses volontés (3). »

Comment admettre que ce prince qui voulait être gouverné haït en même temps le ministre qui lui rendait si

---

(1) Mémoires de Mme de Motteville, tome I, p. 387 de la collection Petitot.
(2) Mémoires de de la Rochefoucauld, tome I, p. 337. Coll. Petitot.
(3) *Id.*, tome I, p. 365.

glorieusement ce service? Mais Montglat va encore plus loin dans l'illogisme; après avoir montré, à la mort du cardinal, Louis XIII envoyant visiter de sa part les parents de Richelieu, leur mandant qu'il ne les abandonnerait jamais, et qu'il se souviendrait des importants services que le défunt lui avait rendus, Montglat ajoute : « *Il en était fort aise et fut ravi d'en être défait* (1). » Brienne se sert à peu près des mêmes termes (2). Omer Talon, lui, va plus loin; les parlementaires n'aimaient pas Richelieu, cela se conçoit. Donc, à l'en croire, Louis XIII était jaloux de l'autorité de Richelie et plein de soupçons, à ce point que, dans l'événement, *le maître et le valet se sont fait mourir l'un l'autre* à force de s'inquiéter et de se donner de la peine (3). » Montrésor (4) et la Châtre (5) sont les échos d'Omer Talon, dont ils aggravent encore la voix.

C'est Pontis (6), le premier, qui a raconté que Louis XIII, à la nouvelle de la mort de Richelieu, dit: « Il est mort un grand politique, » et s'emparant de ces quelques mots, avec lesquels je ne sais qui se chargeait de faire pendre l'homme qui les aurait écrits, presque tous les historiens, se copiant les uns les autres, en ont conclu que Louis XIII n'avait ni cœur ni reconnaissance.

Même uniformité dans les jugements des historiens, soit contemporains, soit du dernier siècle et même du nôtre, si fécond cependant en réhabilitations de tout genre. Le

(1) Mémoires de Montglat, tome I, p. 400. Coll. Petitot.
(2) « Le roi fut tout ravi d'en être défait. » — Mémoires de Brienne, tome II, p. 77. *Id.*
(3) Mémoires d'Omer Talon, tome I, p. 32. *Id.*
(4) Mémoires, *ibid.*, p. 395.
(5) Mémoires, *ibid.*, p. 176.
(6) Mémoires, *ibid.*, tome II, p. 355.

père Griffet, auteur d'une histoire de Louis XIII, qui est restée une des meilleures monographies de ce prince, a commencé à mieux voir la vérité ou plutôt il ne l'a encore qu'entrevue, à cause du malheureux préjugé général dont il a subi, lui aussi, l'influence. « Si l'autorité presque sans bornes, dit-il, *qu'il laissa usurper au cardinal de Richelieu* fit la gloire de son règne, elle obscurcit en même temps le mérite de sa personne. Cependant sa fermeté inébranlable à la soutenir, *contre sa propre inclination*, est une marque de sagesse, de discernement et peut-être de grandeur d'âme qui fait honneur à sa mémoire (1). »

Il n'y eut ni usurpation de la part de Richelieu ni faiblesse de Louis XIII, dont la conduite à l'égard de son ministre fut, — on ne saurait assez le redire, — une marque de sagesse, de discernement et de grandeur d'âme « qui fait honneur à sa mémoire, » pour nous servir des propres paroles du père Griffet.

Chose curieuse, Bazin, l'historien moderne de Louis XIII, qui dans la préface de son ouvrage admire avec quelle facilité l'inexactitude et le mensonge s'introduisent dans l'histoire et s'y transmettent de livre à livre, par l'habitude, invariable chez nous, de copier ses devanciers tout en les méprisant, déclare, lui aussi, que Louis XIII n'avait pour son ministre aucune inclination d'amitié (2).

Enfin, M. Guizot, — écrivant l'*Histoire de France pour ses petits-enfants*, — répète, après tous ses devanciers, que « Louis XIII ressentait contre son ministre *une répugnance instinctive* et qu'il n'eut jamais *qu'une fidélité raisonnée pour un serviteur qu'il n'aimait pas* (3). »

(1) Hist. de Louis XIII, p. 616.
( ) Hist. de France sous Louis XIII, préface, et tome II, p. 456.
(3) Hist. de France racontée à mes petits-enfants, tome IV, p. 35 et 46.

Là-dessus il faut répéter avec Hamlet : « Des mots, des mots ! »

Les sept énormes volumes des *Lettres* de Richelieu, publiées avec un soin religieux par M. Avenel (1), en ces derniers temps, renversent toutes les assertions des contemporains, des historiens et des modernes ; mais, pour rendre justice à qui de droit, signalons (longtemps avant la publication si importante des *Lettres* de Richelieu) les deux écrivains français dont la sagacité a su réagir contre l'opinion générale erronée. « On a peint Louis XIII, — dit Capefigue, — comme une tête affaiblie et sans volonté ; il n'en est rien. Le roi avait sa pensée à lui, forte, énergique, et, s'il subissait l'influence du cardinal de Richelieu, c'est que celui-ci avait parfaitement deviné le caractère du maître et qu'il en exécutait les desseins avec plus de capacité. Richelieu, esprit supérieur, devait envisager avec une plus haute étendue la situation de la monarchie. L'intimité profonde qui existait entre le roi et son ministre résultait de la conviction puissante qu'ils se comprenaient. Il n'y avait là ni faveur ni amitié ; c'étaient deux intelligences également froides, également réfléchies, qui se prêtaient secours dans les voies de l'unité royale, et l'une n'était soumise que parce qu'elle se sentait inférieure à l'autre. Louis XIII ne garda pas son ministre par faiblesse. Cet esprit-là lui convenait. Il se livra à lui corps et pensées (2). »

Cousin a jugé de même les rapports entre le génie du ministre et le sens du roi. « Richelieu vivant n'eut pour lui qu'un très-petit nombre de politiques, *à la tête desquels*

---

(1) Lettres, instructions diplomatiques et papiers d'État du cardinal de Richelieu. (Collection des documents inédits sur l'histoire de France.)
(2) Richelieu, Mazarin et la Fronde, tome II, p. 49-137.

était Louis XIII (1). Richelieu connaissait Louis XIII, et savait à quel point il était roi et Français, et dévoué à leur commun système (2). »

Et d'abord, avant de chercher dans les *Lettres* de Richelieu la preuve de la déférence et de la sympathie que Louis XIII témoigna toujours au grand homme d'État qui fut son ministre, remontons à l'enfance du monarque et, grâce à des mémoires précieux dont l'impartialité n'est plus à prouver (3), établissons la précoce maturité de caractère du fils de Henri IV, comme aussi son esprit et sa sensibilité, tous deux profonds, parce qu'ils étaient réfléchis et s'étaient mûris au contact d'événements exceptionnels, dont le plus terrible fut la mort prématurée d'un père adoré. C'est pourtant de Louis XIII que l'on a imprimé que « son enfance fut longue (4), » tandis que c'est le contraire qui est la vérité! « En réalité, — dit M. Topin dans sa remarquable étude sur Louis XIII et Richelieu (5), — en réalité, il est peu d'enfants d'une précocité comparable à celle de ce prince, qui, dès l'âge de six ans, fait aux personnes qui l'entourent des réponses d'une étonnante maturité. Rapportées dans leur naïveté charmante par son médecin, qui indique aussi scrupuleusement ce qui est défavorable au Dauphin que ce qui est à son éloge, on ne saurait mettre en doute leur parfaite authenticité, et il serait à désirer qu'on pût avoir pour l'étude du caractère de tous les rois de France

(1) Mme de Hautefort, p. 19.
(2) Mme de Chevreuse, p. 104.
(3) Journal de Jean Herouard sur l'enfance et la jeunesse de Louis XIII, publié, en 1868, par M. Eud. Soulié et Ed. de Barthélemy.
(4) Amédée Rénée, *Vie de Louis XIII*.
(5) Voyez le *Correspondant*, n° du 25 avril 1875, p. 220.

d'aussi précieux et d'aussi exacts éléments d'information Quiconque a jugé Louis XIII sans étudier à fond le journal d'Héroard, ne peut prétendre à imposer son jugement. »

Et tout d'abord, il semble qu'il ait sucé avec le lait de sa nourrice une haine profonde contre l'Espagne, cette nation jadis si fatale à la France, mise par elle à deux doigts de sa perte : ce premier trait de caractère est essentiel à indiquer; il est un de ceux en effet qui aident le mieux à expliquer les véritables sentiments de Louis XIII à l'égard de Richelieu. Voici surtout une réponse qui est peut-être la plus caractéristique de toutes celles qu'Héroard rapporte de l'enfant royal, et qui annonce le mieux dans ce prince, à peine âgé de dix ans, le plus ferme, le plus intelligent soutien de Richelieu. A la nouvelle de la disgrâce de Sully, qui suivit de près la mort d'Henri IV, Louis XIII demandait à M. de Souvré pourquoi on avait retiré les finances au vieux ministre. « Je n'en sais pas les raisons (répondit le gouverneur). Mais la reine ne l'a pas fait sans beaucoup de sujet, comme elle fait toutes choses avec grande considération. En êtes-vous marri ? — Oui, répondit le jeune roi (1). » Ce jour-là il s'en tint à ce mot d'un laconisme énergique; mais, plus tard, et devenu par l'âge capable de résister aux volontés de sa mère, il imposera Richelieu et le défendra non-seulement contre elle, mais aussi contre Anne d'Autriche, contre Gaston, contre la noblesse tout entière.

Quelque opinion que l'on ait sur les circonstances qui ont marqué l'avénement définitif du cardinal au pouvoir, comment pourrait-on douter de l'admiration inspirée par

(1) Journal d'Hérouard, journée du 29 janvier 1611.

Richelieu à un prince héritier des projets d'Henri IV, et qui, dès sa plus tendre enfance, se montra pénétré de la nécessité de relever aussi haut que possible l'autorité royale, quand nous voyons le grand ministre lui adresser, dès le début de son administration, ces magnifiques paroles : « Lorsque Votre Majesté, — lisons-nous dans le *Testament politique* du cardinal , — se résolut de me donner en même temps et l'entrée de ses conseils et grande part en sa confiance pour la direction de ses affaires... *je lui promis* d'employer toute mon industrie et toute l'autorité qu'il lui plairait me donner pour ruiner le parti huguenot, rabaisser l'orgueil des grands, réduire tous ses sujets en leur devoir et relever son nom dans les nations étrangères au point où il devait être. Mais je lui représentai que, pour parvenir à une si heureuse fin, sa confiance m'était tout à fait nécessaire. »

Ce langage, qui devait si tôt être suivi d'exécution, ces promesses, dont chacune sera tenue, ont formé dès ce jour entre Louis XIII et son ministre un lien indissoluble engageant le cœur presque autant que l'esprit; car la haute raison du souverain a largement récompensé par sa reconnaissance le génie et les services du grand homme d'État qui élevait si haut la France et le monarque.

Les preuves de ce que nous avançons, l'histoire à la main, abondent; nous n'avons ici encore — et toujours — que l'embarras du choix. Ainsi, par exemple, en 1626, Richelieu, dont les ennemis devenaient plus audacieux à mesure que s'accroissait la confiance qu'il inspirait au roi, cède à une défaillance sincère, et il annonce l'intention de se retirer. La cour était alors divisée au sujet du projet de mariage formé par Henri IV entre Gaston d'Orléans et Mademoiselle de Montpensier. Louis XIII et

Richelieu souhaitaient cette union, que les mécontents combattaient en persuadant Gaston de l'avantage qu'il aurait à s'assurer l'appui de l'étranger par un mariage contracté hors de France. Richelieu, comprenant la nécessité d'empêcher à tout prix un mariage étranger et par conséquent de frapper un grand coup, donne sa démission. Aussitôt Louis XIII lui écrit, le 9 juin 1626, la lettre la plus pressante :

« Mon cousin (1),

« J'ai vu toutes les raisons qui vous font désirer votre repos, que je désire avec votre santé plus que vous, pourvu que vous la trouviez dans le soin et la conduite principale de mes affaires. Tout, grâce à Dieu, y a bien succédé depuis que vous y êtes ; j'ai toute confiance en vous, et il est vrai que je n'ai jamais trouvé personne qui me servît à mon gré comme vous. C'est ce qui me fait désirer et vous prier de ne point vous retirer, car mes affaires iraient mal. Je veux bien vous soulager en tout ce qui se pourra, et vous décharger de toutes visites, et je vous permets d'aller prendre du relâche de fois à autre, vous aimant autant absent que présent.....

« Monsieur et beaucoup de grands vous en veulent à mon occasion ; mais assurez-vous que je vous protégerai contre qui que ce soit et que je ne vous abandonnerai jamais...

« Assurez-vous que je ne changerai jamais, et que quiconque vous attaquera, vous m'aurez pour second (2) »

Trois jours après avoir écrit cette lettre, et de sa

---

(1) Ce nom était donné par les rois de France, dans leurs lettres, aux cardinaux et aux maréchaux.
(2) Griffet, *Hist. de Louis XIII*, tome I, p. 500.

propre initiative, Louis XIII fait arrêter ses deux frères naturels César de Vendôme et le grand prieur de France, que les mécontents avaient voulu placer à leur tête. Le 9 septembre de la même année, il décide spontanément, et sans y être sollicité par personne, que Richelieu aura une garde composée de cent hommes à cheval, et comme celui-ci le remercie de cette preuve d'intérêt : « Je sais, — lui dit-il devant Marie de Médicis et Gaston, — que vous vous êtes fait un grand nombre d'ennemis en me servant bien, aussi je veux vous mettre à couvert de leurs entreprises. »

C'est un des plus grands ennemis du cardinal, le protestant Le Vassor, qui nous a conservé le souvenir de ces remarquables paroles de Louis XIII (1).

Avant Louis XIV et tout aussi énergiquement Louis XIII a su dire : « Je veux, » et faire respecter sa volonté. « C'est assez que c'est moi qui le veux, » écrivait-il à Richelieu, en lui promettant son constant appui (2).

Chaque fois que le roi se séparait de son ministre pour un court voyage, il ressentait une peine sincère, et ne dissimulait pas le chagrin qu'il éprouvait. En février 1628, sa santé le contraint de quitter momentanément le siége de la Rochelle; il laisse au cardinal les pouvoirs les plus étendus, le nomme lieutenant général de ses armées dans le Poitou, la Saintonge, l'Angoumois et l'Aunis, lui donne la haute direction du siége, et le duc d'Angoulème, les maréchaux de Bassompierre et de Schomberg sont invités à obéir au prélat. Aubery raconte (et non seulement Aubery, mais aussi Le Vassor (3), l'ennemi de Richelieu, con-

(1) Griffet, tome V, 1re partie, p. 463.
(2) *Id. Hist. de Louis XIII*, tome I, p. 500.
(3) *Id.* 2e partie, tome V, p. 715.

firme ce récit), que Louis se sépara de son ministre les larmes aux yeux. « J'ai le cœur si serré que je ne puis parler, dit-il au sieur de Guron. Je quitte M. le cardinal avec un extrême regret, et je crains qu'il ne lui arrive quelque accident. La plus grande marque d'affection qu'il puisse me donner, c'est de ne s'exposer pas si librement au danger (1). »

Tel Louis XIII se montrait en 1628, tel nous le retrouvons deux ans après, à l'approche de cette fameuse *journée des Dupes* où, quoi qu'on en ait dit, le crédit du cardinal ne courut aucun danger, parce qu'il était solidement fondé sur l'estime et l'amitié de Louis XIII.

La guerre de la succession de Mantoue, allumée en 1629, avait été reprise en 1630. Richelieu, qui avait commencé seul cette campagne, avait été rejoint par le roi en mai 1630. Celui-ci le suit en Savoie, mais la peste l'en éloigne au mois d'août. Échappé à la contagion, il est tout à coup atteint à Lyon, où il s'est retiré, d'une fièvre qui se complique presque aussitôt d'une manière effrayante et fait craindre pour ses jours. Ce fut le véritable danger que Richelieu courut en 1630. Il faillit perdre son puissant, son unique protecteur: Louis XIII mort, c'en était fait de l'exécution des vastes projets du grand ministre. Enfin, la nature sauve le royal malade ; il est rendu à la vie, et bientôt à la santé. Pendant cette crise terrible, la principale préoccupation de Louis XIII avait été Richelieu. Ses ennemis, à la tête desquels était Marie de Médicis, voulaient abuser de la situation du roi pour le séparer du cardinal; Louis XIII résista avec énergie, et le jour même

(1) Cf. Mémoires de Richelieu, livre XIX, tome IV, p. 42. — Papiers d'État de Richelieu, tome III, p. 31. Lettre au roi, du 11 février 1628.

où la crise de sa terrible maladie fut la plus aigue, il fit appeler le duc de Montmorency et lui dit : « Je demande deux choses à vous : l'une que vous ayez toujours la même affection que vous avez témoignée avoir jusqu'à présent pour le bien de l'État, et l'autre que, pour l'amour de moi, vous aimiez le cardinal de Richelieu (1). »

Louis XIII n'a pas cessé d'aimer Richelieu et d'avoir en lui une confiance entière ; dans l'adversité aussi bien que dans la prospérité, il s'est toujours appuyé sur son ministre, parce qu'ils avaient une politique semblable, tendant à un but unique, et, ce but, admis par le roi, Richelieu, le poursuivant avec génie, n'avait plus rien à redouter de son maître. Bien loin de les désunir, on aurait dit que la mauvaise fortune, — et ils l'éprouvèrent ! — achevait de resserrer les liens qui unissaient ces deux esprits inégaux, mais pareillement dévoués au bien du pays.

« Quel a donc été le secret de Richelieu pour conserver jusqu'à la fin, à un tel point, la confiance de son maître ? Ce secret est à la portée de tous les premiers ministres qui voudraient faire échouer les menées de leurs adversaires : agir sans cesse en vue de l'État et ne rien laisser ignorer au roi de leurs moindres, de leurs plus insignifiantes actions. Quel ambitieux, même le plus habile dans l'intrigue, aurait pu lutter avec succès contre Richelieu dans l'esprit d'un roi qui connaissait chacun de ses actes, qui était initié par lui aux projets même d'intérêt secondaire, qui pouvait le suivre pas à pas, minute par minute, dans sa marche ascendante vers le but glorieux que d'un commun accord ils s'étaient proposé ?

---

(1) Simon Ducros, *Hist. du duc de Montmorency*, tome I, chap. xxii.

Richelieu consultait Louis XIII sur les petites comme sur les grandes affaires. Même quand il était séparé de lui par de longues distances et que lui avait été déléguée une autorité sans bornes, il ne cessait de tenir le roi au courant de tout ce qui était de nature à intéresser la chose publique. Constamment des secrétaires partaient et revenaient porteurs de dépêches nombreuses, de rapports volumineux et circonstanciés, dans lesquels étaient exposés avec méthode et clarté l'etat de chaque question, les difficultés qu'elle soulevait, les diverses solutions propres à les résoudre. Rien de ce qui avait été fait pour préparer le succès, rien de ce qui avait été prévu pour écarter un obstacle n'était omis. Seul le roi prenait les résolutions décisives. Mais le ministre de génie était le grand préparateur de la plupart de ces résolutions. On a été beaucoup trop loin quand on a dit que Richelieu les a toujours dictées. Plusieurs des rapports envoyés au roi par le cardinal avec l'avis de celui-ci sont émargés d'annotations dans lesquelles Louis XIII motive et formule brièvement une décision contraire. Il serait aussi injuste qu'inexact de croire que Louis XIII n'ait rendu à la France d'autres services que de maintenir Richelieu au pouvoir. La lecture des volumineux papiers d'État du cardinal suffirait seule à établir que rien n'a été fait sous Louis XIII sans sa participation directe, sans son concours intelligent et éclairé, sans qu'il se soit parfaitement rendu compte lui-même des avantages et des inconvénients des divers partis à prendre. Quand le roi n'était pas à l'armée, il assistait à tous les conseils, écoutait attentivement l'avis de chacun, puis exprimait en quelques mots, et toujours avec lucidité, sa volonté souveraine. Richelieu, en se chargeant de l'exécution de cette volonté, lui donnait sa propre et forte empreinte, et apparaissait ainsi presque seul aux intendants, aux gouverneurs, aux généraux, aux ambassadeurs, auxquels il transmettait, en la développant, l'opinion royale. Sans doute les grands traits de la politique du règne lui appartiennent, et son génie a su, presque toujours, discerner les moyens conduisant le mieux au succès. Mais, pour la persistance à demeurer dans la voie choisie, pour la fermeté et l'énergie nécessaires au maintien du système d'ensemble, nous n'hésitons pas à placer Louis XIII à côté du cardinal (1). »

Mais il n'est guère d'affection qui survive à la perte de celui qui en était l'objet ; ici, au contraire : Richelieu disparu, le roi tint toutes les promesses qu'il lui avait faites, il poursuivit par lui-même la politique du cardinal, comme le prouve évidemment la lettre que voici, écrite par Louis XIII au marquis de Fontenay-Mareuil, ambasdeur à Rome, le 6 décembre 1642, le surlendemain même de la mort de l'illustre ministre :

« Monsieur le marquis de Fontenay,

« Chacun sachant les grands et signalés services que mon cousin le cardinal duc de Richelieu m'a rendus, et de combien d'avantageux succès il a plu à Dieu de bénir les conseils qu'il m'a donnés, personne ne peut douter que je ne ressente tout autant que je dois la perte d'un si bon et si fidèle ministre : aussi veux-je que tout le monde connaisse quel est mon déplaisir et combien sa mémoire m'est chère par les témoignages que j'en veux rendre en toutes occasions. Mais la connaissance que j'ai

---

(1) M. Topin, *Louis XIII et Richelieu.* (*Correspondant,* n° du 10 mai 1875, p. 473 et 474.)

que les sentiments que je dois aussi pour le gouvernement de mon État et le bien de mes affaires doivent marcher devant tous les autres m'oblige à en prendre plus de soin que jamais, et à m'y appliquer de telle sorte que je puisse maintenir les grands avantages que j'ai à présent, jusques à ce qu'il ait plu à Dieu me donner la paix qui a été toujours le seul et unique but de toutes mes entreprises, et pour l'accomplissement de laquelle je n'épargnerai pas même ma propre vie. Pour cet effet, j'ai pris résolution de continuer les mêmes personnes, dans mes conseils, qui m'y ont servi pendant l'administration de mon cousin le cardinal de Richelieu, et d'y appeler mon cousin le cardinal de Mazarin, qui m'a donné tant de preuves de son affection, de sa fidélité et de sa capacité dans les diverses occasions où je l'ai employé, dans lesquelles il m'a rendu des services très-considérables que je n'en suis pas moins assuré que s'il était né mon sujet. Ma principale pensée sera toujours de maintenir la bonne correspondance qui a été entre moi et mes alliés, d'user de la même rigueur et fermeté dans mes affaires que j'ai gardées autant que la justice et la raison me le pourront permettre, de continuer la guerre avec la même application et les mêmes efforts que j'ai faits depuis que mes ennemis m'ont contraint de m'y porter, jusqu'à ce que, Dieu leur ayant touché le cœur, je puisse contribuer, avec tous mes alliés, à l'établissement du repos général de la chrétienté, mais en sorte qu'il soit fait si solidement que rien ne le puisse plus trancher à l'avenir.

« Vous donnerez part de tout ce que dessus à notre très-saint-père le Pape et à tous autres que vous estimerez à propos par delà, afin que l'on puisse juger que les affaires de ce royaume suivront le même train qu'elles ont pris il y a longtemps, et qu'il ne manquera rien à la conduite que l'on continue d'y tenir pour donner lieu d'espérer qu'elles succéderont toujours heureusement (1).... »

Ce précieux document prouve, de la façon la plus péremptoire, le ferme dessein où était Louis XIII de suivre la politique de Richelieu et, en même temps qu'il réfute les sottes accusations intentées contre le roi, il montre de quelle vénération et aussi de quelle reconnaissance le souverain entourait l'œuvre inaugurée par son ministre et son confident intime.

Mazarin était le continuateur désigné par Richelieu lui-même, et le choix ne pouvait être meilleur.

Deux cent quarante-six lettres, extrêmement précieuses, toutes adressées à Richelieu par Louis XIII (2), et conservées dans les archives du ministère des affaires étrangères, sont les pièces à l'appui de l'étroite union qui ne cessa de régner entre le souverain et l'homme d'État; elles sont la preuve authentique et par conséquent irrécusable de la sympathie et de l'affection qui unissaient ces deux patriotes, et qui ne se démentirent jamais un seul instant pendant un long espace de vingt années (3), mêlées cependant de bien des vicissitudes, semées de gloires et de revers aussi grands les uns que les autres.

« Toujours, — dit M. Topin (4), qui insiste avec raison

(1) Louis XIII et Richelieu, par M. Topin. (*Correspondant*, n° du 25 décembre 1875, p. 1112 et 1113.) — *Biblioth. nation.*, manuscrits, fonds Dupuy, tome DXC, fol. 312.)
(2) Cs. M. Topin, Louis XIII et Richelieu, (*Correspondant*, n° du 10 mai 1875, p. 480.)
(3) De 1622 à 1642.
(4) Louis XIII et Richelieu (*Correspondant*, n° du 10 novembre 1875, p. 535 et 536.)

sur ce point important et indiscutable, — toujours Louis XIII laissait à son ministre la haute direction des affaires; mais loin de se désintéresser de toutes choses et de charger Richelieu du poids du gouvernement, il lui venait en aide de toutes les façons. On a dit, pour expliquer que le roi ait gardé le cardinal, comme principal ministre, pendant dix-huit ans, quoique le haïssant, que le détail des affaires accablait Louis XIII, et qu'il attendit toujours que l'horizon politique s'éclaircît pour renvoyer Richelieu. Le fils aîné d'Henri IV a été présenté, par l'histoire, comme un homme indolent et un roi incapable, ne pouvant prévoir ni résoudre la moindre difficulté et se laissant duper par son ministre, qui, pour conserver sa puissance dans l'État, ne craignait pas de faire surgir constamment des complications nouvelles, de telle sorte que le roi garda toujours Richelieu, parce qu'il le croyait seul capable de surmonter tous les obstacles et de parer à tous les périls. Nous n'aurons à citer personne, car tous les auteurs de mémoires ont émis cette opinion, et tous les historiens l'ont répétée, sans jamais rechercher jusqu'à quel point elle pouvait être juste. Cependant, si on était allé au fond des choses, l'erreur eût été reconnue rapidement. L'homme faible admire toujours l'homme fort, le paresseux admire toujours l'homme laborieux, le poltron admire toujours le brave. En admettant que Louis XIII ait été aussi nul qu'on l'a dit, ne devait-il pas admirer cet infatigable Richelieu qui, avec des ressources très-faibles d'abord, ne craignit pas d'entrer en lutte avec la noblesse et les protestants du royaume, et qui, reprenant la politique de Henri IV et de Luynes, n'hésita pas à lancer la France dans une guerre aventureuse avec la puissance la plus formidable de l'époque? Si Louis XIII admira Richelieu, pourquoi croire qu'il ne l'aima point? Non-seulement il l'admira, mais il l'aima. Comment en douter, lorsque nous voyons tous les auteurs de mémoires, après avoir attaqué violemment le cardinal et critiqué amèrement son administration, reconnaître ensuite que cet homme fut un grand politique, un administrateur incomparable, qu'il rendit incontestée, au dehors, la puissance de la France, qu'il fut un homme nécessaire, un homme providentiel? Si ses ennemis, qui l'ont méconnu durant sa vie, parce qu'ils ont été atteints par son impitoyable politique, ont su reconnaître son génie après sa mort, — parce qu'alors, moins aveuglés par la passion, ils le jugeaient, non en hommes, mais en historiens, — pourquoi ne pas croire que Louis XIII, qui connut tous les ressorts de l'administration de son ministre, qui le vit dévoué, comme lui, à la politique nationale de Henri IV, ne devança pas l'opinion de l'histoire, en admirant et en aimant Richelieu, dans lequel il vit seulement le grand politique et l'homme de génie, et non le despote implacable que connurent seuls les ennemis du cardinal?

« Louis XIII aimait la France et voulait rendre la puissance royale tout à fait prépondérante. Il ne se sentait pas assez de force pour obtenir ce résultat. Voilà pourquoi il accepta un collaborateur, car Richelieu ne fut pas autre chose. Louis XIII n'eût pas accepté un maître, même un maître de génie. Il avait supprimé l'incapable maréchal d'Ancre, il avait éloigné l'ambitieuse Marie de Médicis, parce que tous deux voulaient dominer dans l'État à côté et même au-dessus du roi. Richelieu ne tomba jamais dans une pareille faute. Il respecta toujours le roi et la royauté; Louis XIII en fit son second et son ami.

« Mais le père de Louis XIV ne fut ni incapable, ni indolent. Nous l'avons vu maintes fois donner son avis au sujet de la direction à imprimer aux grandes affaires, nous l'avons vu s'occuper des moindres détails. Il nous montre bien que les intérêts de l'État l'occupaient aussi en dehors du conseil, où il donnait toujours de si sages avis, ainsi que Richelieu le reconnaît lui-même à chaque page de ses mémoires. »

Mais le moment de l'histoire de Louis XIII où l'on peut certainement le mieux apprécier le caractère de ce roi si étrangement méconnu, c'est celui de sa mort ; il n'eut alors à s'humilier que comme chrétien, car, comme roi, il n'avait jamais dévié de la poursuite du but glorieux qu'il s'était imposé, ainsi que Richelieu : tous deux furent aussi admirables en face du trépas qu'ils l'avaient été en présence des plus grands périls dont ce règne fut signalé.

Richelieu précéda son maître dans la tombe ; jusqu'à la dernière heure, il en reçut de sincères témoignages d'affection qu'il sut dignement apprécier, car ils étaient pour lui le sceau de toute une vie qui avait été la sienne, ces deux hommes n'ayant qu'un seul et même but, la grandeur de la France. « Sire, — dit Richelieu dans un suprême entretien, — voici le dernier adieu. En prenant congé de Votre Majesté, j'ai la consolation de laisser votre royaume dans le plus haut degré de gloire et de réputation où il ait jamais été, et tous vos ennemis abattus et humiliés. La seule récompense de mes peines et de mes services que j'ose demander à Votre Majesté, c'est qu'elle continue à honorer de sa protection et de sa bienveillance mes neveux et mes parents. Je ne leur donnerai ma bénédiction qu'à la charge qu'ils ne s'écarteront jamais de l'obéissance et de la fidélité qu'ils vous doivent et qu'ils vous ont vouées pour toujours (1). » Le roi le promit à Richelieu, qui lui recommanda ensuite les ministres alors en fonctions, et en particulier Mazarin, car il ne savait personne plus digne que lui de le remplacer (2). Louis XIII s'engagea à suivre en cela, comme en toutes choses, les avis du cardinal.

Cependant le mal faisait de rapides progrès ; Richelieu sentait sa dernière heure venue. « Je vous conjure, non comme médecin, mais comme mon ami, de me parler à cœur ouvert, » dit-il à l'homme de l'art qui lui donnait ses soins. « Monseigneur, répondit le médecin, je crois que dans vingt-quatre heures vous serez mort ou guéri. — C'est parler comme il faut, » répliqua le cardinal (3), puis il voulut recevoir l'extrême onction. La chambre de l'illustre malade était pleine de maréchaux, d'évêques, d'abbés, de gentilshommes, et les personnes de sa maison s'y introduisirent aussi, avides d'assister à cette scène solennelle. Le curé de la paroisse Saint-Eustache, portant les saintes huiles, entra à son tour. Il fit observer au malade que le rang qu'il occupait dans l'Église dispensait de lui adresser toutes les questions habituelles. Mais Richelieu supplia qu'on le traitât *comme le commun des chrétiens*. Après l'énumération des principaux articles de la foi, le prêtre lui demandant s'il les croyait : « Absolument, répondit Richelieu, et plût à Dieu avoir mille vies

---

(1) Le père Griffet, tome III, p. 575.
(2) Mazarin, au lit de mort, devait recommander dans les mêmes termes Colbert à Louis XIV.
(3) Récit de ce qui s'est passé un peu avant la mort de M. le cardinal de Richelieu, arrivée le jeudi 4 décembre 1642, sur le midi. (*Biblioth. nation.*, manuscrits. Fonds Dupuy, tome DXC, fol. 298, recto. — Le père Griffet, tome III, p. 576.)

afin de les donner pour la foi et pour l'Église. — Pardonnez-vous à tous vos ennemis ? lui fut-il demandé. — De tout mon cœur. Je prie Dieu qu'il me condamne si j'ai eu autre intention que le bien de la religion et de l'État (1). »

Pressé par le prêtre de supplier Dieu de lui rendre la vie et la santé : « A Dieu ne plaise ! répondit-il, je ne demande ni l'un ni l'autre, mais sa seule volonté. » Comme le curé de Saint-Eustache le priait de donner sa bénédiction à l'assemblée, le malade s'y refusa en disant : « Hélas ! je n'en suis pas digne (2). » Puis il se recommanda aux prières de tous les assistants, qui ne purent lui répondre que par leurs cris et leurs larmes (3).

Puis il reçut de nouveau la visite du roi, qui témoigna une vive douleur, à la vue de l'état de son cher malade et s'éloigna fort affligé... Quelques heures après, Louis XIII demeurait seul à poursuivre la grande œuvre entreprise et conduite jusqu'alors en commun avec l'illustre homme d'État.

Dès que Louis XIII apprit la fatale nouvelle, ses yeux se mouillèrent de larmes (4); mais, dominant sa douleur : « Les ennemis de la France, dit-il, n'en tireront aucun avantage ; tout ce qui est commencé se continuera (5). » « Le roi agit extrêmement et est très-intelligent dans les affaires (écrit un contemporain),

---

(1) Voir la note précédente.
(2) Journal de ce qui s'est fait et passé à la maladie et à la mort de feu Mgr. de Richelieu, etc. (*Biblioth. nation.*, L b^{36} n° 3315, p. 2 et 3.)
(3) *Id.*, p. 3.
(4) *Id.*, p. 7.
(5) Lettres d'Henri Arnauld, abbé de Saint-Nicolas, au président Barillon. (*Biblioth. nation.*, fonds français, tome XX, DCXXXV.) Lettre du 6 décembre. 1642.

et passe le tiers de sa journée dans son conseil (1). »

Dès le 5 décembre, le lendemain de la mort de Richelieu, Louis XIII adressait la lettre suivante aux parlements, aux gouverneurs de provinces et aux ambassadeurs : « Nos amés et féaux, Dieu ayant voulu retirer à lui notre très-cher et très-aimé cousin, le cardinal duc de Richelieu, lorsqu'après une longue maladie nous avions plutôt lieu d'espérer sa guérison, cette lettre est pour vous en donner avis, avec un très-sensible regret d'une perte si considérable, et pour vous dire qu'ayant depuis tant d'années reçu des effets si avantageux des conseils et des services de notre dit cousin, nous sommes résolu de conserver et entretenir tous les établissements que nous avons ordonnés durant son ministère, et de suivre tous les projets que nous avons arrêtés avec lui pour les affaires du dehors et du dedans de notre royaume, en sorte qu'il n'y aura aucun changement et que, continuant dans nos conseils les mêmes personnes qui nous y servent si dignement, nous avons voulu y appeler notre très-cher cousin le cardinal Mazarini... A ces causes, nous vous mandons et ordonnons que, dans la rencontre des affaires qui se pourront offrir, vous ayez à vous conformer entièrement à ce qui est en cela de nos intentions et empêcher que, sur cet accident, il n'arrive aucune altération aux choses qui regardent notre service et la tranquillité politique, mais qu'elles soient toutes maintenues au bon état où elles se trouvent, selon que nous l'attendons de votre fidélité et affection. Si n'y faites faute : car tel est notre plaisir.
Signé : Louis (2). »

(1) Lettres d'H. Arnauld des 14, 21 décembre 1642 et du 11 janvier 1643.
(2) Lettres du cardinal Mazarin pendant son ministère, publiées par Chéruel, tome I, p. xx.

Louis XIII ne devait pas tarder à suivre dans la tombe Richelieu; mais avant d'y descendre, il put voir que le système inauguré par lui et son illustre ministre serait maintenu par Mazarin, l'élève même du grand homme d'État, qui le lui avait recommandé au lit de mort.

Souffrant depuis longtemps, puis revenu un moment à une meilleure santé, le 21 février 1643, Louis XIII se sentit frappé de la crise suprême qui devait le conduire en peu de temps au terme fatal. C'était une fièvre incessante, une insomnie presque continuelle, un insurmontable dégoût pour toute espèce d'alimentation (1). Le 19 avril, après une très-mauvaise nuit, il dit à Dubois, son valet de chambre : « Je me sens bien affaibli et vois mes forces qui commencent bien à diminuer. J'ai demandé à Dieu cette nuit, puisque c'était sa volonté de disposer de moi, que je suppliais sa divine majesté d'abréger la longueur de ma maladie (2). »

Dans un danger si pressant, et la mort s'avançant impitoyable, Louis XIII se résolut à trancher d'une façon définitive la délicate et importante question de la régence. Déjà les ambitions s'agitaient, les intrigues se nouaient dans le château de Saint-Germain et jusqu'autour du lit du malade. A mesure que l'état du roi empirait, les courtisans affluaient plus nombreux soit chez la reine, soit chez Gaston, frère du roi, — selon leurs prévisions et leurs espérances. — Dans l'après-midi du 20 avril 1643, Louis XIII fit déclarer Anne d'Autriche régente du

---

(1) Relation de ce qui s'est passé jusqu'à présent de plus mémorable en la maladie du roi (publiée dans la *Gazette de France* du 30 avril 1643).

(2) *Idem*.

royaume, avec le conseil de Mazarin pour guide (1) : telle avait été la pensée de Richelieu, dont jusqu'à la dernière heure les avis furent religieusement suivis (2).

Cet acte solennel accompli, le chrétien seul en Louis XIII se trouvait en présence de la mort. « Je ne suis plus désormais que terre, » dit-il (3), et durant la nuit, qui fut très-mauvaise, on l'entendit répéter à plusieurs reprises : *Quid est homo?* Le 21, il voulut que l'on s'acquittât envers le Dauphin d'un devoir dont, jusqu'à ce jour, on avait retardé l'accomplissement. Le cardinal Mazarin et la princesse de Condé furent chargés de présenter le Dauphin au baptême. La cérémonie, présidée par l'évêque de Meaux, eut lieu à cinq heures du soir dans la chapelle du château. Sur le désir exprimé par l'enfant (4), on le baptisa sous le nom de Louis. A partir de ce moment, et si vives que fussent ses souffrances physiques, une complète quiétude d'esprit se remarqua chez le malade. Sa bienveillance et sa bonté parurent encore accrues (5). Si parfois la violence de son mal lui arrachait des mouvements d'humeur, il s'en excusait presque aussitôt auprès de ceux qui les avaient subis (6). « Je ne crois pas, — a écrit le protestant Grotius, — qu'on puisse trouver jamais non-

(1) *Biblioth. nation.*, manuscrits, fonds français, tome X, 206, pièce 31, fol. 269.
(2) Bazin, *Hist. de France sous Louis XIII*, tome III, p. 208.
(3) L'idée d'une belle mort ou d'une mort chrétienne dans le récit de la fin heureuse de Louis XIII, surnommé le Juste, roi de France et de Navarre, tiré des Mémoires de feu Jacques Dinet, son confesseur, de la compagnie de Jésus, et dédié au roi par le P. Antoine Girard, de la même compagnie. (*Biblioth. nation.*, L b^{36}, 3, 350, p. 22.)
(4) L'idée d'une belle mort, etc.
(5) *Ibid.*, p. 15.
(6) Mémoire fidèle des choses qui se sont passées, etc. — L'idée d'une belle mort, etc., p. 38.

seulement un roi, mais un chrétien, qui se dispose à la mort avec plus de piété. »

Voici une lettre significative, écrite par Mazarin à l'archevêque-cardinal de Lyon, frère de Richelieu, le 28 avril 1643 : « Dans l'embarras d'esprit où nous tient la maladie du roi et les appréhensions de l'avenir où nous jette le danger de sa vie, j'ai cru ne pouvoir trouver d'autre diversion à ma douleur que dans l'entretien de Votre Eminence. Je ne respirais pas encore de celle que m'avait causée la mort de M. le cardinal-duc, lorsque ce nouveau malheur m'est venu surcharger l'âme. La perte que fera la république chrétienne et particulièrement la France si Dieu appelle à soi ce prince, est véritablement la plus grande qui me travaille. Mais, outre cela, je ne puis tourner les yeux sur les honneurs et les bienfaits que j'en ai reçus et sur les dernières bontés qu'il m'a témoignées que cette pensée ne m'afflige extraordinairement, et je croirais manquer de reconnaissance si je manquais de tristesse. Les belles et admirables circonstances de sa maladie augmentent encore ce juste sentiment, quoiqu'en quelque façon elles le diminuent, et je ne puis les considérer sans quelque plaisir de voir l'élévation qu'elles apportent à sa gloire, ni y penser sans comprendre plus vivement la grandeur de la perte que nous courons risque de faire. En effet, il est impossible de s'imaginer une si grande force d'esprit dans une grande faiblesse de corps que celle qu'il a montrée. Jamais en cet état personne n'a vu plus clair que lui en ses affaires ni n'a fait des établissements plus judicieux. Jamais personne n'a regardé la mort avec plus d'indifférence, ni ne s'est soumis avec une plus extrême résignation à la volonté de Dieu. En un mot, si la Providence permet que cette maladie fasse la fin de la vie de ce prince, on pourra dire que jamais vie n'aura été plus charitablement, plus chrétiennement et plus courageusement remplie (1). »

Le 22 avril, on s'attendit à le voir mourir. Il reçut la communion, puis l'extrême onction, avec les sentiments de la plus vive piété. Il répondait lui-même aux prières du prêtre et, d'une voix faible, il indiquait les psaumes qu'il désirait lui être récités (2). Ce n'était pourtant pas encore la fin, on le crut sauvé; comme on le lui disait, il répondit : « Si c'est la volonté de Dieu, je m'y soumets, mais alors qu'il me fasse la grâce de donner la paix à toute l'Europe (3). » Sur son ordre, on chanta autour de lui plusieurs psaumes de David, dont il avait fait la musique, et il mêla sa voix à celle des assistants (4). Mais cette bonne espérance ne fut pas de longue durée. Le Dauphin étant venu voir son père, on demandait au royal enfant : « Voudriez-vous bien être roi? — Non, dit-il. — Et si votre papa mourait? — Si mon papa mourait, répliqua l'enfant en sanglotant, je me jetterais dans le fossé du château (5). »

A six heures, le roi se réveillant en sursaut, il se produisit un fait étrange qu'attestent plusieurs témoignages également dignes de foi (6). Louis, se soulevant avec effort, appelle auprès de lui le prince de Condé et lui dit : « Je viens de voir le duc d'Enghien, votre fils, en venir aux mains avec les ennemis. Le combat a été rude et

(1) Lettres de Mazarin, tome I, p. 167.
(2) L'idée d'une belle mort, etc., p. 20.
(3) Mémoire fidèle des choses qui se sont passées, etc.
(4) Mémoire fidèle des choses qui se sont passées, etc.
(5) Id.
(6) L'idée d'une belle mort, etc., p. 47 et 48. — Mémoire fidèle des choses qui se sont passées, etc

opiniâtre. La victoire a longtemps balancé, mais elle est demeurée aux nôtres, qui sont maîtres du champ de bataille. » Neuf jours après, le 19 mai, le duc d'Enghien remportait la victoire de Rocroy.

Cette prophétique vision du royal mourant fut le suprême élan d'énergie, le dernier éclair de vie; dès ce moment, il entra en agonie : les évêques de Meaux et de Lisieux, les pères de Ventadour et Dinet et Saint-Vincent-de-Paul ne le quittèrent plus, récitant des prières, exhortant le malade, qui, d'un léger mouvement de tête, leur montrait qu'il les entendait (1).

Le jeudi 14 mai, le roi eut un éclair de vie; il demanda à ses médecins s'ils croyaient qu'il pût vivre jusqu'au lendemain; sur leur réponse négative : « J'aurais pourtant voulu, — dit-il (2), — aller jusqu'à demain. Le vendredi m'a toujours été heureux. Ce jour-là j'ai toujours réussi dans les batailles que j'ai entreprises. Mais que la volonté de Dieu soit faite ! » Puis, il fit ses adieux à la reine, au Dauphin, à tous ceux qui l'entouraient; il remercia de leurs soins ses valets de chambre et leur pressa à chacun les mains. « Et maintenant, dit-il à l'évêque de Meaux, il faudra bientôt lire les prières de l'agonie. Je les ai toutes marquées dans le livre que vous tenez. » Moment solennel s'il en fut jamais ! Le roi, dont la dernière parole avait été : *In manus, Domine, commendo spiritum*, n'entendait et ne voyait plus; il exhala enfin son dernier soupir. Alors tour à tour chacun des prêtres jette l'eau bénite sur le corps; puis, selon l'usage (3), la musique de la chapelle

---

(1) Mémoire fidèle des choses qui se sont passées, etc.
(2) *Idem.*
(3) Mémoires de mademoiselle de Montpensier, p. 20.

royale vient se ranger autour du lit et chanter en chœur le *De profundis*.

Louis XIII mourut dans la quarante-deuxième année de son âge, le même jour du mois de mai et presqu'à la même heure où, trente-trois ans auparavant, était mort Henri IV.

Telle fut la fin du souverain envers lequel la postérité s'est montrée si cruellement injuste, faute de chercher l'instinct dominant qui caractérisa toute sa vie et toutes ses actions. « Cet instinct dominant, — dit très-bien M. Taupin, en terminant son excellente étude (1), — a été la passion du bien de l'État et de la couronne. Cette passion s'est souvent heurtée contre les inclinations ou les répulsions de l'homme, mais elle a toujours prévalu. Il y a eu entre les sentiments du fils, de l'époux, du frère, de l'ami et les devoirs du souverain de fréquents et douloureux antagonismes. Mais la lutte a déchiré le cœur du monarque sans se manifester jamais au dehors. Elle n'a laissé des traces visibles que sur le visage mélancolique et souffreteux d'un roi, dont les immolations étaient intérieures, et qui n'a jamais fait parade de son dévouement à la chose publique. Il agissait sans ostentation : il donnait son avis avec réserve; il écoutait plus qu'il ne parlait ; il laissait volontiers à autrui le rôle prépondérant, parce qu'il lui importait peu de savoir qui paraissait aux contemporains contribuer le plus à atteindre le but, pourvu que ce but fût atteint. Il subordonnait si complétement au bien de l'État l'intérêt de sa personne, que non-seulement il n'a jamais été jaloux du cardinal (ses lettres le prouvent), mais encore il n'a pas pu l'être. Il

---

(1) *Correspondant*, n° du 25 décembre 1875, p. 1130.

placait d'ailleurs trop haut la dignité de la couronne pour qu'il ait pu concevoir de l'envie à l'égard de celui dans lequel il voyait et qui s'est toujours contenté d'être le premier de ses sujets. Entre ces deux esprits inégalement doués, mais également attachés à la même entreprise, il y eut une intime et incessante association. Le jour où Louis XIII a été persuadé que nul autant que le cardinal n'était apte à rendre incontestée au dedans comme au dehors l'autorité royale, le pouvoir de Richelieu a été établi sur des bases inébranlables. A partir de ce moment, rien n'a été capable de diminuer l'affection et la confiance du souverain. Les ennemis mêmes de Richelieu ont été, auprès de Louis XIII, les plus utiles auxiliaires du cardinal, parce que leur haine exaltait ses services. Le secret de la puissance du ministre est dans le patriotisme intelligent de Louis XIII et dans le dévouement absolu de Richelieu...

« Si merveilleux qu'ait été son génie, Richelieu n'a pas prétendu un seul jour être autre chose que le serviteur de Louis XIII. »

« Roi et Français », comme l'a dit très-bien Cousin, Louis XIII comprit, apprécia, défendit et aida son ministre; toute l'histoire de ce prince est renfermée dans ces quatre mots, qui nous semblent le plus bel éloge de celui qui sut le mériter. Ce fut la vraie gloire du fils de Henri IV.

FIN.

TABLE DES MATIÈRES.

De la supériorité et de la prospérité des nations protestantes 1
La religion de Buffon. 94
Savonarole fut-il un hérétique et un révolutionnaire ? 118
Les cruautés de Clovis. 177
L'instruction primaire en France avant 1789. . . . 190
Le caractère de Richelieu. 211
La vérité sur le jansénisme. 233
Le caractère de Louis XIII. 251

ERREURS ET MENSONGES HISTORIQUES

PAR

CH. BARTHÉLEMY

1re SÉRIE. (Quinzième édition.)

La papesse Jeanne. — L'Inquisition. — Galilée, martyr de l'Inq sition. — Les rois fainéants. — L'usurpation de Hugues-Capet La Saint-Barthélemy. — L'homme au masque de fer. — Le P Loriquet. — L'évêque Virgile et les antipodes.

1 vol. in-18 jésus.................................. 2 fr.

2e SÉRIE. (Dixième édition.)

Calas. — Courbe la tête, fier Sicambre. — Paris vaut bien u messe. — Les lettres et le tombeau d'Héloïse et d'Abeilard. La révocation de l'édit de Nantes. — Bélisaire. — Les enfants Nemours. — Philippe-Auguste à Bouvines. — Salomon de Ca

1 vol. in-18 jésus.................................. 2 fr.

3e SÉRIE. (Sixième édition.)

Calvin jugé par les siens. — Tuez-les tous. — Les crimes des F gia. — Marie la Sanglante. — Ce que Versailles a coûté à Louis X — Louis XVIII et les fourgons de l'étranger. — La poule au p — Saint-Simon, historien de Louis XIV. — Agnès Sorel Charles VII. — Les béquilles de Sixte-Quint. — La prison d Tasse. — L'arquebuse de Charles IX. — Charles-Quint s'est fait enterrer de son vivant? — Le dernier mot sur le P. Loriqu — Le poëte Gilbert est-il mort de misère? — La fable des vo lontaires. — La Sorbonne et l'Imprimerie.

1 vol. in-18 jésus.................................. 2 fr.

4e SÉRIE. (Sixième édition.)

Les quatorze armées de Carnot. — Un chapitre des erreurs et mensonges de Voltaire. — Le roman du peintre Lesueur. — La déposition de Louis le Débonnaire. — Mozart, libre penseur. — Le grand inquisiteur Torquemada. — A propos de Charles VI et d'Isabeau de Bavière. — M— de Maintenon et la révocation de l'édit de Nantes. — La vérité sur le Père Joseph. — Le vaisseau le Vengeur.

1 vol. in-18 jésus.................................. 2 fr.

5e SÉRIE. (Troisième édition.)

Erreurs et mensonges historiques relatifs à la papauté. — Le h pas des gardes du corps. — Mon siége est fait. — Qu'est-ce q Tartuffe? — La Vérité sur Jean-Bart. — Le dernier Repas des Girondins. — Les Vertus de Brunehaut. — Les Crimes de Ste Clotilde. — La religion de Montaigne. — Voltaire et les Serfs du Jura. — Fréron et les philosophes.

1 vol. in-18 jésus.................................. 2 fr.

Paris. — Imp. Gauthier-Villars, quai des Grands-Augustins, 55.

www.ingramcontent.com/pod-product-compliance
Lightning Source LLC
Chambersburg PA
CBHW071420150426
43191CB00008B/989